뉴 제너레이션을 위한 액션 툴킷

바꿔, 우리들이 살 세상이야

뉴 제너레이션을 위한 액션 툴킷

바꿔, 우리들이 살 세상이야

미키 할핀 지음 | 김경미 김희원 옮김

상상파워

Our First ReaderS

추천의 글

우리 모두는 나의 의지와 상관없이 '사회'라는 틀 안에서 살아가고 있습니다. 어렸을 때부터 우리는 학습을 통해 이러한 사회제도 안에서 살아가는 방법을 배웁니다. 하지만 우리가 배웠던 제도권 교육이 과연 모두 옳은 것일까요?

　우리가 학습한 모든 것들에 의문을 품고 불합리함을 인지하고 이를 고쳐나가는 일을 하는 사람들을 우리는 '혁명가'라 부릅니다. 혁명가는 거창할 것도 어려울 것도 없습니다. 여러분 스스로가 자신의 갇힌 틀과 한계를 걷어낼 수 있다면 이미 여러분은 혁명가입니다.

　아직 미래의 진로를 결정하지 않은, 혹은 치열하게 고민하고 있을, 이제 혁명가로서의 첫발을 내디딜 여러분께 이 책이 여러분의 삶을 주체적인 삶으로 인도하는, 여러분의 틀과 한계를 깨트려 줄 길잡이가 되었으면 좋겠습니다. "Just Do It!"

-김기준 〈개성집〉 대표, 남양주한강리틀야구단 대표,
(전)대통령직속국가균형발전위원회 국민소통특별위원.

세상을 멋지게 살아내고 싶은 청소년과 그들과 함께 만들어 낼 더 좋은 미래를 꿈꾸는 어른들이 함께 읽어나가야 할 책. 친절한 사용 설명서를 읽다 보면 "너도?" "나도!"를 함께 외치며 세상을 변화시킬 멋진 동료들을 만날 수 있을 것이다. 이 책을 읽고 함께 세상을 바꿀 동료를 기다린다.

-김미주 서울특별시 구로구의회 의원.

우리는 대부분 지금보다 더 잘 살기를 희망하며 노력합니다. 미래의 멋진 삶을 꿈꾸면서요. 하지만 살기 좋은 세상을 만들기 위해 노력하는 사람은 사실 많지 않습니다. 내가 아닌 다른 사람의 미래를 생각하는 일은 쉽지 않으니까요. 나뿐 아니라 세상 모두의 행복을 위해 지금을 변화시키기 위해 노력하는 이들이 활동가입니다. 번역을 맡은 김경미, 김희원은 더 나은 정치와 시민들의 생활을 고민합니다. 변화를 위해 목소리를 내고, 사람들을 모아 좋은 세상을 위한 꿈을 이야기합니다. 바로 이 책에 두 사람의 모습이 담겨 있네요. 선한 영향력으로 나의 주변을 바꾸고, 세상을 변화시키고 싶은 청소년들이라면 좋은 길잡이가 될 것입니다. 다양한 분야의 활동가들을 살펴보며 시야를 넓혀보세요!

-김보미 경향신문 기자.
『소셜미디어는 인생의 낭비일까요?』,『나와 평등한 말』 저자.

이전에는 눈길조차 주지 않았던 일상의 작은 부분들이 점차 눈에 들어오기 시작했습니다. 그 작은 관심들이 모여, 저에게 조금씩 변화를 만들어낼 수 있다는 희망의 싹이 자라나고 있다는 것을 느끼게 해주었습니다. 『바꿔, 우리들이 살 세상이야』를 읽으며, 더 나은 세상으로 나아가는 것이 어린이부터 어른까지 누구나 할 수 있는 일이라는 것을 깨달았습니다. 매일 함께하는 학생들이 살아갈 세상, 그리고 제 자녀가 살아갈 세상을 위해, 우리가 꿈꾸는 변화를 함께 만들어가고 싶다는 마음이 이 책을 읽고 더욱 커지고 있습니다. 책에 소개된 멋진 아이들처럼, 우리 아이들도 더 멋지고 아름다운 세상을 만들 수 있을 거라는 믿음이 저에게는 있기 때문입니다.

-김선미 동의고등학교 보건교사.

이 책을 읽으며 고 노무현 대통령의 말씀이 떠올랐습니다. "자신을 사랑할 줄 아는 사람은 세상을 사랑합니다. 세상을 사랑하는 사람들은 불의에 대해서 분노할 줄 알고 저항합니다. 세상 돌아가는 이치를 탐구해서 좋은 세상을 만들 방도를 찾고 뜻을 세우고, 이를 실행하기 위해서 행동합니다."

자신을 사랑할 줄 아는 사람은 결국 세상을 사랑하게 되고, 더 좋은 세상을 만들기 위해 행동하게 됩니다. 세상을 사랑하는 법이 아직은 어렵게 느껴진다면 이 책이 강력한 가이드가 될 것이라 믿어 의심치 않습니다.

-박주리 경기도 과천시의회 의원.

『바꿔, 우리들이 살 세상이야』에서 소개하고 있는 '재택활동, 교내 활동, 지역 사회 활동, 5분 활동'을 어렸을 때 알았더라면, 나의 삶을 더 풍부해졌을지도 모른다는 생각이 들었습니다.

당연히 누려야 할 나의 권리, 어렵지만 꼭 지켜야 할 평화 그리고 그것을 이루는 방법까지, 이 책은 여러분께 다양한 방식으로 세상을 더 좋게 바꾸는 방법을 알려드립니다. 그리고 독자 여러분께 여러 활동으로 자신을 발견하고, 꿈을 찾아가는 방법을 알려줍니다.

우리들이 살 세상, 우리가 함께 살 세상을 여러분이 바꿔주세요. 왜냐면 여러분이 다음 세상을 만들 주인공이기 때문입니다. 여러분이 세상을 바꿀 수 있습니다.

-김지수 한반도미래경제포럼 대표,『나는 통일을 원하지 않는다』저자.

혐오와 배제, 질병과 불평등, 폭력과 전쟁, 생태파괴와 기후위기 같은 현실 앞에 희망을 찾는 일은 쉽지 않습니다. "바꿔!"라는 외침은 가슴을 뛰게 만들지만, 그 방향과 방법 앞에서는 주춤하게 됩니다. 때로는 세상에 더 많은 오류를 더하고 싶지 않아 '차라리 안 하는 편'을 선택하기도 합니다.

이 책은 우리가 가진 행위 능력과 연결의 힘에 주목합니다. 소중하게 여기는 가치를 지키기 위해 목소리를 내고, 싸우고, 힘을 모아가는 과정을 구체적이고 다정하게 길잡이 해 줍니다. 답이 정해져 있는 곳이 아니라 논쟁적이고 갈등이 있는 바로 이 자리에서 말이죠. 뉴 제너레이션을 위한 액션 툴킷이지만, 변화를 꿈꾸는 어른들에게도 분명 훌륭한 안내서가 되어 줄 겁니다. 이 책을 읽고 고민하고 도전할 십 대 활동가들 곁에 함께 서고 싶어졌습니다.

-남상화 공연예술연구자, 섀캐 베를린 친구.

'민주주의는 배우는 것이 아니라 하는 것' - 제가 즐겨 사용하는 표현입니다. 민주주의를 제대로 배우려면 스스로 민주주의를 해 보아야 한다는 뜻이지요. 청소년들은 민주주의 교육의 수동적 대상이 아니라 교실 안팎에서 민주주의를 만들어나갈 주체라는 생각이 이 책, 『바꿔, 우리들이 살 세상이야』 곳곳에 담겨 있습니다. 청소년 스스로 만드는 민주주의가 우리 사회와 모두이 미래를 지켜내리라 믿습니다.

-이진 독일 정치·문화연구소장,
『갈등능력』, 『청소년을 위한 세계민주인권』, 『힙베를린, 갈등의 역설』 저자.

저는 미국, 한국, 유럽에서 십 대 아들 둘을 양육한 경험이 있습니다. 미국과 유럽에서 만난 아이들이 학교나 사회 문제에 대해 스스럼없이 의견을 표현하고 주변에 뜻을 공유하며 해결책을 모색하는 과정을 지켜보며, 우리 아이들은 왜 그들처럼 행동하지 못하는지 고민이 되었습니다. 왜 우리 아이들은 세상을 더 나은 곳으로 만들기에 관심이 없을까? 앞으로 살아갈 세상의 주인공인 아이들이 언제까지 어른들의 정책에 맞춰 살아가야 하는지 답답함을 느꼈습니다.

이 책은 이런 고민에 희망의 빛을 제시해 준 것 같았습니다. 아이들이 쉽게 이해할 수 있는 개념 설명부터 예화, 직접 실천할 수 있는 가이드까지 아우르는 이 보석 같은 책을 통해 우리 아이들이 자라면서 세상을 어떻게 변화시킬 수 있는지에 대한 중요성을 깨닫게 되었습니다. 그래서 제 아이들에게 영어나 수학 문제집 푸는 것보다 더 중요하니 이 책을 꼭 읽어야 한다고 권유했습니다. 한국의 청소년들에게도 소개될 수 있도록 노력하신 출판사와 〈섀도우캐비닛〉 관계자분들께 감사와 응원을 전하며, 이 추천서가 한국의 청소년들에게 도움이 되기를 바랍니다.

-문혜림 동시통역가, 바하, 노아 두 십 대 남자아이의 엄마.

미래 세대가 살아갈 세상, 우리는 얼마나 준비되어 있을까요? 그 방법을 찾는 데 어려움을 겪고 계신다면, 제가 소개하고 싶은 책이 하나 있습니다. 그 책의 이름은 바로 『바꿔, 우리들이 살 세상이야』입니다.

청년 지방의원으로서, 저는 종종 스스로에게 물었습니다. '과연 나는 지방정치에 도전하며 어떤 변화를 이루고자 했을까?' 이 질문에 대한 답을 찾는 데, 저의 동료인 〈섀도우캐비닛〉의 도움이 컸습니다. 그들과의 협력을 통해, 내일이 오늘보다 더 나은 세상을 만들 수 있다는 확신을 얻었습니다. 그렇기에 〈섀도우캐비닛〉이 청소년들을 위해 이 책을 번역했다는 사실에 큰 기대감을 느꼈습니다.

『바꿔, 우리들이 살 세상이야』는 단순히 청소년들에게만 의미 있는 책이 아닙니다. 모든 세대에게 깊은 메시지를 전달하는 책입니다. 우리가 공동으로 꿈꾸는 더 나은 세상으로 나아가는 길을 찾는 데 있어 이 책은 중요한 메시지를 던지고 있습니다. 더 나은 세상을 꿈꾸는 여러분에게 이 책이 좋은 선물이 되길 바랍니다.

-오현식 인천광역시 강화군의회 의원, 『나는 지방의원이다』 공동 저자.

미국 대학생들에게 공공정책과 행정, 시민사회에 대해 가르치며 어떻게 사회를 읽고 변화시켜 나갈 것인가를 고민하는 나에게 봄학기 개강을 앞두고 접한 이 책은 마음 맞는 친구를 만난 것처럼 나를 들뜨게 한다. 서문을 읽자마자 한반도의 평화, 세상의 변화를 꿈꾸던 나의 십 대 시절이 떠오른다.

'2004년 한 미국 활동가의 이야기가 2024년 한국 십 대에게 얼마큼 도움이 될까'라는 나의 우려를 불식시키듯 원글에 옮긴이의 수고가 더해져 이 책은 2024년 한국의 십 대들에게도 충분히 매력적인 책으로 거듭났다. 다양한 가치들의 기본개념과 논점에 대한 쉬운 설명은 십 대들의 머릿속에 새로운 지적 지도를 그려줄 것이다. 구체적인 활동 예시들은 십 대들에게 자신의 가치와 신념을 실천하는 방법들에 대한 좋은 가이드가 되어 줄 것이다. 또한, 미국 사회에서 논의되는 중요한 쟁점들에 대한 사회적, 역사적 배경과 정보들은 미국 유학이나 다른 사회에 관심 있는 십 대들에게도 유용할 것이다. 옮긴이들이 미국의 사건들을 이해하기 쉽게 정리하고 한국 상황에 맞는 질문들을 추가함으로써 이 책의 쓰임새가 확장된다.

또한, 이 책은 십 대만을 위한 책이 아니다. 변화할 것 같지 않은 세상에 무력감과 절망감을 느끼는, 거대한 역사와 사회의 흐름 앞에 때때로 작은 몸부림이 초라해 보이는 어른들을 위한 책이기도 하다. 세상을 바꾸자는 구호가 순진하게 느껴지며 이제는 나 하나 바꾸기도 힘들다고 체념하듯 말한다. 하지만, 이 책을 통해 십 대 시절의 뛰는 가슴과 일상의 작은 행동의 가치를 다시금 깨닫게 된다. 이어달리기처럼 세대와 세대를 이어 우리의 가치와 신념을 위한 크고 작은 활동들을 계속해 나간다면, 오늘 우리들의 걸음과 연대는 이 세상에 새로운 길을 낼 것이다.

-유은실 행정학 박사. 미시시피 대학교 초빙 교수.

〈위밋업 스포츠〉는 스포츠에 참여하기를 망설이는 많은 여성들에게 하나의 메시지를 전합니다. "우린 할 수 있습니다!" 스스로 용기를 내는 것이 중요하다는 것을 우리 모두 알고 있지만, 관심은 있으나 시작 방법을 몰라 망설이는 경우도 많습니다.

이 책은 그런 분들의 관심을 실제 행동으로 옮길 수 있도록 도와주며, 그 점에서 〈위밋업 스포츠〉와 많이 닮아 있다고 생각합니다. 세상을 바꿀 용기를 가진 모든 이들에게 이 책을 통해 말하고 싶습니다. "우린 할 수 있습니다."라고 말입니다.

-양수안나,신혜미 여성을 위한 스포츠 플랫폼 〈위밋업 스포츠〉 대표.

이 책이 있었다면 이렇게 멀리 돌아오지 않았을 것이다. 어쩌면 저자 역시 그런 아쉬움이 있어 이토록 친절하면서도 포괄적인 책을 집필할 수 있었을까. 제목부터 『바꿔, 우리들이 살 세상이야』라지만, 저자는 함부로 낭만을 제시하지 않는다. 다만 한 발 한 발 내딛는 것만이 원하는 삶을 사는 방법이라고 재차 강조한다. 이 세상이 비좁게 느껴질 모든 청소년들에게 큰 도움이 될만한 참고서다.

-이은빈 국회의원실 비서관, 전 EBS 작가.

"민주주의는 우리가 가지고 있는 무엇이 아니라, 우리가 하고 있는 무엇입니다."

-파커 J. 파머, 『비통한 자들을 위한 정치학』

"우리는 민주주의를 두 가지 이유로 환호한다. 하나는 그것이 다양성을 허락하기 때문이고, 다른 하나는 비판을 허용하기 때문이다. 그 두 가지면 충분하다. 세 가지도 필요 없다."

-E.M 포스터:영국의 대표작가.

　이 책을 읽으며 떠올린 문장들입니다. 베를린에서 지내며, 최근의 한국 정치 상황을 접하면서, '삶으로서의 민주주의와 교육'에 대한 관심과 고민이 더 깊어지고 있는 가운데, 이 책을 만났습니다. 이 책을 읽으면서, '이 책을 번역하는 것은 〈섀도우캐비닛〉이 마땅히 해야 할 일'이라는 생각이 들었습니다. 이 책이야말로 청소년들에게 민주 시민으로 성장하고, 역량 있는 정치 지도자로 나아갈 수 있는 방법을 알려주며, 또한, 현실에서 실천할 수 있는 다양한 방법을 친절하게 안내해 주는 책인 것 같습니다. 이 책을 통해 부모 세대도 미래 세대와 함께 생각을 공유하고 협력하며 청소년들로부터 배우는 소중한 기회가 되기를 바랍니다. 한국에 돌아가면, 제가 이사장으로 일하고 있는 〈김근태 재단〉에서 청소년 캠프를 계획 중인데, 이 책이 큰 도움이 될 것으로 기대하며 반갑고 감사한 마음입니다.

-유은혜 김근태 재단 이사장, 전 사회부총리 겸 교육부 장관.

더 이상 청소년을 포함한 청춘들은 종교 활동을 하지 않는다. 동아리 활동도, 봉사 활동도, 대학의 학생회 활동도 하지 않는다. 만남이 없으니 어울림이 없다. 대한민국은 '활동의 부재'에 식어가고 있다.

한편으로는 그것이 편견과 갈등을 낳는다. 동네 사람을 만난 일이 없고 어른을 만날 일이 없다. 또래를 만나는 일도, 이성을 만나는 일도 없다. 권위가 지나치게 빨리 해체되어 '틀딱'이니 '꼰대'니 'XX충', 'XX남' 등 그것을 조롱하는 언어만이 난무한다.

대한민국은 더 이상 청소년들을 책상 앞에 붙여 두어서는 안 된다. 다양한 방식의 활동을 경험하게 해야 하며 결사를 훈련 시켜야 한다. 내가 무엇을 할 것인지, 그것의 범위와 강도를 어떻게 할 것인지 고민하게 해야 한다. 그래야 지속 가능한 사회의 구성원으로 성장시킬 수 있다.

『바꿔, 우리들이 살 세상이야』를 읽고 있으면 그런 생각이 든다. 이 책은 어른들이 읽어야 할 책이 아닐까. 그래서 '대한민국 말고 다른 나라의 청소년들은 이런 교육을 받고 있구나'라고 실감해야 하는, 그런 용도의 책이 아닐까 하는 생각 말이다.

대한민국의 체질을 개선하기 위해서, 아니 대한민국의 생존을 위해서 이 책의 일독을 권한다.

주무열 서울특별시 관악구의회 의원, 『나는 지방의원이다』 공동 저자.

더 나은 세상을 위해 자신, 나아가 주변의 변화를 꾀하면서 '행복해질 것'을 주문하는 이 책을 읽으며 미래 세대와 더욱 가까이 활동하고 싶어집니다. 독일에서 활동가로 일하며 느낀 '연대'를 통한 그 감각과 기쁨을, 한국에서 십 대분들이 누리길 바라며.

채혜원 『혼자가 아니라는 감각』 저자.

2023년 여름, '상상파워 출판사 대표님'이 달려오셨다. 『바꿔, 우리들이 살 세상이야』를 왜 번역 출판하기로 결심하셨는지, 〈섀도우캐비닛〉이 왜 역자로 적임자인지에 대해 하나하나 이야기해 주시는데, 마음이 쿵쿵 뛰기 시작했다.

"십 대 당신들이 발 딛고 있는 이곳, 바로 당신들이 살아갈 세상이에요. 마음에 들지 않으면 직접 바꾸세요! 여기 이를 위한 몇 가지 액션 팁들을 준비해 보았어요."라는 강렬한 문구와 함께 저자 서문과 목차와 본문을 살펴보는데, 마음이 콩콩쾅쾅 뛰기 시작했다. 이 책이 아직 만나지 못한 그러나 곧 만날 계획에 있던 〈섀도우캐비닛〉 십 대 멤버들을 위한 좋은 가이드북이 될 수 있겠다는 생각이 들었기 때문이다.

"〈섀도우캐비닛〉은 국가를 운영할 실력을 갖춘 리더를 키우는 곳입니다. 정부 운영은 기업 경영과 다릅니다. 연구하고 논문을 쓰는 것과도, 글쓰고 주장하는 것과도 다릅니다. 정책의 우선순위를 설정하고 정책 간의 연계성을 확보하여 한정된 국가 자원을 효율적으로 배치하는 일입니다. 시민들과 국회·행정부, 기업과 단체 등 국가를 구성하는 여러 주체들에게 국정운영 계획을 명확하게 제시하여, 국가를 합리적·효율적·통합적으로 이끌어가는 일입니다. 정교하고 종합적인 문제해결 능력과 팀워크가 필요합니다. 체계적인 훈련과 공부 없이는 불가능합니다.

〈섀도우캐비닛〉은 선출직 공직자와 임명직 공직자를 꿈꾸는 이들을 위한 다양한 교육 프로그램을 제공합니다. 우리보다 먼저 국가 경영에 참여해 본 이들의 경험을 듣는 자리를 마련합니다. 이를 통해 국가를 운영하기 위해 갖춰야 할 실력, 지혜, 리더십 등을 공부합니다. 〈섀도우캐비닛〉은 미래 내각에서 함께 일할 동료를 미리 탐색하고 발견하기 위한 멤버십 프로그램을 제공합니다. 입법부, 행정부, 사법부 등 공공 영역과 기업, NGO, 언론, 교육, 문화예술, 과학기술 등 민간 영역에서 활동하는 이들이 모여 서로의 관심사와 경험, 네트워크를 공유합니다. 함께 예비 내각을 구성해보고, 부처별 모임을 통해 내가 00장관이라면 00문제를 어떻게 풀 것인지 토론합니다. 함께 문제를 정의하고, 해결 능력을 기르고, 팀워크를 다질 것입니다. 치열하게 부딪히며 논쟁할 것입니다. 때론 견제하고 경합할 때도 있겠지만, 결국엔 함께할 방법을 찾을 것입니다.

위에서 누가 언제 내려줄 지도 모를 사다리만 기다려선 안됩니다. 지금 당장 권력이 우리 손에 들어와도 모자람 없이 해낼 수 있다는 것을 증명해 내며, 아래에서 직접 사다리를 쳐 올리는 주체가 되어야 합니다. 아무리 낮은 담장이라도 스스로 사다리를 세우지 않으면 넘을 수 없습니다. 아무리 견고해보이는 성벽이라도, 넘어야하는 이유와, 함께 사다리를 올릴 사람들만 있으면 넘을 수 있습니다. 함께 성벽을 넘는 동료를 만나는 공간, 〈섀도우캐비닛〉입니다."

〈섀도우캐비닛〉 창립 비전 선언문이다. 〈섀도우캐비닛〉이 만나고 싶은 동료들에, 국가를 운영할 실력을 갖춘 리더들에, 우리 앞에 놓여진 견고한 벽을 넘어낼 위대한 인물들에 십 대 친구들이 안 들어갈, 못 들어갈 이유가 없다.

종종 '미국과 유럽은 삽십 대 대통령, 총리, 장관이 있는데, 한국은 어떠한가?'라는 제목의 신문 기사를 접하곤 한다. 이 기사들은 대체로 미국과 유럽과 같은 정치적으로 성숙한 국가들과 비교해 볼 때, 우리나라에서 젊은 세대의 정치 참여와 대표성이 현저히 낮다고 지적한다. 대부분의 내용에 공감하는 동시에, 한 가지 늘 아쉬운 점이 있다. 이 기사들이 외국의 '이 십대와 삼 십대 밀레니얼 세대' 정치 지도자들의 등장을 부러워하면서도, 한국에서 이와 같은 인물들이 어떻게 나올 수 있을지, 그리고 그들을 위한 정치적, 사회적, 문화적 기반을 어떻게 구축할 수 있을지에 대해서는 정작 적극적으로 논하지 않는다는 점이다.

어쩌면 이 책이 '아래로부터의 젊은 리더십을 만들어내는데 작게나마 기여할 수 있을지도 모른다는 생각이 들었다. 〈섀도우캐비닛〉이 이 책을 번역하기로 결심하게 된 이유이다.

원문 번역에 더해, 이십일 세기를 살아가는 청소년들에게 이 책이 생생하게 다가갈 수 있도록 여러 가지 장치를 마련했다. 먼저, 이십 년 전에 쓰여진 이 책에는 한국 청소년들에게 다소 낯선 사례들이 많이 포함되어 있었다. 독자들이 직접 검색해서 알아보는 것도 가능하지만, 책 안에서 필요한 배경지식을 쉽게 소화할 수 있도록 '놓치고 싶지 않은 배경지식' 코너를 준비했다.

더불어, 이 책이 단순한 정보 전달을 넘어서 세상을 변화시키고자 하는 청소년들을 위한 액션 워크북이 되기를 바라는 마음에서, 각 장마다 실제 생활에 적용해 볼 수 있는 질문들을 담은 '과연 한국에선?' 코너를 추가했다. 우리가 제시한 질문들이 청소년들의 창의적인 생각을 자극하는 출발점이 되어, 그들의 소중한 질문들을 이끌어낼 수 있다면 정말 기쁘겠다. 우리가 미처 찾아내지 못한 좋은 질문들이 있다면, 〈섀도우캐비닛〉에 언제든 연락 주시면 감사하겠다.

뜨거웠던 여름에 시작해 함박눈이 내리는 겨울에 번역을 마친 이 책이, 세상을 바꾸고 싶은 미래 리더들, 아니 이미 바꾸고 있는 젊은 리더들, 바로 〈섀도우캐비닛(사전적 의미: 예비내각)〉 멤버들에게 전하는 러브레터가 되기를 간절히 바란다.

2024년 1월 김경미 〈섀도우캐비닛〉 대표

1981년부터 5년을 주기로 발표되고 있는 세계가치관조사에 의하면 선진국으로 갈수록 권위에 순종하려는 전통적인 가치보다는 물질적인 기준에 의한 합리성을 중시하는 세속적인 가치가 더 중요시된다고 합니다. 또한, 생존을 추구하는 것보다 자신만의 가치를 추구하며 살아가려는 경향이 강해진다고 합니다.

이런 경향을 서울시 청년허브 서울잡스 편집장을 하며 경험할 수 있었습니다. 미래 세대는 어떻게 살아가고자 하는지 알 수 있었습니다. 자신만의 길을 찾기 위해 직접 시민단체, 소셜벤처, 강소기업 등 수많은 일터를 찾아가 질문을 던지는 청년내일 기자단과 동행하며 그들이 살아가고자 하는 삶의 방향을 알 수 있었습니다. 얼마를 버는지 보다는 어떤 일을 하는지, 비전은 무엇이고 고민과 보람은 무엇인지를 묻는 그들의 질문에서 그들이 추구하는 가치 있는 삶을 확인할 수 있었습니다.

이런 경향을 청년정책 네트워크 활성화 지원사업단장을 하며 경험할 수 있었습니다. 미래 세대가 어떻게 살아가는지 알 수 있었습니다. 자신만의 길을 만들어내기 위해 직접 계획서를 만들고 프로젝트에 지원하고 수행해가는 청년도전 프로젝트 활동가들과 동행하며 그들이 살아가는 삶의 방법을 알 수 있었습니다. 혼자가 아닌 함께 하는 삶을 위해 사람과 공간을 찾고, 문화와 정책을 만드는 그들의 모습에서 그들이 추구하는 행동하는 삶을 확인할 수 있었습니다. 이제 우리의 미래 세대는 '어떻게 살아남느냐'보다는 '어떻게 살아가느냐'를 중요시하고 있었습니다. 자신만의 가치를 자신만의 방법으로 행동하며 살아가고 있었습니다. 더 다양한 가치를 서로 존중하며 함께하는 세상을 그려가고 있었습니다. 이런 미래 세대와 나는 어떻게 소통해야 할까, 어떻게 함께 호흡하며 살아가야 할까, 그리고 어떻게 응원해주고 협력해야 할까. 미래 세대를 지원하는 일을 하고 있는 입장에서, 그리고 두 명의 미래 세대를 키우는 입장에서 나는 어떻게 해야 할까. 이런 질문을 안고 이 책을 번역하게 되었습니다.

2004년 미국에서 처음 발간된 이 책에는 동물권에서부터 차별, 환경, 전쟁, 성교육, 학교 폭력, 여성의 권리, 시민권까지 미래 세대가 마주하게 될 다양한 가치에 관한 안내와 조언, 그리고 그 당시 미국의 미래 세대가 직접 활동했던 활동 내용들이 담겨 있습니다. 이 책에 나오는 다양한 가치들을 하나하나 공부해 가며 번역하다 보니 이십 년 전 미국의 미래 세대가 고민했던 가치들이 2024년 지금 우리나라에서 이야기되고 있는 것을 볼 수 있었습니다.

전 지구적 기후 위기의 문제, 9/19 남북군사합의 파기로 인한 분쟁 발생의 문제, 청년세대 남녀갈등의 문제, 차별금지법 제정을 둘러싼 문제 등 우리가 지금 마주하고 있는 문제들을 볼 수 있었습니다.

이 문제들에 대해 생각해보면서 미래 우리 아이들이 질문할 질문들을 미리 볼 수 있었습니다. 우리 아이들이 기후 위기에 관해 질문하면 어떻게 답하지? 우리 아이는 이미 다문화 속에서 자라고 있던데 인종차별에 관해 질문하면 어떻게 답하지? 페미니즘에 관해 질문한다면 무엇이라 답하지? 기후 위기와 관련하여 목소리를 높이겠다고 하면 나는 어떻게 지원해주지? 나는 겪어본 적이 없는데 인종차별을 겪는 친구를 돕고 싶다면 나는 어떻게 응원해주지? 이러한 질문들에 대해 나만의 생각을 이 책을 번역하면서 정리해볼 수 있었습니다. 그리고 두 아이의 부모로서 앞으로 어떻게 살아가면 좋을지에 대한 힌트를 얻을 수 있었습니다.

하나의 정답만 있던 시대에서 정답 많은 시대로 바뀌어 가고 있는 지금, 먼저 고민하고 행동했던 사람들의 이야기를 통해 각자가 추구하는 삶에 대한 어떤 힌트를 찾을 수 있으면 좋겠습니다. 우리의 미래를 이끌어 갈 미래 세대는 어떻게 생각하고 행동할지에 대한 힌트를, 부모 세대는 어떻게 공감하고 응원하며 지원할지에 대한 힌트를 이 책에서 찾을 수 있으면 좋겠습니다. 어떻게 살아갈지, 무엇을 해야 할지 알 수 있으면 좋겠습니다. 아무쪼록 이 책을 통해 여러분만의 정답을 찾을 수 있길, 그리고 무엇보다 이 책을 통해 각자가 걸어갈 그 길을 보고 그 길을 걸어갈 수 있길 희망합니다. 그 길에서 만날 그 날을 바라봅니다.

2024년 1월 김희원 〈섀도우캐비닛〉 대표

여러분이 세상을 바꿀 수 있습니다.

십 대가 된다는 것에는 드라마, 쇼핑, 비디오 게임을 즐기는 것 이상의 의미들이 있습니다. 다른 사람들은 모를 수 있지만 여러분은 이 의미들에 대해 알고 있습니다. 여러분에게는 지키고 싶은 소중한 것이 있고, 바꾸고 싶은 것들이 있고, 반드시 바꾸고자 하는 것들이 있습니다. 무엇보다 여러분에게는 그것을 바꾸어낼 힘이 있습니다.

오늘날 미국 인구의 26%가 열여덟 살 이하의 청소년입니다. 칠천만 명이 넘습니다. 여러분의 이야기에 세상이 귀 기울이고 있는 상황을 한 번 상상해 보세요. 투표할 수 있는 나이가 될 때까지 기다리지 말고 오늘, 바로 지금부터 여러분이 중요하다고 생각하는 문제에 대해 목소리를 내어보세요.

이 책은 '직접행동'이라는 용어로 잘 알려진 액티비즘에 관한 책입니다. 사람들은 보통 '활동가'라는 단어를 들으면 저녁 9시 뉴스에서 자주 보았던 시위대를 떠올립니다. 많은 사람에게 활동가들은 듣지도 보지도 못한 문제를 들고나와선, 그 문제를 해결해야 한다며 다소 미친 듯이 소리치는 그런 사람들로 인식되고 있습니다. 물론 그 역시 활동가들의 여러 모습 중 하나일 것입니다. 저는 활동가를 자신의 신념과 가치에 따라 행동하는 사람이라고 말하고 싶습니다.

다양한 방법을 통해 여러분의 신념을 실천할 수 있습니다. 오로지 유기농 식품만 먹는 것으로 여러분의 신념을 표현할 수도 있고, 학교 식당이 유기농 식단을 제공하도록 청원서를 돌릴 수도 있습니다. 문제를 해결하기 위해 사람들을 모으고 조직하는 활동가들도 있고 그렇지 않은 활동가들도 있습니다. 큰 조직과 함께 활동하는 사람들도 있고 혼자 활동하는 사람들도 있습니다. 직접행동 액티비즘은 조금씩이지만 지속적으로 변화해가는 유기체와 같아 여러분의 활동을 자신에게 맞는 편안한 방법으로 계속 조정해 나가야 합니다. 하지만 여러분이 만들어 낸 변화를 여러분의 눈으로 직접 확인하게 된다면, 여러분은 점점 더 큰 목소리를 낼 수 있을 것이고, 점점 더 새로운 변화를 만들어내기 위해 헌신하게 될 것입니다. 저는 확신할 수 있습니다.

여기 직접행동에 대한 좋은 예가 있습니다. 케일라 게른리히와 사라 스토웰은 버몬트주 밀턴에 사는 열여섯 살 소녀입니다.

이들의 가장 친한 친구인 앨리슨 바쿰은 심장 질환으로 인해 생명이 위험한 상황이었습니다. 심장 이식만이 유일한 선택지였습니다. 앨리슨은 3주 이상 이식 대기자 명단에 오른 채 심장 이식을 기다리던 중 사망하고 말았습니다. 친구를 잃은 슬픔에 가슴 아파하던 중, 청소년들은 심장 기증받기가 어렵다는 사실을 케일라와 사라는 알게 되었습니다. 청소년들은 자신들이 심장 기증자가 될 수 있다는 사실을 알지 못하기 때문에 청소년 기증자들이 많이 없다는 걸 케일라와 사라는 알게 되었습니다.

이 문제를 풀기 위해 케일라와 사라는 전국적인 규모의 큰 단체와 함께 장기기증 교육프로그램을 홍보하며 의회 로비 활동을 할 수도 있었을 겁니다. 앨리슨의 이름으로 장학금을 만들어 심장 이식 생존자들에게 전달하거나, 기금 마련을 위한 세차 행사를 열어 미국 심장협회에 기부할 수도 있었을 것입니다. 그러나 그렇게 하지 않고 2003년 3월 청소년들에게 장기기증에 대해 교육하고 기증자가 되는 방법을 설명하는 풀뿌리 단체인 어스엔젤EarthAngels을 설립하였습니다. 케일라와 사라는 자신들에게 맞는 문제 해결 방법을 찾았습니다. 그리고 변화를 만들어 냈습니다.

사람들이 활동가가 되는 이유

사람들은 다양한 이유로 활동가가 됩니다. 케일라와 사라처럼 사랑하는 사람을 잃은 후 그들이 경험한 어떤 문제에 대해 목소리를 내기로 결심하는 사람들도 있습니다. 자신의 삶에서 불의를 겪거나 주변에서의 불의를 목격하고 싸우기로 결심하는 사람들도 있습니다. 도덕적 혹은 신앙적 이유로 다른 사람을 돕는 일과 더 크고 선한 일을 위해 활동가의 길에 들어선 이들도 많이 있습니다. 오염된 수돗물을 마시고 싶지 않다는 지극히 개인적인 이유로 활동가가 될 수도 있습니다.

활동가가 되는 이유는 이처럼 다양하지만, 이들이 계속 활동가로 살아갈 수 있는 이유는 무엇보다 기분이 좋기 때문입니다. 자신이 받았던 것을 누군가에게 다시 돌려주는 것 같은 기분, 자기보다 큰 무언가의 일부가 되는 것 같은 소속감이 주는 행복 때문입니다. 여러분이 아무리 극도의 개인주의자라고 해도 이 세상에서 혼자 살아갈 수 없습니다. 다른 사람을 돕는 것은 여러분에게도 도움을 줄 수 있습니다. 그뿐만이 아닙니다. 여러분의 신념을 공유할 수 있는 사람들을 만나고, 주변 세상에 대해 더 많이 배우고, 생각지도 못했던 일을 할 수 있는 등 직접행동은 정말 재미있을 수 있습니다.

한 사람이 변화를 만들 수 있습니다.

'과연 나 같은 사람이 큰 변화를 만들어 낼 수 있을까?' 여러분은 생각할 수 있습니다. 이에 대해 두 가지 대답을 할 수 있을 것 같습니다. 첫째, 한 사람이 그 모든 결과를 만들어 낼 수 있습니다. 여러분은 중요한 일을 하는 사람입니다. 컴퓨터 앞에 앉아 편지를 쓰든, 인종 차별 발언에 맞서 도전하든, 이웃 모두가 볼 수 있도록 창문에 반전 팻말을 붙이든, 여러분의 행동은 모든 사람에게 영향을 줍니다. 여러분은 변화를 만들어 낼 수 있습니다. 둘째, 여러분은 그 모든 일을 혼자 할 필요가 없습니다. 친구들로 하여금 여러분과 함께 활동할 수 있게 만들 수 있으며 이미 이 문제에 관심을 가지고 활동하고 있는 사람들과 연결될 수도 있습니다.

활동가가 되려는 여러분만의 이유 선택하기

활동가가 되려는 여러분만의 이유가 명확할 수 있습니다. 여러분은 동물복지 활동가가 되고 싶다는 생각을, 질병 퇴치 운동에 참여하고 싶다는 생각을 이미 하고 있을 수 있습니다. 해결하고 싶은 문제가 너무 많아 자신의 에너지를 어디에 쏟을지 확인하는 데 어려움을 겪는 사람들이 많은데, 이미 여러분만의 이유를 가지고 있다면 그건 정말 멋진 일입니다. 여러분이 진정으로 하고 싶은 일이 무엇인지 찾는 것에 너무 많은 시간을 쓰지 마세요. 너무 많은 문제를 해결하려고 하다 보면 완전히 지쳐서 시작 조차 할 수 없는 상황이 발생할 수 있습니다.

여러분을 정말로 신경 쓰이게 하는 것이 무엇인지 생각해 보세요. 여러 가지 다른 방식으로 계속 떠오르는 문제가 있나요? 일주일 동안 생활하면서 잘못되었다고 생각되는 것들을 모두 적어 보세요. 목록을 살펴보고 공통된 주제가 있는지 살펴보세요. "우리 학교 여학생들은 복도에서 남학생들에게 시달린다.", "우리 과학 선생님은 항상 남학생에게 중요한 과제를 맡긴다.", "내 주변 여자친구들은 안전하지 않은 성관계를 해도 괜찮다고 생각하는 것 같다." 등의 내용이 목록에 많이 포함되어 있으면 여성 인권 운동에 참여하는 것이 여러분에게 적합할 수 있습니다.

여러분만의 이유를 선택하고자 할 때 다음의 내용들을 생각해 보면 좋습니다.

◑ 모든 것이 서로 연관되어 있다는 것을 기억하세요. 여러분이 환경 문제에서 활동하기를 선택한다면 그 일은 간접적으로 동물을 돕는 일이기도 합니다. 언론의 자유를 증진하는 데 적극적이라면, 여러분의 활동이 반전 활동가들의 목소리를 높일 수도 있습니다.

◑ 자신에게 직접적으로 도움이 되는 이유를 선택하는 것이 좋습니다. 심지어 바람직한 일입니다! 여러분과 여러분의 형제자매가 천식을 앓고 있다면, 더 나은 의료 서비스를 받을 수 있도록 지역에서 활동하는 것이 좋습니다. 아주 좋습니다.

이러한 맥락에서 여러분의 친구들이 관심 가질 만한 이유를 선택하는 것도 좋습니다. 그룹으로 활동하는 것은 재미있습니다. 그리고 무엇보다 여러분이 미처 생각하지 못한 것들을 그들로부터 얻을 수도 있습니다.

◑ 다양한 사회 문제를 다루고 싶고 관심 있는 주제를 바꾸어 보는 건 흔한 일입니다. 여러분은 동물 복지 활동을 많이 하면서도 시민권 운동 관련 리스트에 이름을 올려놓을 수 있습니다. 학교 성교육 프로그램을 바꾸기 위한 일을 시작할 수 있지만 지역 무료 치료기관에서 자원봉사를 할 수도 있습니다.

여러분만의 이유 조사하기

여러분만의 이유를 조사하고 사실로 무장하세요. 인터넷은 어느 정도까지는 조사하기에 좋은 곳입니다. 구글은 여러분의 친구일 수 있지만 검색 엔진에 나오는 모든 것을 믿을 수는 없습니다. 가능한 한 직접 확인하는 것이 좋습니다. 여러분이 거주하는 지역에 미국 환경보호국USEPA이 운영하는 환경 정화 및 오염 지역 복구 프로그램 슈퍼펀드가 운용되고 있다는 주장이 온라인에 올라와 있다면, 미국 환경보호국 홈페이지에서 다시 확인해 보세요. 검색하다가 클릭을 멈추지 못하고 계속 인터넷을 돌아다니게 되는 인터넷 중독에 빠지지 않도록 주의하세요. 어디서 무엇을 배웠는지 메모하며 조사하세요.

해당 이슈 관련 주요 활동가 그룹을 찾아보세요. 각 조직의 모임에 참석하거나 그들의 뉴스레터를 확인하면 지역에서 진행 중인 행진, 편지 캠페인 및 기타 활동에 대한 정보를 얻을 수 있습니다. 이미 진행 중인 캠페인에 참여하거나 여러분이 직접 새로운 아이디어를 제안해 볼 수도 있습니다.

이 책은 평등권, 동물권, 시민권, 환경, 여성의 권리, 평화, 학교폭력, 성교육 등 청소년들이 관심을 갖고 있는 주요 이슈에 대해 다루고 있습니다. 여러분의 관심사를 이 책에서 다루는 사회 문제들로만 한정하지 말고, 자살 예방, 가정 폭력 인식 개선, 세계화가 미치는 부정적 영향에 대한 반대와 같은 다양한 이슈들까지 두루 살펴보세요. 각 주제에 대한 세부 내용도 함께 알아보세요. 그중에서 여러분의 관심을 끄는 주제를 발견해 보세요. 그 이슈가 왜 끌렸는지는 중요하지 않습니다. 여러분, 본인만이 아는 고유한 이유로 충분합니다. 이 책은 여러분이 원하는 주제를 선택하고 그에 집중하는 데 도움을 주며, 여러분이 참여할 수 있는 활동 수준을 찾는 데 도움을 줄 것입니다. 또한, 여러분만의 창의적이고 주체적인 활동 방식을 찾아가는 데 좋은 안내자가 되어줄 것입니다.

이 책의 구성

이 책은 다양한 주제들을 다루고 있습니다. 각 장은 해당 주제에 대한 소개로 시작하여, 그 주제가 누구에게 영향을 미치는지, 누가 관련되어 있는지, 무엇이 위협받고 있는지, 현재 어떤 일들이 일어나고 있는지에 관해 설명합니다. 이슈 섹션에서는 해당 주제와 관련하여 다양한 활동가 그룹이 각각 어떤 활동을 하고 있는지에 관해서도 설명합니다.

각 장마다 해당 분야 청소년 활동가들의 이야기를 수록했습니다. 활동을 시작한 동기, 활동 방식, 그리고 참여 수준 모두 다양합니다. 100명의 청소년 활동가가 있다면 100가지의 다양한 사회 참여 방식이 있다는 점을 보여주고자 했습니다. 이들의 이야기를 통해 독자 여러분도 자신에게 맞는 사회 운동 방식을 찾을 수 있기를 바랍니다.

각 장에서는 재택 활동, 교내 활동, 지역사회 활동, 5분 활동, 이 네 가지 활동 유형을 먼저 설명합니다. 어떤 프로젝트를 할지 결정하기 전에 모든 프로젝트 아이디어를 꼼꼼히 읽어보시기를 바랍니다. 그렇지 않으면 두 개 이상의 프로젝트를 진행하게 될 수도 있습니다. 이 책에 소개된 많은 프로젝트는 다른 이슈에도 적용할 수 있습니다. 각 장 마지막에는 해당 주제와 관련해 더 많은 아이디어와 영감을 얻을 수 있는 기관들의 홈페이지 주소 등이 정리된 정보 목록이 있습니다.

재택 활동

재택 활동 섹션에서는 주로 집에서 할 수 있는 활동들을 소개하고 있습니다. 가족과 함께 할 수도 있고 혼자서도 할 수 있습니다. 이제 막 활동을 시작한 사람들에게 적합한 활동 유형입니다. 재택 활동이라고 해서 무시하지 마세요. 그 어떤 운동보다 큰 변화를 만들어 낼 수 있습니다. 재택 활동가가 된다는 것은 집 안과 밖에서 동일한 문제의식을 가지고 살아간다는 것을 의미합니다. 사회에서 환경운동가로 활동하면서도, 집에서 쓰레기 분리수거를 제대로 하지 않거나, 전기나 물을 아끼지 않는다면, 진정으로 환경 문제를 해결하고 싶어 하는 사람이라고 할 수 있을까요? 이처럼 재택 활동가가 되는 것은 여러분의 행동과 습관을 바꾸는 것을 넘어, 가족 구성원들의 삶에도 큰 영향을 미칠 수 있다는 것을 의미합니다. 활동가로서 여러분이 추구하는 가치를 굳건히 실천하는 데도 큰 도움이 될 수 있습니다.

교내 활동

교내 활동은 재택 활동보다 조금 더 정교하고 시간이 좀 더 소요될 수 있습니다. 하지만 충분히 할 수 있습니다. 여러분은 대부분의 시간을 학교에서 보내기 때문에 캠퍼스 활동가가 되는 것이 한편으로는 자연스러운 일이기도 합니다. 학교는 여러분의 생각을 나누고 변화를 시도하기에 좋은 장소입니다. 여러분의 친구들과 함께 새로운 변화를 이끌어내기 위한 다양한 활동들을 함께 할 수도 있습니다.

학교는 또래 친구들과 소통할 수 있는 좋은 장소이지만, 많은 학교가 그렇듯이 개선이 필요한 부분이 많은 곳이기도 합니다. 변화를 주도하는 사람이 되는 것은 다소 두려운 일일 수 있습니다. 그래서 캠퍼스 프로젝트를 진행할 때, 혼자 하기보다는 친구들과 함께 하는 것을 추천합니다. 심호흡하고 다른 사람들 앞에 서서 여러분이 생각하는 바를 밝힐 때, 자신과 같은 생각을 가진 다른 학생들이 생각보다 많다는 것을 깨닫게 될 것입니다. 프로젝트를 잘 계획하고, 기획 단계에서부터 사람들이 참여할 수 있도록 한다면, 여러분은 분명 여러분이 하고자 하는 일을 성공적으로 해낼 수 있을 것입니다.

지역 사회 활동

지역 사회 활동은 일반적인 활동가의 활동과 가장 유사할 것입니다. 이 프로젝트는 여러분이 현재 거주하는 지역 사회를 대상으로 합니다. 지역 사회 구성원들을 대상으로 교육프로그램을 주최하거나, 그들이 사회적으로 중요한 문제에 목소리를 내는 데 도움을 줄 수 있습니다. 공원에서의 평화 집회와 같은 활동들도 이 프로젝트에 속합니다. 지역 사회 프로젝트는 일반적으로 누구에게나 열려 있습니다. 이 프로젝트에 대해 전혀 모르는 사람도 함께 참여할 수 있습니다.

지역 사회 프로젝트를 진행하기 위해서는 가족과 친구들을 넘어 새로운 관계를 형성해야 합니다. 함께 변화를 만들어 낼 사람들을 찾아 공동의 목표를 위해 활동하는 것을 우리는 조직화라고 부릅니다. 조직화를 통해 우리는 각자의 전문 분야에 따라 작업을 나누어 수행하고, 그로 인해 더 많은 일을 이룰 수 있습니다. 예를 들어, 지역 신문에 AIDS 인식 증진을 위한 광고 게재를 계획 중이라면, 한 사람은 신문사와의 협력을 위해 노력하고, 또 다른 한 사람은 광고 디자인을 맡고, 나머지 한 사람은 광고에 실을 최적의 정보를 조사할 수 있을 것입니다.

5분 활동

'5분 활동 프로젝트'는 여러분이 관심 두고 있는 이슈에 대해 인터넷을 통해 빠르고 간편하게 수행할 수 있는 작업을 제공합니다. 이 프로젝트에서는 '클릭하여 이메일 보내기'와 '클릭하여 기부하기'라는 두 가지 활동을 함께 체험할 수 있습니다.

'클릭하여 이메일 보내기' 웹사이트는 정치인에게 손쉽게 이메일을 보낼 수 있는 기능을 제공합니다. 대부분의 웹사이트는 간단한 구성을 가지고 있어 이름을 입력하고 클릭하기만 하면 됩니다. 때로는 해당 지역을 대표하는 의원에게 이메일을 보낼 수 있도록 우편번호를 입력하라는 안내가 뜨기도 합니다. 이러한 웹사이트들은 주로 최근 사건이나 통과가 지연되고 있는 법안과 같은 주요 이슈에 중점을 두고 자주 업데이트됩니다. '편지 쓰기'는 제도 변화를 이끌어내는 효과적인 방법 중 하나로 알려져 있습니다. 일반적으로 '편지 쓰기'가 '이메일 보내기'보다 효과적인 방법으로 알려져 있습니다. 정치인들은 손으로 직접 쓴 편지가 이메일을 보내는 것보다 얼마나 더 많은 정성과 노력이 들어간 것인지 잘 알고 있기 때문에, 누군가가 시간을 내어 종이에 편지를 쓰고 보낼 때 더 큰 주의를 기울입니다. 그러나 단체로 이메일을 보내는 캠페인도 특정 이슈에 대한 인식을 높이고 주의를 환기시키는 역할을 하는 것으로 알려져 있습니다.

이 책에서는 해당 주제에 대한 '클릭하여 기부하기' 웹사이트를 활용할 수 없는 경우에만 '클릭하여 이메일 보내기' 웹사이트를 추천합니다. '클릭하여 기부하기' 웹사이트는 인터넷 연결이 가능한 모든 사람이 어디에서나 자신이 선택한 자선 단체에 손쉽게 기부할 수 있는 서비스를 제공합니다. 이 웹사이트는 일반적으로 해당 주제와 관련된 제품을 생산하는 기업에 스폰서 참여를 요청하는 방식으로 운영됩니다. 예를 들어, '클릭하여 기부하기'를 통해 반려동물 사료 회사가 클릭당 일정 금액을 동물 보호 단체에 후원하도록 할 수 있습니다. '클릭하여 기부하기' 캠페인에 참여하는 기업은 클릭당 일정 금액을 자선 단체에 기부하게 됩니다.

기업들은 왜 이 기부 캠페인에 참여할까요? 기업이 실제로 자선 활동을 하기도 하지만, 한편으로는 이러한 활동이 광고의 한 형태이기도 하기 때문입니다. 소비자들이 '클릭하여 기부하기' 캠페인에 참여하는 기업을 보고, 해당 기업에 대한 긍정적인 이미지를 형성하게 되리라는 것을 기업 스스로도 알고 있기 때문입니다.

여기서 주의할 점이 있습니다. 많은 사람이 '클릭하여 기부하기'를 하루에 한 번만 클릭할 수 있다고 생각합니다. 하지만 '하루'의 개념은 일반적으로 0시에서 24시까지가 아니라 클릭한 시간을 기준으로 24시간입니다. 실제로 클릭 수를 기록하는 프로그램은 24시간 주기로 클릭 수를 계산합니다. 다시 말해, 어느 날 오후 3시에 클릭한 후 다음 날 정오에 클릭하면 앞서 클릭한 시간으로부터 24시간이 지나지 않았기 때문에 두 번째 클릭은 계산되지 않습니다.

헷갈리지 않도록, 기부 웹사이트 클릭 시간을 정해두는 것도 좋은 방법입니다. 이때, 리마인드 앱이나 휴대전화 알람을 사용하여 클릭 시간을 설정해 두는 것도 효과적일 수 있습니다.

'5분 활동가'섹션과 이 책 전반을 통해 '클릭하여 기부하기' 웹사이트가 합법적인지 확인하는 데 많은 노력을 기울였습니다. 이러한 웹사이트들은 오랫동안 운영되어 왔으며 우수한 평판을 가진 자선단체들과 협력하고 있습니다. 여러분이 이 책에서 소개한 정보들을 직접 확인하는 것도 중요합니다. 안전하지 않은 웹사이트에서는 개인정보, 예를 들어 전화번호, 주민등록번호, 주소, 그리고 신용카드 정보와 같은 금전 거래와 관련된 정보를 제공하지 않도록 주의하세요. 또한, 오프라인에서와 마찬가지로 인터넷에서도 알려지지 않은 개인과 개인적인 만남에 동의하지 않도록 주의해야 합니다.

각 장의 마지막 섹션은 관련 정보 리스트로 구성되어 있습니다. 이 섹션에는 활동가에게 유용한 웹사이트가 정리되어 있습니다. 여러분이 진행할 프로젝트에 대한 아이디어를 얻을 수 있을 뿐만 아니라 다른 활동가들과 네트워킹할 방법도 찾을 수 있습니다.

몇 가지 추가 사항

좋은 활동가가 되기 위해서는 먼저 좋은 사람이 되어야 한다는 것을 꼭 기억하세요. 다른 사람의 의견에 동의하지 않더라도 그 사람에게 친절함과 존중함을 잊지 않는 것이 여러분의 프로젝트에도 도움이 될 것입니다. 가끔 어떤 사람이나 단체와 갈등에 빠지거나 자신을 자책하게 되는 경우가 생길 때는, 한 발짝 뒤로 물러나는 것도 좋습니다. 여러분이 싸우고 있는 문제와 여러분이 이루고자 하는 선한 일에 집중하세요. 변화를 싫어하는 사람들에게 분노하는 데 에너지를 쓰기보다, 변화를 만들어 내는 일에 힘을 쏟으세요. 당신을 분노케 하는 사람들, 변화를 거부하는 사람들과 마주하지 않고 일을 할 수 있는 방법을 찾아보세요.

때로는 같은 이슈에 대해 같은 편에 서 있는 사람들과 거리를 둘 필요가 있을 수 있습니다. 일부 경력이 오래된 활동가나 기존 활동 그룹에서 여러분을 그다지 환영하지 않을 수도 있습니다. 그들은 여러분에게 대학생과 대학원생을 대상으로 활동하는 청소년 지부에서 활동하라고 제안할 수도 있습니다. 그들이 생각하기에 여러분이 활동가가 되기에 충분한 나이가 되기 전까지는 여러분을 그냥 사무 보조원 정도로 취급할 수 있습니다.

이러한 상황을 마주했을 때, 여러분은 그룹 내에서 변화를 시도하거나, 더 적합한 그룹을 찾아 떠날 수도 있습니다. 또한, 새로운 그룹을 직접 시작할 수도 있습니다. 예를 들어, 뉴욕시의 고등학생 활동가들은 경력이 오래된 활동가들의 저항에 부딪혔을 때 '유스 블록www.youthbloc.org'을 창설하여, 이제는 그 자체로 신뢰받는 그룹으로 성장했습니다. '유스 블록' 회원은 만 열여덟 살 미만이거나 아직 고등학교에 재학 중인 학생들로 구성되어 있습니다.

여러분이 중요하다고 생각하는 이슈에 대해 말하기 시작하면 여러분의 부모님과 보호자들이 회의적인 반응을 보일 수도 있습니다. 부모님과 보호자들도 청소년들에 관한 고정관념을 가지고 있을 수 있습니다. 그러나 이러한 행동들이 여러분의 부모님이 가르쳐주신 가치관을 실천하기 위한 것임을 잘 설명한다면, 부모님들도 이해해 주실 것입니다. 변화를 만들어 내기 위한 여러분의 도전이 단순히 사춘기 때문이 아니라, 부모님의 가르침을 따르기 위한 행동임을 이해하게 될 것입니다. 여러분은 바로 그런 사람들입니다.

여러분의 앞날에 행운이 깃들기를 기원합니다.
미키 할핀

목차

개념 장착

미국인들은 미국 사회의 기반이 되는 개인주의적 자유주의 전통에 큰 자부심을 가지고 있습니다. 미국은 종교의 자유를 찾아 떠나온 이민자들에 의해 세워진 나라입니다. 개인의 자유를 존중하는 이 정신은 미국 헌법에도 고스란히 담겨 있습니다. 이러한 자유는 결코 거저 주어지는 것이 아닙니다. 힘들게 싸워 얻어야 하며 소중히 지켜야 합니다. 최근에는 많은 사람들이 마땅히 누려야 할 기본적인 권리와 자유를 누리지 못하는 상황이 발생하고 있습니다.

시민권은 개인이 자신의 신념에 따라 행동하고, 원하는 바에 따라 의견을 표현할 수 있는 권리를 의미합니다. 미국에서는 개인의 기본권을 보장하기 위해 만들어진 수정헌법인 권리장전에서 이 권리를 보장하고 있습니다. 권리장전은 크게 다음과 같이 분류 할 수 있지만 실질적으로는 이보다 더 포괄적인 범위에서 시민을 보호합니다.

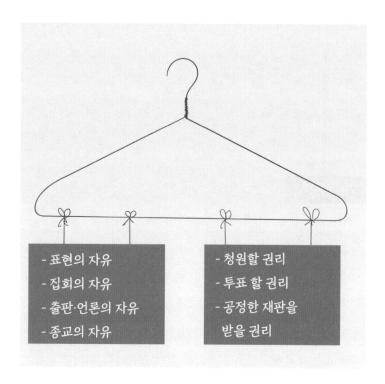

- 표현의 자유
- 집회의 자유
- 출판·언론의 자유
- 종교의 자유

- 청원할 권리
- 투표 할 권리
- 공정한 재판을
  받을 권리

　자유권은 정부의 개입 없이 자신의 삶을 살 수 있는 권리를 의미합니다. 이 권리는 미국에서 노예제 폐지를 공식적으로 선언한 수정헌법 제13조와 각 개인이 갖는 시민적 자유와 민권을 헌법에 담은 수정헌법 제14조에 의해 보장됩니다. 모든 사람은 어떠한 정부의 간섭도 받지 않고 시민에게 보장된 권리를 누릴 수 있습니다. 예를 들어, 시민이라면 누구나 공권력이 자신들을 어떻게 다룰지 걱정하지 않고 정치적 견해를 표현할 수 있어야 합니다. 미국시민자유연맹과 같은 단체들은 시민권과 자유권을 통합하여

'자유권'이라고 표현합니다.

1950년대와 1960년대의 미국 인권 운동은 주로 인종 차별 문제에 중점을 두었습니다. '분리하되 평등하다separate but equal'는 1896년 미연방대법원의 '플레시 대 퍼거슨 사건Plessy v. Ferguson' 판결문의 핵심 내용이었습니다. 이 재판에서 대법원은 대중교통, 호텔, 학교 등에서 인종 분리 정책이 각각의 사용 환경이 평등하다는 전제조건 하에 합법적이라고 판결 내렸습니다. 그러나 현실은 그렇지 않았습니다. 아프리카계 미국인들은 시민의 권리를 박탈당하며 투표권 행사에 어려움을 겪었습니다. 수준 낮은 학교에 다니며, 공공시설 사용에도 차별을 받았습니다. 로사 파크스Rosa Parks와 마틴 루터 킹 주니어Martin Luther King Jr.등과 같은 활동가들은 투표권, 교육, 그리고 인종 차별 철폐를 위한 운동을 주도했습니다. 인종차별 법에 대한 법적 소송이 진행되었으며, 전국적으로 인종차별 제도에 반발하는 전례 없는 시위와 시민 운동이 벌어졌습니다. 미국 전역의 활동가들이 남부 지방을 방문하여 아프리카계 미국인 유권자 등록을 촉진하기 위해 노력했습니다.

이 시기 인권운동은 헨리 데이비드 소로Henry David Thoreau와 마하트마 간디Mahatma Gandhi와 같은 사상가들의 영향을 많이 받았습니다. 1849년에 쓴 『시민 불복종』에서 소로는 양심에 따라 행동하는 것이 국가에 충실한 시민이 되는 것보다 더 중요하다고 이야기했습니다. 특히, 노예제 같은 불의한 법을 따르는 것보다 비폭력적인 시민 불복종을 통해 그 법을 바꿔내는 것이 진정한 시민적 의무를 다하는 것이라고 강조했습니다. 시민 불복종은 의도적이고 상징적인 의미로 법과 제도를 어기는 행위를 말합니다. 이는 주로 공정하지 못한 법이나 사회적 불평등에 대한 사회적 관심을 높이고, 개혁하기 위한 사회적 힘을 모으기 위한 비폭력 저항 수단으로 사용됩니다. 로사 파크스가 백인들을 위해 좌석을 양보하고 버스 뒤로 가라는 버스 기사의 지시를 거부하고 계속 그 자리에 앉아 있었던 것도 시민 불복종에 해당합니다. 간디는 시민 불복종에 대한 개념을 더욱 정교화하여, 수동적 저항과 비협조의 원칙을 도입했습니다. 소극적 저항과 비협조의 예로는 농성, 파업, 보이콧과 같은 행동이 있습니다.

1950년대와 60년대의 민권 지도자들은 비폭력 저항 운동을 적극 지지했지만 종종 심각한 물리적 폭력에 직면해야 했습니다. 경찰과의 폭력적인 충돌은 흔한 일이었고, 헌신적으로 활동하던 인권 활동가 중 일부는 심지어 살해당하기도 했습니다. 1968년 테네시주 멤피스에서 암살당한 마틴 루터 킹 주니어가 그 중 한 사람입니다. 이런 비극 속에도 불구하고, 수많은 이들의 헌신과 노력 끝에 공립학교 내 흑백 인종 간 통합교육 실시를 비롯한 많은 성공이 있었습니다. 이 시기의 활동은 오늘날의 인권 운동가들에게 계속해서 큰 영감을 주고 있습니다.

청소년은 성인과 동일한 시민권을 가지고 있지 않습니다. 만 열여덟 살이 되기 전까지는 투표할 권리가 없습니다. 부모님은 방문을 열어 여러분의 개인적인 공간을 확인할 수 있고 이메일을 읽을

마틴 루터 킹 주니어, 침례회 목사이자 인권 운동가.

권리가 있습니다. 학교에서는 여러분의 가방과 사물함을 검사할 수 있습니다. 어떤 경우에는 학교에서 여러분이 입을 옷이나 학교 신문에 게재할 내용도 결정할 수 있습니다. 또한, 학교에서는 여러분이 특정 웹사이트에 접속하지 못하도록 차단할 수도 있습니다. 만 열여덟 살이 되기 전까지는 부모님의 허락 없이 운전하거나 술을 마실 수 없습니다. 일부 지역에는 청소년들에게 통행금지 시간이 적용되기도 합니다.

청소년들이 청소년이거나 미성년자라는 이유로 제한된 시민권을 누리고 있는 것에 대해 많은 논란이 있습니다. 고등학생들의 표현의 자유나 미성년자의 사생활 보호에 관한 명확한 법적 기준이 아직 정립되어 있지 않습니다. 더구나 의미 있는 판례가 나오더라도 법원마다 해당 기준을 적용하는 방식에 대한 의견 차이가 여전합니다. 예를 들어, 대법원은 1986년 베델 교육지구 '403호 프레이저 사건'에서 학생이 자신의 정치적 견해를 표현하는 권리가 있지만, 동시에 공립학교 또한, 저속하고 모욕적인 발언을 제한할 권리가 있다고 판결했습니다. 일부 법원은 프레이저 판결을 '학교가 모든 유형의 공격적인 발언을 금지할 수 있다'는 의미로 해석하고 있지만, 또 다른 법원에서는 '학교 공식 행사나 학교 신문 등에 게재된 발언에 대해서만 규제할 수 있다'고 결정했습니다. 예를 들어, 여러분이 "자유주의자는 형편없어"라고 적힌 티셔츠를 입고 등교한 경우, 학교 측이 이 문구를 학내 구성원들에게 부정적인 영향을 끼칠 발언으로 간주하고 금지했다고 가정해 봅시다.

이에 따라 학교 측과 여러분 간에 법적 분쟁이 발생했을 때, 법원이 '프레이저 판결'을 '학생들의 모든 발언과 표현'에 적용한다면 여러분은 해당 티셔츠를 입고 등교할 수 없게 됩니다. 그러나 법원이 '프레이저 판결'을 '학교가 직간접적으로 관여하는 행사나 신문, 방송 등에서 나온 발언'에만 제한적으로 적용한다면, 여러분이 학교와의 법적 분쟁에서 이길 가능성이 높아질 것입니다.

2001년 9월 11일 이후, 미국 시민들의 시민권과 자유권은 절대절명의 위기를 맞이했습니다. '애국자법'과 '아동 낙오 방지법'은 정부가 이전에는 상상하기 어려웠던 수준으로 개인의 사생활을 깊이 들여다볼 수 있게 하였습니다. 특히, 이 두 법은 젊은 세대에게 특별한 영향을 미쳤습니다. '애국자법'은 정부에게 인터넷·전화통신을 비롯해 다양한 매체를 통한 감시 권한을 부여하고, 정치 및 종교 단체를 광범위하게 추적할 수 있게 했습니다. 더불어, 대학생들의 동의 없이 학생 기록에 접근하는 것을 허용했습니다. 유학생 및 교환 방문자 정보 시스템을 도입하여 연방수사국이 비 이민자와 유학생을 상시 감시·추적·관리할 수 있게 했습니다.

'아동 낙오 방지법'은 고등학교 캠퍼스에서 군대 모집을 허용하고, 중학생 기록에 대한 군의 접근을 허용했습니다. 이러한 정책의 결과로 미국 캠퍼스 내 군대 주둔이 증가했고 학생뿐만 아니라 시민들의 기본권과 프라이버시, 정보 보호 권리 등이 크게 약화되었습니다. 각 법안의 전문은 'ACLU' 웹 사이트www.aclu.org에서 확인할 수 있습니다.

시민권 및 특히 언론의 자유를 제한하는 다양한 규제들이 도입되었습니다. '방송 품위 시행법'은 연방통신위원회가 방송국이 저속한 발언이나 방송을 내보낼 경우 강력한 과징금을 부과할 수 있도록 규정하였습니다. 시청자가 의도적으로 해당 콘텐츠를 찾거나, 구매 혹은 구독한 경우에도 동일하게 벌금을 부과할 수 있게 되었습니다. 이 법은 방송국이 유포하는 콘텐츠에 대한 사회적 책임을 강조하기 위해 제정되었다고 주장되지만, 이 법이 헌법에서 보장한 기본권을 침해한다는 입장 또한, 팽팽해 사회적으로 많은 논란이 발생했습니다. 소규모 지역 라디오 방송국이나 비영리 라디오 방송국들은 과징금으로 인한 재정적 위기로 방송을 중단해야 하는 위기에 처해 있으며, 공중파 방송국들은 방송 DJ들이 특정 내용을 언급하지 않도록 주의를 기울여야 했습니다. 최근에는 뉴욕 시장이 미술관에서 전시된 작품이 불쾌하고 부적절하다며, 해당 전시를 취소하지 않을 경우 미술관에 대한 시의 재정 지원을 중단하겠다고 협박하는 사례가 있었습니다.

　인터넷은 표현의 자유와 개인정보 보호라는 기본권들 사이에서 많은 충돌이 일어나고 있는 곳입니다. FBI는 현재 전화 통신 감시법의 적용 범위를 인터넷으로까지 확장하려고 시도하고 있습니다. 도서관과 학교는 특정 콘텐츠에 대한 인터넷 접근을 제한하기 위해 필터를 설치하라는 압력을 받고 있습니다. 그러나 이러한 조치가 일부 유해한 사이트를 차단할 수는 있지만, 건강 관리 및 기타 건전한 콘텐츠를 제공하는 사이트까지 차단할 수 있다는 부작용이 있습니다.

인권 활동가들은 위 사안뿐만 아니라 여러 인권 문제를 해결하기 위해 고군분투하고 있습니다. 이 책에서 다루고 있는 많은 문제들은 시민권의 관점에서 논의될 수 있습니다. 차별금지 운동은 사회적으로 늘 차별받는 위치에 있는 사람들의 기본권을 보호하기 위한 활동입니다. 인권 활동가가 되는 것은 학교에 휠체어 경사 설치를 요구하는 것일 수 있습니다. 학교가 이를 받아들이지 않을 경우 학교의 장애인법 위반 사항을 고발하고 법정 소송을 통해 이를 이행하도록 하는 것일 수 있습니다. 또한, 여성의 자기 결정권을 침해하는 최근의 결정들에 항의하기 위한 행진에 참여하거나, 저소득층 지역에 더 나은 대중교통 인프라를 요구하기 위해 사람들을 조직하는 것을 의미할 수 있습니다.

인권 활동가가 되려면 엄청난 열정과 인내심이 필요합니다. 잘못된 법과 제도를 바꾸기 위해서 입법부, 사법부, 행정부 내 수많은 난관을 헤쳐 나가야 합니다. 수백 년 전에 만들어진 법률의 문구나 해석에 따라 전혀 다른 결과를 맞이해야 할 수도 있습니다. 법을 바꾸고 나아가 그 법을 실행하기까지는 정말 지난한 과정을 견뎌야 할 수 있습니다. 자유권을 보호하기 위한 활동에 참여하는 것은 직접적으로 민주주의를 강화시키는 일일 뿐만 아니라 다른 사람들의 표현의 자유권과 같은 자유권을 보장하는 일이기도 합니다.

시민권
자유권
인권?

시민권, 자유권, 인권 각각의 차이점은 무엇입니까?

각 국가에서 시민들이 시민권과 자유권을 누리는 정도는 해당 국가의 법에 따라 다르게 결정됩니다. 모든 국가에서 이러한 권리가 헌법이나 국내법으로 보장되어 있는 것은 아닙니다. 미국 시민이 누리는 시민권과 자유권은 영국, 남아프리카공화국, 도미니카 공화국의 시민이 누리는 것과 동일하지 않습니다.

인권은 국적과 관계없이 모든 개인에게 적용되는 원칙입니다. 또한, 인권과 시민권 사이에는 중첩되는 부분이 있는데, 언론의 자유가 그중 하나입니다. 1948년 유엔 총회에서 채택된 세계인권선언문에는 인간으로서 마땅히 보장받아야 할 인권들이 열거되어 있습니다. 이 중 몇 가지를 소개합니다.

⊙ 고문을 받지 않을 권리.

⊙ 망명을 신청할 권리.

⊙ 재판을 받을 권리.

⊙ 재산을 소유할 권리.

⊙ 의견과 표현을 자유롭게 할 수 있는 권리.

⊙ 자유롭게 여행할 수 있는 권리.

인권을 위한 투쟁은 미국을 포함해 전 세계 여러 곳에서 벌어지고 있습니다. 인권과 인권 운동에 대해 더 자세히 알고 싶다면 국제앰네스티www.amnestyusa.org나 휴먼라이츠워치www.hrw.org 웹사이트를 방문하세요.

정부 개인 정보 수집 파일 확인하기

1966년 정보 자유법FOIA과 1974년 개인 정보 보호법에 따라 여러분은 정부 기관이 여러분에 대해 가지고 있는 기록의 사본을 받을 권리가 있습니다. 자신의 파일을 확인하는 것은 눈이 휘둥그레질 수 있는 경험이 될 수 있습니다. 정치나 특정 종교 단체에서의 활동 기록이 담겨 있을 수 있으며, 성적표 사본과 해외여행 기록도 확인할 수 있습니다. 대통령이나 선출직 공무원에게 편지를 쓴 적이 있다면 해당 기록도 있을 수 있습니다. 아직 많은 사회 활동을 쌓지 않은 청소년 여러분의 정보가 현재 이 정도 수준이라면, 여러분이 사십 대, 오십 대, 육십 대가 되었을 때 정부가 보유한 여러분의 개인 정보 파일의 양과 범위는 과연 어느 정도일지 상상해 보세요.

기록 사본을 받기 위해서는 해당 기록이 있을 것으로 예상되는 모든 정부 기관에 문의해야 합니다. 고등학교 재학 중인 경우, 여러분의 정보를 수집할 가능성이 가장 높은 기관으로는 육군, 국방부, 국토안보부, 연방수사국, 선택적 복무 시스템, 그리고 보건복지부가 있습니다. 이러한 기관들은 각각의 정보 자유법 사무소를 운영하여 여러분의 문의를 직접 처리할 수 있도록 하고 있습니다. 이들 기관의 연락처 정보와 기타 기관에 대한 정보는 도서관이나 정부의 온라인 사이트에서 찾아볼 수 있습니다.

정보 자유법 질의서와 개인 정보 보호법 질의서를 각각 작성하여 동일한 주소로 보내야 합니다. 개인 정보 보호법 질의서에 대한 답변 자료가 정보 자유법 질의서에 대한 것보다 질의자와 관련된 폭넓은 범위의 정보를 제공합니다. 정보 자유법 질의서는 기밀이나 민감하지 않은 정보에 적용되어 누구나 열람할 수 있습니다. 반면, '개인 정보 보호법 질의서'는 정보의 공개 여부와 관계없이 해당 사용자와 관련된 모든 정보를 기록되어 있습니다. 정부 기관이 보유한 개인 정보도 여기에 포함됩니다.

질의서를 작성하기 전에 관심 있는 기관의 정보 자유법 사무실에 전화하여 수수료에 대해 문의할 수 있습니다. 개인적인 용도로 여러분의 개인 기록을 요청하는 경우, 기관은 문서 검색 및 복사 비용에 대해서만 수수료를 청구할 수 있습니다. 그러나 검색 유형에 따라 비용이 다르며, 복사비도 기관마다 다를 수 있습니다. 일반적으로 비상업적 용도로 요청하는 경우, 첫 두 시간의 검색 요금과 첫 100페이지 복사비가 면제됩니다. 개인 정보 보호법에 따라 신청하는 경우 복사비만 부담하면 됩니다. 청소년의 경우 수집 된 자료가 100페이지를 넘기기가 어려우므로 비용이 청구되지 않을 가능성이 높습니다. 다만, 혹시 모를 경우를 대비해서 수수료에 대해 먼저 문의해 보세요.

정보 자유법에 따라 요청하든 개인 정보 보호법에 따라 요청하든, 정보 자유법 부서나 담당자에게 질의서를 보내세요. 자신에 대해 가능한 한 많은 정보를 알려주세요. 이름, 나이, 사회보장번호, 전화번호, 현재 주소, 검색에 도움이 되는 이전 주소 등을 제공해 주세요. 정보를 원하는 이유를 그들에게 말할 필요는 없지만, 여러분의 목적이 비상업적이라는 점은 명시하면 수수료가 일부 줄어들 수 있습니다. 개인정보 및 공공 기록의 공개에 적용되는 법률이 서로 다르기 때문에, 각각의 질의서 안에 적용된 법률을 서로 엇갈리게 작성하거나, 두 질의서에 한 법률이 동일하게 적용되어서는 안 됩니다. 질의서를 다 작성하고 나면 사본을 보관하세요. 보낼 때는 봉투 겉면에 '주의 : 정보 자유법 질의서' 또는 '개인정보 보호법 질의서'라고 적어 두시면 좋습니다.

여러분의 요청이 접수되면 해당 기관이 승인 여부를 결정하고 그 결정을 알리는 데 토요일, 일요일 및 공휴일을 제외하고 2일 정도 소요됩니다. 만약 승인이 거부된다면 여러분은 항소할 권리가 있습니다. 요청이 승인되면, 해당 기관은 이십 일 안에 여러분의 요청을 처리해야 합니다. 그러나 다수의 요청으로 인해 지연이 발생하고 있는 특이한 상황이라면, 기관은 여러분에게 번호표를 발급해 줄 수도 있습니다.

해당 기관은 여러분의 요청을 다음과 같은 이유로 승인할 수 없다고 주장할 수 있습니다. 여러분의 요청이 적절하지 않거나 자료가 존재하지 않는 경우, 요청한 자료가 비공개인 경우, 요청 내용이 부적절한 경우 등입니다. 만약 해당 기관이 정보가 존재하지 않거나 비공개 자료임을 주장하는 경우, 여러분은 행정 소송을 제기하여 해당 주장에 이의를 제기할 권리가 있습니다. 상급 기관에 항소할 수도 있습니다. 최후의 수단으로 연방 법원에 소송을 제기할 수도 있습니다. 여러분이 열여덟 살 미만이고, 위탁 보호를 받은 적이 없으며, 아동 낙오 방지법에 동의하지 않았고 정치 활동에 참여한 적이 없다면 해당 기관에 여러분의 파일이 없을 가능성이 높습니다. 해당 기관에서 여러분의 기록이 공개 대상에서 제외된다고 주장하는 경우, 이의신청을 제기하여 기록에 어떤 내용이 포함되어 있는지 확인하는 것이 좋습니다.

파일이 도착하면 내용을 주의 깊게 살펴보고 필요하다면 메모하며 읽어보세요. 만약 사실이 아닌 부분을 발견하면 해당 부분에 대한 이의를 제기할 권리가 있습니다.

정부가 수집한 여러분의 개인정보 파일에 놀라셨다면, 학교 신문에 사설을 쓰거나 지역구 국회의원에게 정부의 개인 정보 수집 권한을 제한할 수 있는 법안을 촉구하는 서한을 보내는 등의 조치를 취할 수 있습니다. 또한, 여러분이 받은 자료를 친구들과 공유하고, 여러분이 한 것처럼 친구들이 직접 개인 정보 보호법에 따른 개인 정보 파일 요청서와 정보 자유법 법에 따른 개인 정보 파일 요청서를 보낼 의향이 있는지 물어볼 수도 있습니다.

새로운 스타일의 학교 신문을 만들기

만약 축구 경기 결과와 영화 리뷰만을 다루는 학교 신문에 지루함을 느낀다면 여러분이 원하는 새로운 스타일로 만들어 보세요. 여러분이 진심으로 전하고 싶은 이야기를 직접 만든 신문을 통해 전하는 것은 상상만으로도 정말 멋지고 훌륭한 일입니다. 모두가 지저분한 화장실에 관해 이야기하고 있지만 정작 학교가 이에 대해 아무런 조치를 취하지 않고 있다면, 신문 일면에 화장실 사진을 게재하여 이 문제를 전면에 부각시킬 수 있습니다. 예산 문제로 화장실 청소 주기가 한 달에 한 번으로 줄어들었다거나, 청소부가 건물 뒤에서 담배를 피우는 데 더 많은 시간을 보내고 있다면, 학교 신문을 통해 그 소식을 전할 수도 있습니다.

이 기사의 내용을 시각적으로 잘 전달할 수 있는 사진과 헤드라인이 함께 있다면 더욱 좋습니다. 지난 몇 년 동안의 학교 예산 사본을 입수하여 예산의 변경 여부를 확인해 보세요. 학교 이사회 회의록도 살펴보세요. 사실이 아닌 내용은 신문에 싣지 않도록 주의하세요. 언론의 자유는 보호되지만 거짓 기사는 보호되지 않습니다.

새로운 스타일의 신문을 시작한다는 소식을 사람들에게 알리고 함께 할 수 있는 친구들을 모집해 보세요. 모인 친구들과 첫 번째 회의를 열어 신문의 이름을 정하고 다룰 내용에 대해 함께 토론해 보세요. 신문을 만들 팀을 어떻게 구성할지는 여러분의 결정에 달려 있습니다. 자유로운 방식으로 할 수도 있고, 사진 편집자나 편집장과 같이 각자 역할을 정할 수도 있습니다. 첫 회의를 마무리하며 신문 발행 일자, 기사 목록, 개별 기사의 마감일 등을 꼭 정해두세요. 신문을 만들기 위해 주간 회의가 필요하다는 의견이 모일 것입니다.

다음 회의에서는 구체적인 신문 발행 방안에 대해 논의해 보세요. 인쇄용 종이, 인쇄 및 복사 설비를 어떻게 마련할지도 함께 논의하세요. 학교 내 동아리 지원 방안에 따라 신문 동아리를 만들어 학용품과 컴퓨터를 사용할 수도 있습니다. 다만, 학교 지원을 받으면 학교 운영에 비판적인 내용을 게재하는데 제약이 있을 수 있습니다. 그런 문제들로부터 자유롭게 활동하기 위해서는 모든 참여자가 취지에 동의하는 분들을 대상으로 기부를 요청하거나,

모금 행사를 열어 신문 발행 비용을 마련할 수도 있습니다.

신문 발행을 위한 논의가 마무리되면, 이제는 각자의 글에 대한 조율이 필요합니다. 서로의 글을 읽고 비판적이면서도 건설적인 피드백을 주고받아보세요. 그룹 토론이 비효율적으로 느껴진다면, 일대일 또는 소규모 그룹을 구성하여 피드백을 주고받을 수 있습니다. 각 글에 대한 피드백이 완료되면, 전체 신문의 레이아웃에 대한 토론을 진행합니다. 지면을 몇 장으로 나눌지, 어떤 글을 특별히 강조할지 등을 결정합니다. 전체적인 디자인에는 디자인 역량이 있는 팀원이 참여하면 좋습니다. 이미지와 그래픽을 효과적으로 활용하여 독자들의 시선을 사로잡는 지면을 만들어 보세요.

작성한 글과 신문 지면 디자인을 완성한 후, 인쇄업체에 견적을 요청해 보세요. 페이지 크기, 전체 페이지 수, 인쇄용지의 종류, 흑백이나 컬러 출력 여부, 제본 방식, 스테이플, 접착 등 세부 사항을 구체적으로 언급하여 어떻게 인쇄하길 원하는지 설명해 주세요. 또한, 각 항목에 대한 최적의 가격 옵션도 문의하세요. 학생들이 자발적으로 진행하는 프로젝트임을 언급하면 학생 할인가를 적용 받을 수도 있습니다.

인쇄물을 받았다면 이제 신문을 배포할 차례입니다. 학교 내에 학생들이 물건을 놓을 수 있는 장소가 있다면 거기에 신문을 두세요. 그렇지 않다면 수업 시작 전, 수업 종료 후, 또는 점심시간에 직접 학생들에게 나눠주세요. 단, 수업 시간이나 조회 시간은 되도록 피해주세요.

학교가 여러분이 만든 신문에 대해 우려할까 걱정된다면, 신문을 배포하기 전에 학생의 권리에 대해 명확히 알아두세요. 여러분은 언론의 자유를 행사할 권리가 있으며, 공익을 해치지 않거나 학교 수업에 방해가 되지 않는 범위 내에서 자신의 의견을 표현할 권리가 있습니다. 이는 공립학교에 해당되며, 사립학교는 일반적으로 자체 규칙을 만들 수 있습니다. 1988년 헤이즐우드 교육지구 사건에 대한 대법원 판례에 따르면, 신문이 학생들의 의견 표현을 위한 공적인 토론장으로서의 역할을 한다면 학교 당국은 해당 내용을 검열하거나 교내 배포를 막을 수 없습니다. 다만, 학교는 수업 시간의 방해를 최소화하기 위해 학생들이 신문을 배포할 수 있는 시간, 장소, 방식을 일부 제한할 수 있습니다. 학교에 다니지 않는 사람들도 이 신문을 볼 수 있도록 웹 사이트를 만드는 것도 좋습니다.

자신의 권리를 알고 이를 행사하는 것은 매우 멋지고 강력한 행동입니다. 새로운 스타일의 신문을 만들고 발행함으로써 여러분은 수정헌법 1조가 이 나라에서, 그리고 여러분의 학교에서 여전히 살아 있고 중요하다는 것을 모든 사람에게 보여줄 수 있습니다.

지역 사회 감시를 주제로 한
예술 프로젝트 진행하기

여러분은 하루에 몇 번이나 사진을 찍나요? 생각보다 꽤 많을 겁니다. 우리 주변에는 카메라 폰을 가진 친구뿐만 아니라 거의 모든 곳에 비디오카메라가 있습니다. 테러에 대한 우려와 저렴한 가격의 카메라로 인해 사적인 공간과 공공장소가 점점 더 감시 대상이 되고 있습니다. 이러한 종류의 카메라 시스템을 폐쇄회로 텔레비전 또는 CCTV라고 합니다.

일주일 동안 CCTV가 여러분을 촬영할 때마다 기록해 보세요. 자신이 얼마나 자주 관찰되고 있는지 알게 되면 놀랄 것입니다. 주의 깊게 살펴보면 쉽게 발견할 수 있습니다. 학교에서 사용되고 있을 수도 있습니다. ATM 로비, 우체국, 엘리베이터, 쇼핑몰, 백화점에 있을 수도 있습니다. 또한, 직장에서도 카메라를 찾아볼 수 있습니다. 쇼핑 계산대에 설치된 카메라도 주의 깊게 살펴보세요.

도둑이나 기물 파손범을 잡기 위해 건물 외부에도 카메라가 설치되어 있을 수 있습니다.

CCTV는 민간 뿐만 아니라 정부가 시민을 감시하는 도구로 점점 더 많이 사용되고 있습니다. 워싱턴 D.C.에는 현재 도시 전역에 수백 대의 카메라가 설치되어 있으며, 이들은 모두 중앙 상황실로 정보를 전송하고 있습니다. 9.11 테러가 발생하기 전에 구축된 이 시스템은 국회의사당 내 시위를 감시하기 위해 활용되고 있습니다. 국회의사당은 언론의 자유가 가장 보장되는 장소 중 하나인데도 불구하고 말입니다. 또한, 뉴욕시는 범죄 예방을 목적으로 CCTV를 설치했습니다. 그러나 이러한 감시 시스템에 대한 반발도 있습니다. 1997년 시민권 활동가들은 오클랜드시의 CCTV 감시 시스템 설치를 막는 데 성공했습니다. 뉴욕시는 타임스퀘어에 카메라를 설치했다가 이에 대한 항의 시위로 카메라를 철거했습니다. 다른 뉴욕시 지역의 CCTV는 여전히 남아 있습니다. 최신 정보는 미국시민자유연맹 웹사이트www.aclu.org에서 확인하실 수 있습니다.

CCTV가 범죄를 예방한다는 주장은 입증되지 않았습니다. 어떤 사람들은 CCTV를 통해 범죄를 감시하는 것이 효과적일 것으로 생각하지만, 이러한 주장은 현실적으로 검증되지 않았습니다. 연구에 따르면, 감시 화면을 모니터링하는 직원들은 금방 지루함을 느끼고 때로는 화면에서 벌어지는 사건을 놓치기도 합니다. 또한, CCTV는 종종 정부나 경찰의 의심을 받는 그룹을 무단으로 감시하는 데 사용될 수 있습니다. CCTV는 때로 범죄자를 식별하는 데

도움이 되지만 주로 도둑질과 같은 작은 범죄를 예방하는 데 효과적입니다. 반면 횡령, 주가조작, 내부자 거래와 같은 화이트칼라 범죄는 CCTV로 포착하기 어려울 수 있습니다.

CCTV의 목적이 사고를 예방하고 해결하기 위함에 있지만, 이와 함께 늘 따라오는 문제는 인권 침해 요소가 있다는 점입니다. 수정헌법 제1조에 따라 우리는 원하는 사람과 자유롭게 어울릴 권리가 있습니다. 그러나 우리의 사생활이 계속해서 녹화되고 있다면, 일부 사람들은 겁을 먹고 특정 부류의 사람들과의 만남이나 회의에 참석하지 않을 수 있습니다. 수정헌법 제4조에 따라 우리는 불합리한 수색으로부터 자유로울 권리가 있습니다. 일부 인권 단체는 이러한 CCTV가 영장 없이 이루어지는 압수수색이라고 주장하고 있습니다. 물론, 이러한 CCTV는 사생활 침해로 간주할 수 있습니다.

감시를 주제로 한 예술 프로젝트를 만들어 보세요. 휴대폰을 사용하여 찾을 수 있는 모든 카메라를 사진 찍어 보세요. 감시를 주제로 한 예술 프로젝트를 시작해 보세요. 휴대폰을 활용하여 주변의 모든 CCTV를 찾아 사진을 촬영하는 것이 이 프로젝트의 핵심입니다. 이 프로젝트를 통해 주변의 CCTV에 주목하고, 우리 일상에서 눈에 띄지 않는 곳에 설치된 CCTV들이 어떤 환경을 감시하고 있는지를 탐험해 보세요. 여러분이 찍은 사진을 활용하여 다양한 작업을 시도해 볼 수 있습니다. 여러 장의 사진을 결합하여 큰 콜라주를 만들거나, 지역을 돌아다니면서 CCTV 옆에 여러분이 찍은 사진을 붙여 사람들이 CCTV의 존재를 알아볼 수 있도록 할 수도 있습니다. 더불어, 공식 소셜 미디어 개정을 만들어서 사람들이 자신의 사진을 올리도록 유도할 수도 있습니다. CCTV 플레이어의 웹 사이트www.notbored.org/the-scp.html를 참고하면 다양한 아이디어를 얻을 수 있습니다. 이 그룹은 CCTV 앞에서 퍼포먼스 프로젝트를 선보이며, 해당 사이트에는 여러 도시의 CCTV 위치가 지도로 표시되어 있습니다. 이러한 예술 작품의 목표는 사람들에게 CCTV의 존재를 알리고, 이에 대한 이야기를 공유하도록 하는 것입니다.

수정헌법 제4조에 관한 상영회 주최하기

미국 수정헌법 제4조에 따라 사용자는 불합리한 수색 및 압수로부터 자유로울 권리가 있습니다. 경찰관이 합법적으로 사용자의 집이나 신체를 수색할 수 있는 유일한 방법은 판사가 발부한 영장을 소지한 경우, 사용자가 수색에 동의한 경우, 불법 물품이 명백히 보이는 경우, 체포 중인 경우, 또는 경찰관이 생명이나 재산에 대한 급박한 위험이나 용의자의 도주 또는 증거인멸을 방지하기 위해 수색을 실시해야 한다고 판단한 경우입니다.

대다수의 사람들은 이러한 권리가 있다는 것을 알고 있지만, 경찰이 수색을 시도할 때 어떻게 행동해야 하는지에 대한 명확한 가이드를 잘 알지 못합니다. 따라서 커뮤니티 구성원들에게 자신의 권리를 배울 수 있는 인권 교육을 제공하면 경찰과의 만남에서보다 침착하게 대처할 수 있을 것입니다.

시민권 단체인 '공민권 플렉스'는 「불시에 당한 경찰 조사·검문 시 알아야 할 시민의 권리 가이드북」이라는 영상을 통해 모든 시민의 권리를 자세히 설명합니다. 이 영상에서는 여러분이 권리를 정중하게 행사하는 방법뿐만 아니라 수정헌법 제5조 및 제6조에 따른 여러분의 권리, 자기에게 불리한 진술을 거부할 권리, 즉 자기부죄거부권과 변호사를 선임할 권리도 다루고 있습니다. 이 단체에서는 학생들에게 무료 또는 대폭 할인된 가격으로 영상을 제공하며, 자격 여부를 확인하기 위해서는 웹 사이트 www.flexyourrights.org 에서 양식을 작성하여 제출해야 합니다.

지역 커뮤니티 센터, 종교 단체, 학교 등에 상영할 수 있는 장소가 있는지 연락해 보세요. 장소를 예약할 때, 사람들이 편안히 앉을 수 있는 의자와 영상을 상영하는 데 필요한 장비가 있는지 확인하세요. 가능한 많은 참석자가 참여할 수 있는 주말과 같은 시간에 상영하세요. 대다수 사람이 쉬는 주말이 가장 적합합니다. 또한, 상영을 홍보하는 것도 중요합니다. 관련 웹 사이트에서 홍보 자료와 포스터를 다운로드하여 지역 게시판에 공지하세요.

영상 시청이 끝난 후 Q&A 세션을 진행할 수 있습니다. 참여자들이 구체적인 상황에 관해 이야기하고 싶거나 이해하지 못한 부분이 있을 수 있으므로 이 시간을 마련하는 것이 좋습니다. 국선 변호사나 전문 변호사를 전문가로 초청할 수도 있습니다. 거주 지역에 경찰 감독 위원회가 있다면 그들을 초대하는 것 또한 한 가지 방법입니다. 이러한 단체의 목록은 전국 법 집행에 대한 민간인 감독 협회 웹사이트www.nacole.org에서 확인할 수 있습니다.

전문가를 초대했다면 해당 전문가를 소개합니다. 참여자들이 자리에 앉으면 간단히 자기소개를 하고 참석해 주셔서 감사하다는 인사를 전합니다. 이 상영회를 주최한 이유를 설명하고, 영상이 재생되는 동안 청중에게 조용히 해달라고 요청하며, 이후 간단한 질의응답이 있을 것임을 알립니다.

상영이 끝나면 전문가를 소개하세요. 질의응답 시간이 얼마나 걸릴지 미리 공지하고 그 시간을 엄수하세요. 참여자들이 수줍어하는 것 같으면 직접 질문을 던져 분위기를 띄우는 것도 좋습니다. "교통법규 위반으로 경찰이 차를 세울 때, 시민들이 가장 많이 하는 실수는 무엇인가요?"와 같은 질문을 통해 참여를 유도해 보세요. 질의응답 시간이 마무리되면 참석해 주신 모든 분께 다시 한번 더 감사의 인사를 전하세요.

살면서 경찰의 불심검문 등을 정기적으로 당하게 되든 아니든, 경찰관을 대할 때 어떻게 행동해야 하는지 알고 있는 것은 모든 시민에게 도움이 됩니다. 수정헌법 제4조의 권리에 대한 인권 교육은 적절한 법 집행을 보장하고 불법적인 수색과 압수를 방지하는 데 도움이 됩니다.

인터넷 프론티어 기금 모금자

The Electronic Frontier Fundraiser, EFF

'EFF'는 온라인 공간에서 시민의 권리와 자유를 옹호하는 단체로, 이 단체의 활동 센터에서는 온라인 언론의 자유, 정부 및 기업의 개인 사생활 침해 방지, 인터넷 저작권 문제 등 'EFF'가 선정한 주제들을 살펴볼 수 있습니다. 활동 센터 내 '클릭 투 이메일' 코너를 통해 각 주제에 대한 여러분의 생각을 의회에 전송할 수도 있습니다. www.eff.org

학생언론법률센터 Student Press Law Center, SPLC

'SPLC'는 학생들이 출판할 때 필요한 리소스와 무료 법률 서비스를 제공하고 있습니다. 학생 저널리스트의 권리에 관심이 있는 사람이라면 누구에게나 도움이 될 자료들이 이 사이트에 있습니다. 이 사이트에서는 학생 언론법 센터의 고등학교 '상위 10개 목록 : 고등학생 저널리스트가 자신의 권리에 관해 가장 자주 묻는 10가지 질문'과 같은 유용한 정보를 찾을 수 있습니다. 법률 가이드, 연구 팁, 학생 언론 관련 기사의 뉴스도 함께 제공하고 있습니다.

www.splc.org

시민 평등권 기구 Civilrights Organization

시민 평등권 기구는 1950년대에 시작된 주요 인권 단체인 시민 평등권 리더십 컨퍼런스의 프로젝트 사이트입니다. 텔레비전 광고와 특별 웹사이트를 활용하여 다양한 문제에 대응하고 소식을 알리는 등의 캠페인을 진행하고 있습니다. 시민 평등권 기구의 프로젝트 중에는 법무부 장관의 시민권 기록에 관한 정보 제공 사이트인 www.stopashcroft.org와 차별 철폐 조처 사이트인 www.fairchance.org가 있습니다. 이 사이트에는 시민 평등권 용어집과 주요 시민 평등권 사건의 핵심이 연대순으로 정리되어 있으며 훌륭한 조직 구성 매뉴얼도 포함되어 있습니다. www.civilrights.org

프라이버시 액티비즘 PrivacyActivism

이 단체의 활동 목표는 "개인적인 수준에서나 사회적인 수준 모두에서 개인 정보 보호의 중요성을 인식하게 하는 것입니다. 그리하여 사람들이 충분한 정보를 바탕으로 결정을 내릴 수 있도록 하는 것"입니다. 이 단체의 사이트에는 개인 정보 보호 문제와 관련된 최신 뉴스 기사 섹션이 있습니다. 감시 섹션에는 악성 소프트웨어와 카메라폰, 자료 의뢰서 태그에 이르기까지 관련 제품에 대한 이야기도 담겨 있습니다. 또한, 대학생과 개인정보 보호에 관한 대화형 게임 '카라벨라'도 소개되어 있습니다. www.privacyactivism.org

미국 시민권 위원회 U.S. Commission on Civil Rights

미국 시민권 위원회는 인종, 피부색, 종교, 성별, 연령, 장애 또는 출신 국가로 인해 투표권이 거부되거나 법에 따른 동등한 보호를 받지 못하는 시민의 어려움을 조사하기 위해 만들어진 정부 위원회입니다. 이 위원회는 차별과 시민권에 관한 교육 캠페인을 진행하며 시민권 문제에 대한 다양한 보고서를 작성하고 있습니다. 이러한 보고서들은 모두 해당 사이트에 정리되어 있어 읽어보면 흥미로운 내용을 확인할 수 있을 것입니다. 또한, 정부가 자체 법률 시행에 대해 어떻게 평가하고 있는지를 알 수 있는데, 특히 2001년 9월 11일 이후의 관용과 정의 문제에 관한 2004년 3월 보고서가 특히 흥미로울 것입니다. www.usccr.gov

미국 헌법 홈페이지 The U.S. Constitution Online

이름에서 알 수 있듯이, 이 사이트에는 미국 헌법의 전체 내용이 담겨 있습니다. 더불어 그동안의 모든 수정 사항도 함께 제공되어 누구나 이 사이트를 통해 확인할 수 있습니다. 이 사이트에는 독립선언문과 선거인단 제도, 법안이 법이 되는 과정 등에 대한 명확한 설명도 포함되어 있습니다. 정말로 즐겨찾기로 저장할 만한 가치가 있는 홈페이지입니다. www.usconstitution.net

미국시민자유연맹 American Civil Liberties Union, ACLU

미국시민자유연맹ACLU은 1920년에 설립되어 헌법으로 보장된 권리와 자유를 수호하고 보존하는 데 헌신하고 있습니다. 이 단체는 사생활 보호, 교회와 국가의 분리, 인종 분리 반대, 언론의 자유를 주장하며 미국 사회의 거의 모든 주요 민권 사건에서 중요한 역할을 해왔습니다. 해당 웹사이트에는 시민권 문제의 역사적 배경과 함께 현재 벌어지고 있는 사건에 대한 링크, 다양한 시민권 문제에 대한 안내가 포함되어 있습니다. 학생 권리 섹션에서는 언론의 자유, 복장 규정, 캠퍼스 밖 행동, 약물 검사, 그리고 섹슈얼리티에 대한 정보를 제공하여 공립학교 학생들의 권리에 관해 설명해 주고 있습니다. www.aclu.org

평화의 불꽃 Peacefire

평화의 불꽃은 열여덟 살 미만 온라인 이용자의 권리를 보호하기 위해 노력하는 단체입니다. 이 단체는 인터넷 필터링 프로그램에 주력하여 활동하고 있습니다. 해당 웹사이트에는 이러한 프로그램이 미치는 부정적인 영향과 이를 비활성화하는 방법에 대한 정보가 포함되어 있습니다. www.peacefire.org

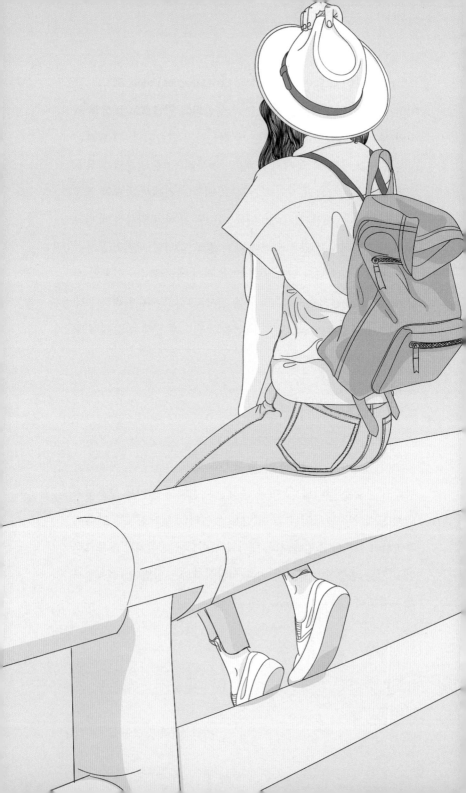

앨런의 이야기

앨런 뉴섬은 버지니아주 얼리스빌에 있는 잭 주엣 중학교 3학년에 재학 중인 열네 살 학생입니다.

2002년 4월, 미국 소총협회National Rifle Association, NRA에서 주최하는 주말 스포츠 사격 캠프에 참가했어요. 사격하는 법을 배우고 싶었거든요. 조준, 조심, 과녁을 맞히는 방법, 다치지 않도록 주의하는 법, 옆에 있는 사람에게 피해가 가지 않도록 안전하게 사격하는 법 등에 대해 배웠습니다.

주말이 지나고 학교에 갈 때, 캠프 티셔츠를 입고 갔어요. "NRA 스포츠 사격 캠프"라는 글자가 적힌 보라색 티셔츠였고, 티셔츠에는 세 남자가 소총, 산탄총, 권총을 과녁을 향해 겨누고 있는 그림이 그려져 있었어요. 단순히 사격 캠프에 다녀왔다는 것을 친구들에게 알리고 싶었을 뿐이었어요. 캠프가 재미있었거든요.

몇몇 친구들이 캠프에 관해 물어봐서 얘기해주기도 했지만, 대부분은 저 티셔츠에 크게 관심이 없었어요. 그런데 점심시간에 교감 선생님이 오셔서 제 티셔츠가 학교 규정 위반이라며 벗으라고 하셨어요. 그렇지 않으면 정학을 당할 수 있다고도 하셨죠. 그래서 저는 하루 종일 티셔츠를 뒤집어 입고 다녔어요. 어렸을 때 가끔 말이 너무 많았던 것을 제외하면 학교에서 문제를 일으킨 적이 없었는데 이런 일을 겪으니 좀 당황스러웠어요.

집에 돌아와 부모님께 상황을 설명하고 함께 복장 규정과 관련된 규칙을 찾아봤지만 제 티셔츠에 관한 규정은 찾기 힘들었어요. 어머니는 그 티셔츠가 학교 규정을 어기지 않았고, 많은 사람들 역시 그렇게 생각하고 있음을 알리기 위해서도 서명이 담긴 청원서를 돌려야 한다고 하셨어요. 그래서 친구와 선생님들에게 청원서를 돌리고 사인도 받았어요. 하지만 제출하지는 않았어요. 서명에 동참한 몇 명의 친구들이 그로 인해 불이익을 당할까 걱정하고 있음을 알았거든요. 제출하지 말아 달라고 부탁한 친구도 있었고요. 친구들을 힘들게 하고 싶지 않아서 사람들의 서명이 담긴 청원서를 학교에 제출하지 않았어요.

아버지가 소총협회에 이메일을 보냈고, 협회 변호사가 우리를 대신하여 학교에 항의 편지를 보냈어요. 변호사는 협회 티셔츠를 입는 것이 규정 위반이라는 학교의 입장을 바꿔 달라고 요청했어요. 그러나 학교는 오히려 복장 규정을 변경해 제가 입었던 티셔츠가 학교 규정에 위반된다고 주장했어요. 소총협회 변호사는 그렇다면 우리도 소송을 제기하겠다는 편지를 보냈어요.

우리는 학교를 상대로 민권 침해에 대한 손해배상을 요구하는 지방법원 소송을 제기했어요. 많은 소총협회 회원들이 소송 비용을 지원해 주었어요. 현재까지 협회 소송 지원을 위한 기부 금액 중 가장 많은 액수가 모였다고 해요. 버지니아주 법무장관과 미국시민자유연맹AVLU도 우리를 지지해 주었어요. 법무장관은 버지니아주 인장에는 칼과 말 등의 무기가 그려져 있는데, 새로운 규정이 시행되면 버지니아주 인장이 그려진 티셔츠도 학교에서 입을 수 없게 된다고 말했어요.

저는 소송으로 매일 법정에 출석했어요. 재판은 매우 형식적이었고, 많은 기자와 카메라 앞에서 이야기를 나눴어요. 무척 긴장했지만, 얼마나 많은 사람들이 이 사건에 대해 알고 싶어 하는지 알게 되어 놀랐어요. 제 티셔츠는 표현의 방법이며, 제게는 표현의 자유를 누릴 권리가 있다고 주장했어요. 그러나 학교는 제가 그 티셔츠를 입음으로써 학교 운영에 방해를 끼친다고 주장했어요. 판사는 저에게 불리한 판결을 내렸어요.

처음에는 기분이 나빴지만, 결정에 항소했고 항소심에서 승소했어요. 승소하는 순간, 제가 옳았다는 확신이 들었어요. 첫 번째 전투에서는 졌지만, 전쟁에서는 이긴 거예요. 이제 학교 복장 규정에 총기가 그려진 티셔츠와 셔츠는 괜찮다고 명시되어 있어요. 올해 소총협회 대회에 참석하여 도움을 주신 모든 분들께 감사의 인사를 전할 계획이에요.

사실, 그 티셔츠는 이제 너무 작아져서 입기 힘들어서 서랍장에 보관하고 있어요. 학교에 입고 갔던 비슷한 티셔츠가 몇 개 더 있어요. 인종차별적이거나 폭력적이지 않다면 사람들이 자유롭게 원하는 티셔츠를 입을 수 있어야 한다고 생각해요.

　제가 이 일을 계속할 수 있었던 이유는 제가 옳다고 믿기 때문이에요. 저는 영웅도 아니고 아무것도 아니에요. 그저 평범한 사람으로서 저의 권리를 위해 싸워 이겼을 뿐이에요. 학교에서 수정헌법 1조와 우리의 권리에 대해 배웠어요. 권리는 항상 주어지는 것이라고 생각했지만 때로는 권리를 위해 싸워야 할 때도 있어요.

<옮긴이 Tip>

과연, 한국에선?

브레인 스토밍

◐ 한국 근현대사에서 시민들이 자유권과 시민권을 지키고 획득하기 위해 싸웠던 역사적 사실들로는 어떤 것들이 있나요?

◐ 우리나라에서 시민권과 자유권을 지키는 데는 어떤 도전과 과제가 있을까요?

◐ 지금 여러분이 가장 필요로 하는 시민적 권리에는 어떤 것들이 있나요?

◐ 한국에서 청소년들이 정치 참여를 꺼리는 이유에는 어떤 것들이 있을까요?

◐ 국가 정책 결정에 청소년들이 직접 참여할 수 있는 구체적인 방안이나 기회가 필요하다고 생각하나요? 그렇다고 한다면 청소년들에게 가장 적합한 참여 방식으로는 어떤 것이 있을까요?

◐ 디지털 시대에 있어서 온라인에서의 시민권과 자유권은 어떻게 보호되어야 할까요?

시민권과 자율권

◑ 우리나라 시민으로서 내가 누릴 수 있는 권리에는 어떤 것들이 있는지 조사해 보세요.

◑ 한국 청소년들이 가지고 있는 시민적 권리 중에서 가장 중요하다고 생각되는 것은 무엇인가요?

◑ 청소년들이 자유롭게 의견을 표현하기 어려운 상황에서 어떻게 자신의 목소리를 내어 확장할 수 있을까요?

◑ 디지털 플랫폼이나 소셜 미디어를 통해 청소년들이 사회적으로 주장하고 싶은 주제를 정리해 보세요.

◑ 언론의 자유에 대해 알아보고 억압받고 있는 언론이나 독립적으로 활동하는 언론이 있다면 지지해 주세요.

◑ 시민권 운동을 벌이는 기관이나 단체의 홈페이지를 방문해 보세요. 그들의 활동에 동참할 수 있는 방법을 찾아보세요.

◑ 청소년들이 자신의 의견을 자유롭게 표현하고 공유할 수 있는 플랫폼이 더 필요하다고 생각하나요? 그렇다면 관련 내용을 신문사에 기고해 보세요. 혹은 여러분의 사용하고 있는 개인 소셜 미디어에 해당 내용을 간단하게 적어 올려보세요. 여러분과 생각을 같이하는 사람들을 모아보세요.

◑ 시민들의 권리와 인권을 지키기 위해 노력하는 기사에 응원의 댓글을 남겨보세요.

학교와 지역사회

◐ 학교에서 청소년들의 의견 수렴을 위한 시스템이 어떻게 개선될 수 있을까요? 여러분이 학급 반장 혹은 학교 회장이 된다면 학생들의 의견이 학교에 잘 반영되게 하기 위해서 어떤 제도를 도입하고 싶은가요?

◐ 청소년을 위한 알기 쉽게 쓴 인권 도서나 영상자료가 학교 도서관에 배치되어 있는지 확인해 보세요. 없다면 〈희망 도서 신청하기〉를 통해 관련 서적을 배치해달라고 요청하세요.

◐ 학교에서 여러분의 생각을 자유롭게 나누는지 생각해 보고 그렇지 않다면 그 대안을 모색해 보세요. 만약 자유롭게 나누고 있다면 더 활성화할 수 있는 방법은 없는지 알아보세요.

◐ 여러분의 생각을 담은 글을 교내 신문이나 소식지를 통해 알려 보세요.

◐ 어린이와 청소년이 누려야 할 모든 권리를 담은 〈유엔아동권리협약〉에 대해서 학교에서 배운 적이 있나요? 없다면 친구들과 〈유엔아동권리협약〉 읽기 모임을 만들어보세요. 이 협약에 대해서 잘 모르는 한국 친구들과 외국 친구들에게도 관련 내용을 설명해 줄 수 있게 한국판과 영문판을 함께 읽어보세요.

◐ 우리 지역에는 얼마나 많은 CCTV가 있는지 확인해 보고 CCTV 설치 시 기본적으로 해야 하는 것들이 잘 지켜지고 있는지 자치단체에 문의해 보세요.

정치와 법률

◗ 여러분이 살고 있는 지역의 구의회와 시의회에 청소년의회가 있는지 확인해 보세요. 청소년의회가 있다면 거기에 참여해 보세요. 없다면 각 의회에 청소년의회를 개설해달라고 요청해 보세요.

◗ 미래 세대가 고민하는 문제에 대해서 함께 고민하고 그 문제를 해결하기 위해 노력하는 정치인이 있다면 격려의 편지를 써보세요.

◗ 정치적인 결정에 대한 청소년들의 의견이 충분히 반영되지 않고 있다고 생각하나요?

◗ 우리나라의 개인정보보호법에 대해 알아보고 내 개인정보가 얼마나 유출되었는지 조사해 보세요.

◗ 내가 가입한 각종 홈페이지를 방문하여 개인 정보 관련 항목을 점검해 보세요.

미국의 권리장전 Bill of Rights

미국 수정헌법 제1조부터 제10조까지의 조항으로 미국 시민들에게
부여된 기본적인 권리와 자유를 보장하는 내용을 담고 있습니다.
1787년 미국이 영국의 식민지에서 벗어난 이후 처음 제정된 미국
의 헌법에는 시민 개인의 권리에 대한 구체적인 조항이 없었습니
다. 이에 따라 시민의 권리를 두고, 정부가 강력해질수록 효율적인
행정을 보장할 수 있다고 주장하는 연방주의자들과 개인의 자유
와 권리를 보장하고 정부의 권한을 제한해야 한다는 반연방주의자
와의 논쟁이 벌어지게 되었습니다. 이러한 논쟁을 거쳐 1791년 12
월 15일 연방 정부가 권력을 남용하지 않도록, 개인의 자유와 권리
를 보장하고 이뿐만 아니라 각 주의 권리도 헌법으로 보장하는 내
용을 반영한 수정헌법이 발효되게 되었습니다. 권리장전은 미국의
민주 사회 발전에 중요한 역할을 수행하며 오늘날에도 미국 사회
의 핵심적인 가치로 자리 잡고 있습니다.

플레시 대 퍼거슨 사건 Plessy v. Ferguson

1896년 미국 연방 대법원이 인종 분리 정책에 대해 "분리하되 평등하다"고 판결한 사건으로 미국 사회의 인종 차별을 합법화한 것으로 평가받고 있습니다. 이 사건에서는 미국 루이지애나주에서 흑인 인권 운동가 호머 플레시가 일등석 기차를 타고 이동하던 중 흑인들이 이용하는 자리로 이동하라는 차장의 명령을 따르지 않아 체포되면서 발생하였습니다. 플레시는 인종 차별을 이유로 한 체포는 위헌이라며 소송을 제기하였고 이 소송에 대한 대법원 판결에서 대법원은 플레시의 손을 들어주지 않았습니다. 이후 이 판결은 1954년 미국 연방 대법원의 브라운 대 교육위원회 사건 판결을 통해 무효가 되었습니다. 이 판결은 뒤집히기 전까지 오십 년 넘게 미국 사회에 영향을 끼쳤으며 지금까지도 미국 사회에 남긴 상처가 크다는 평가를 받고 있습니다.

로사 파크스 Rosa Parks

미국의 흑인 인권 운동가입니다. 1955년 앨라배마주 몽고메리 Montgomery에서 버스 운전사의 지시에 따라 백인 승객에게 자리를 양보하라는 명령을 거부해 체포되었던 몽고메리 버스 보이콧 사건의 당사자로 잘 알려져 있습니다. 로사 파크스는 인종 차별과 인종 분리주의에 반대하는 운동을 주도하여 미국의 인종차별과 인권에 대한 인식을 높이는 데 큰 역할을 수행했습니다.

마틴 루터 킹 주니어 Martin Luther King Jr.

침례회 목사이자 인권 운동가로서 미국 내 흑인 인권 운동을 이끈 중심인물 중 한 사람으로 꼽힙니다. 1954년 몽고메리 버스 보이콧 운동을 주도하면서 미국의 인종 차별에 대한 저항 운동을 시작한 그는 1963년 워싱턴 행진에서 "나는 꿈이 있습니다I Have A Dream" 라는 연설을 통해 미국의 인종 평등을 촉구하였습니다. 비폭력 시민 불복종 운동을 이끈 마틴 루터 킹 주니어는 1964년 노벨 평화상을 수상하였습니다. 1968년 테네시주 메멘토에서 백인 우월주의자인 제임스 얼 레이에 의해 암살되었지만, 그의 업적과 유산은 지금까지도 계속해서 기리어지고 있습니다.

베델 교육지구 403호 프레이저 사건

1986년 미국 연방 대법원에서 판결한, 헌법상 표현의 자유를 둘러싼 사건입니다. 1986년 워싱턴주 베델 고등학교에 재학 중이던 제임스 프레이저는 학교 축제에서 성적인 표현이 담긴 연설을 했고 이 연설로 인해 학교 측으로부터 퇴학 조치를 받게 되었습니다. 프레이저는 퇴학 처분 취소 소송을 내었고 이 소송이 대법원까지 올라가게 되어 최종적으로 학교 측의 승리로 마무리되었습니다. 이 판결은 학생들이 가진 표현의 자유와 학교가 가진 교육적 권리를 둘러싼 중요한 판결로 평가받고 있습니다.

헨리 데이비드 소로 Henry David Thoreau

19세기 미국의 철학자, 작가, 시인입니다. 그의 저서에는 자연과 인간의 관계, 시민 불복종, 평화주의 등에 대한 그의 철학이 담겨 있습니다. 그의 철학은 후에 초월주의와 생태주의에 큰 영향을 미쳤으며 마하트마 간디, 마틴 루터 킹, 넬슨 만델라 등 많은 인권 운동가의 사상적 배경이 되었습니다. 그의 저서로는 『월든』, 『시민 불복종』 등이 있습니다.

『시민 불복종』

우리는 먼저 인간이어야 하고, 국민이 되는 일은 그다음이다. 법에 대한 존경심보다는 먼저 정의에 대한 존경심을 기르는 것이 바람직하다. 내가 떠맡을 권리가 있는 나의 유일한 책무는, 어떤 때이고 간에 내가 옳다고 생각하는 일을 행하는 일이다. 단체에는 양심이 없다는 말이 있는데 그것은 참으로 옳은 말이다. 그러나 양심적인 사람들이 모인 단체는 양심을 가진 단체이다. 법이 사람들을 조금이라도 더 정의로운 인간으로 만든 적은 없다. 오히려 법에 대한 존경심 때문에 선량한 사람들조차도 매일매일 불의의 하수인이 되고 있다. (헨리 데이비드 소로, 강승영 옮김, 은행나무, 21쪽)

미국 애국자 법 USA PATRIOT Act

9.11 테러 이후 제정된 테러방지법입니다. 미국 애국자 법은 테러 예방에 효과가 있다는 평가도 받았지만, 개인의 자유와 프라이버시를 침해한다는 비판도 받았습니다. 2001년 제정되었으며 2006년과 2011년 개정을 거쳤습니다. 2015년 6월 1일 미국 자유법USA Freedom Act이 제정되며, 불특정 다수 시민의 통신 정보에 대한 '포괄적 수집 권한' 조항 등 미국 애국자 법의 일부 조항이 폐지되게 되었습니다.

아동 낙오 방지법 No Child Left Behind Act, NCLB

2002년 제정된 연방 교육법으로 일반교육 과정에서 낙오하는 학생이 없도록 미국의 각 주가 성취도 평가의 기준을 정하고, 이를 충족하지 못한 학교, 교사, 학생은 제재를 받도록 하는 법입니다. 아동 낙오 방지법 시행 이후 미국의 고등학교 졸업률이 증가하는 등의 교육적 성과가 있었습니다. 하지만 획일적 평가와 학교 간 경쟁 조장으로 인해 오히려 학습에 부정적인 영향을 끼친다는 평가도 받았습니다. 아동 낙오 방지법은 2015년 종료되었으며, 2015년부터는 모든 학생 성공법Every Student Succeeds Act, ESSA이 시행되고 있습니다. 모든 학생 성공법은 아동 낙오 방지법의 문제점을 개선하기 위해, 각 주에 더 많은 자율권을 부여하고, 학교의 다양성을 인정하는 내용을 담고 있습니다.

9.11 테러 사건

2001년 9월 11일 미국 뉴욕과 워싱턴 D.C.에서 벌어진 네 차례의 연쇄 테러 공격 사건을 말합니다. 이슬람 극단주의자 그룹 알카에다Al-Qaeda에 의해 아메리칸 항공 11편, 유나이티드 항공 175편, 아메리칸 항공 77편과 유나이티드 항공 93편 총 네 편의 비행기가 납치되었습니다. 아메리칸 항공 11편은 뉴욕 세계무역센터 북쪽 타워에, 유나이티드 항공 175편은 뉴욕 세계무역센터 남쪽 타워에 충돌하였고 아메리칸 항공 77편은 미국 국방성 펜타곤에 충돌하였습니다. 항공 93편은 원래 백악관이나 미국 국회의사당 또는 미국 동북부 원자력 발전소에 충돌하는 것을 목표로 하였으나 승객들의 저항으로 인해 펜실베이니아주의 한 광산에 추락하였습니다. 이 테러로 인해 4편의 항공편에 탑승한 승무원과 승객 모두를 포함하여 총 2,977명이 사망하였으며 25,000명 이상이 부상을 입었습니다. 9.11 테러는 미국 사회에 큰 충격과 공포를 주었으며 이 테러로 인해 미국의 대외 정책이 크게 변하게 되었습니다.

유학생 및 교환 방문자 정보 시스템

Student and Exchange Visitor Information System, SEVIS

미국 국토안보부DHS가 운영하는 정보 시스템으로, 미국에 입국하는 유학생과 교환 방문자의 신원과 정보를 관리하기 위한 목적으로 사용됩니다. 유학생 및 교환 방문자 정보 시스템은 미국의 테러 예방과 보안 강화에 기여하고 있지만 개인 정보를 침해하고 비용 부담과 절차가 복잡하다는 비판도 받고 있습니다

미국 정보 자유법 Freedom of Information Act, FOIA

1966년에 제정된 법률로, 미국 연방 정부가 소유하거나 관리하는 정보를 일반 국민의 공개 청구에 따라 공개하도록 규정하고 있습니다. 정보 자유법의 주된 목적은 시민들이 정부의 투명성을 증진하고, 정부의 활동 및 의사 결정 과정에 대한 정보를 입수할 수 있도록 하는 것입니다. 정보 자유법은 시민의 알 권리를 보장하고, 정부의 투명성을 강화하기 위한 중요한 법률입니다.

선택적 복무 시스템 Selective Service System

미국의 독립 기관으로, 열여덟 살에서 스물여섯 살 사이의 모든 남성의 병역 등록을 관리하고, 전시 또는 국가 비상사태 발생 시 군대에 입대할 사람을 추첨을 통해 선발하는 역할을 담당합니다. 1917년 제1차 세계 대전 당시 징병제를 시행하기 위해 설립되었으며 이후 제2차 세계 대전, 한국 전쟁, 베트남 전쟁 등 전시에 징병제를 시행하는 역할을 수행하였습니다. 1973년 베트남 전쟁 이후 미국에서는 징병제를 폐지하고, 선택적 복무제로 전환했습니다. 그러나 이 시스템은 여전히 유지되고 있으며, 전시 또는 국가 비상사태 발생 시 즉시 징병제를 시행할 수 있도록 준비하고 있습니다.

헤이즐우드 교육지구 사건

Hazelwood School District v. Kuhlmeier

1988년 미국 연방 대법원에서 이루어진 중요한 법정 사건입니다. 이 사건은 미국 미주리주 헤이즐우드Hazelwood에 있는 한 학교에서 발간된 학교 신문에 대한 편집자들의 표현의 자유를 놓고 벌인 법정 사건입니다. 이 사건은 학생들의 표현의 자유와 학교 관리자들의 권한 사이의 균형을 다룬 사례로, 학교 내에서 학생들의 언론 활동과 표현에 대한 법적인 가이드라인이 제공되게 한 중요한 계기가 되었습니다.

CCTV가 범죄 예방에 효과적이다 vs. 그렇지 않다

CCTV의 범죄 예방 효과를 주장하는 측에서는 범죄자들은 CCTV가 설치된 장소에서 범죄를 저지르지 않으며 범죄 발생 시 범죄 현장을 기록하여 범죄 수사에 도움이 된다고 주장합니다. CCTV의 범죄 예방 효과를 반박하는 측에서는 CCTV는 범죄를 예방하는 데 효과가 없으며 오히려 사생활 침해의 우려가 있다고 주장합니다. CCTV는 범죄의 유형, 설치 위치, 운영 방식 등에 따라 효과가 달라질 수 있습니다. 또한, CCTV는 사생활 침해의 우려가 있으므로, 설치와 운영에 신중을 기해야 합니다.

RFID Radio-Frequency Identification 태그

무선 통신 기술을 이용하여 데이터를 전송하고 저장하는 장치입니다. 주로 제품이나 물건을 식별하고 추적하는 목적으로 사용되며, 다양한 산업과 응용 분야에서 활용되고 있습니다. RFID 태그는 무선으로 읽고 쓸 수 있어 인적 개입이 적고 자동화에 용이합니다. 또한, 대량의 데이터를 빠르게 처리할 수 있으며 실시간으로 물체를 추적하고 식별할 수 있어 효율성을 높일 수 있습니다. 하지만 개인 정보가 유출될 위험이 있으며 무단으로 사용하는 경우 감시나 사생활 침해를 초래할 수 있습니다.

미국의 개인정보 보호법 Federal Privacy Act

1974년에 미국 연방 정부 기관이 소유하거나 유지하는 개인정보에 대한 보호를 목적으로 제정되었습니다. 이 법은 미국 내 개인정보 보호와 관련된 법들의 기초가 되는 법으로, 민간 부문의 개인정보 처리를 규율하는 다른 법률에도 많은 영향을 미쳤습니다.

자기부죄거부권 privilege against self-incrimination

미국 수정헌법 5조에 명시된 권리로, 누구든지 자신에게 불리한 진술을 강요받을 수 없다는 권리를 말합니다. 자기부죄거부권은 개인의 자유와 프라이버시를 보호하기 위한 중요한 권리로서 이 권리가 없으면, 정부는 개인에게 강제로 범죄를 자백하도록 압박할 수 있고, 개인의 무죄추정 원칙을 침해할 수 있습니다.

Peace

익숙하지만

쉽지 않은 평화

개념 장착

미국의 평화 운동이 1960년대에 시작되었다고 생각할 수도 있지만, 실제 시작은 그보다 훨씬 이전인 1860년대로 거슬러 올라가야 합니다. 1860년대 남북전쟁에 반대하는 많은 사람들은 정치인들에게 편지를 쓰고, 공개 집회를 개최하며, 팸플릿을 나눠 주면서 다가오는 전쟁을 예방하려고 노력했습니다. 평화주의자로도 알려진 이러한 활동가들은 노예제도에 강력하게 반대했지만, 갈등이 폭력으로 해결되는 것을 원치 않았습니다. 미국의 평화 운동은 1930년대의 활발한 학생 운동 시기를 지나, 두 차례의 세계대전과 베트남 전쟁을 거쳐 현재의 평화 활동으로 계속 이어져 오고 있습니다.

평화 활동가들은 전쟁을 예방하고 막기 위한 노력 외에도 다양한 활동을 수행합니다. 그들은 외교 정책의 변화를 통해 평화를 촉진할 방안을 모색하고, 군대에 수십억 달러를 지출하고 있는 현실을 비판하며 연방 예산에서 국방비 비중을 줄일 것을 요구합니다. 전쟁으로 고통받는 사람들을 돕기 위해 노력하고, 핵무기의 감축을 촉구하며, 국제 분쟁의 비군사적 해결 방안을 지지합니다. 또한, 전쟁을 경험한 개발 도상국에서의 지뢰 제거 작업을 지원하며, 다양한 활동을 통해 전 세계적 평화를 위해 노력합니다. 대다수 평화주의자들은 종교적 신념을 바탕으로 행동합니다. 그들은 갈등 상황에서 그들의 신념에 따라 전쟁과 폭력 대신 평화를 선택하는 방향으로 나아갑니다.

미국 정부가 아프가니스탄에 이어 이라크 전쟁을 계획하고 있다는 사실이 드러나자, 많은 청소년들이 그들의 인생에서 처음으로 평화 활동가로 나서게 되었습니다. 반전 행진, 청원 운동, 시위 등 다양한 평화 운동이 미국 전역뿐만 아니라 세계 각지에서 일어났습니다. 이러한 움직임으로 인해 평화 운동은 새로운 활력을 얻게 되었습니다. 기존의 평화 운동 조직뿐만 아니라 새로운 조직과 연합들이 함께 모여 미국 정부와 각 나라 정부에게 무기 대신 협상과 평화적인 방법을 통해 문제를 해결하도록 촉구하였습니다.

청소년들에게는 전쟁을 반대해야 할 특별한 이유가 있습니다. 전쟁이 발생하면 청소년들은 가장 먼저 징집 대상이 될 수 있으며, 실제 전투에 투입될 가능성도 큽니다. 더욱이, 전쟁이 일어날 경우

대규모 군대 재원을 위해 교육 정책이나 복지 정책 등의 예산이 축소될 가능성이 커져 청소년들에게 필요한 정책들이 축소되거나 보류될 수 있습니다. 대학 학자금 대출, 교사 증원, 고등학교의 소규모 교실 확충을 위한 예산 지원, 교통 보조금 등이 이에 해당할 수 있습니다. 이렇게 축소된 정부 예산은 전쟁에 투입되게 됩니다. 이러한 이유로 청소년들은 전쟁으로 인해 실제적인 위험에 직면할 뿐만 아니라, 그들이 받을 교육과 복지 정책을 누리지 못하고 어려워진 환경을 물려받게 될 것입니다.

현재, 미국의 고등학교에서는 군인을 더 자주 볼 수 있습니다. '아동 낙오 방지법'에 따라, 고등학교 캠퍼스 내에서 군인 모집 활동이 상대적으로 자유로워졌기 때문입니다. 더불어, 학생의 부모나 보호자가 특별히 비공개를 요청하지 않는 한, 군대는 청소년들의 학교 기록을 살펴볼 수 있습니다.

국가를 미워하거나 군대에 대해 증오심을 품게 되어 평화 활동가가 되는 것이 아닙니다. 시민들은 자신이 믿는 가치와 원칙을 위해 활동할 자유를 가지고 있으며, 이러한 자유는 미국 사회에 깊게 뿌리 내린 가치와 부합하는 일입니다. 평화를 위해 노력하는 것도 이와 같은 가치에 충실한 행동입니다. 군대에서 복무하는 남성과 여성은 존중받아야 합니다. 그들의 생명은 어떤 이유에서도 무시될 수 없는 것입니다. 실제 군인들 중에서 무의미한 전쟁으로 인해 동료 군인들이 다치거나 희생되는 것을 더 이상 지켜볼 수 없어서 평화 활동가가 된 경우가 많습니다. 물론, 정의로운 전쟁은 없다고 생각하는 평화 활동가도 있고, 때로는 무력이 필요할 수도 있다고 생각하는 평화 활동가도 있습니다. 그럼에도 불구하고, 군대를 지지하고 존중하는 것 역시도 많은 사람들이 공감할 수 있는 옳은 행동이라고 할 수 있습니다.

평화 활동가로 활동하다 보면 때때로 좌절할 수도 있습니다. 미국을 포함한 전 세계 많은 나라들이 외교 문제를 해결하는 데 전쟁을 활용하고 있습니다. 미국 경제도 전쟁 산업과 연결되어 있습니다. 전쟁은 계속 일어나고 있습니다. 평화 활동가들은 평화라는 궁극적인 목표를 향해 긴 안목을 가지고 달려가야 합니다. 그러기 위해서는 무엇보다 작은 승리를 경험하고 이를 함께 축하할 수 있어야 합니다. 지난 몇 년간 대규모 시위와 학생들의 파업, 그리고 평화를 위한 여러 활동들이 이어지고 있습니다. 이 모든 활동들이 전쟁에 대한 사람들의 관심을 불러일으키고 시민들 간의 대화를 촉발하고 있습니다. 사람들로 하여금 전쟁이 정당화될 수 있는 순간은 언제인지, 또 정당화될 수 있는지에 대한 자신들의 생각을 살펴보게 합니다.

이제 선거에 출마하는 모든 정치인은 전쟁에 대한 자신의 견해를 명확히 밝혀야 합니다. 미국 국민 대다수가 정부가 제시한 전쟁 명분에 강하게 반대하고 있다는 사실을 정치인들은 분명하게 이해해야 합니다. 시민들 대다수가 정부가 다양한 명분을 들어 군대를 파견하려는 것에 대해서도 매우 비판적이라는 점을 정치인들은 자각해야 합니다.

이라크 전쟁이 공식적으로는 끝났지만, 아이티, 발칸반도, 이란, 북한, 수단, 콜롬비아, 콩고, 파키스탄, 중동 등 세계 곳곳에서 분쟁이 계속되고 있습니다. 전쟁을 종식하고 예방하는 데 주력하는 평화 활동가가 되기로 결정했다면 앞으로 여러분의 앞에 많은 도전이 기다리고 있을 것입니다. 하지만 여러분이 어떤 평화 활동을 하든, 그것이 무력 분쟁 종식이든, 핵무기 군축 달성이든, 그 어떤 평화 활동을 하더라도 여러분이 하는 일은 전 세계 사람들에게 도움이 될 것입니다. 그 어떤 작은 평화라도 우리 사회를 더 낫게 만드는 데 도움이 될 것입니다.

〈청소년이 전쟁을 반대해야 하는 이유〉

◈ 징집 대상 일 순위.

◈ 실제 전투에 투입될 가능성 매우 높음.

◈ 청소년들에게 필요한 정책 축소.

◈ 대학 학자금 대출 축소.

◈ 교사 증원 보류.

◈ 소규모 교실 확충을 위한 지원 보류.

◈ 교통 보조금 축소.

참전 군인 인터뷰

실제 전쟁에 참전했던 사람과 대화하는 것은 감동적이면서도 소중한 경험이 될 수 있습니다. 부모님에게 가족 중에 전쟁에 참여했던 참전 군인이 있는지 혹은 전쟁 기간 군에 복무했던 사람을 알고 있는지 물어보세요. 만약 있다면 그 사람을 인터뷰해 보세요.

재향 군인회 지부나 재향 군인 병원과 같은 재향 군인을 위한 사회 복지 기관이나 시민 단체를 통해 참전 군인을 만날 수도 있습니다. 미국 보훈부나 미국 재향 군인회와 같은 기관을 활용할 수도 있습니다. 이 장의 말미에 평화 재향 군인회와 같이 반전 운동과 평화 운동을 함께하는 참전 군인 단체 몇 군데가 안내되어 있습니다. 이 단체들에 연락하여 평화 활동을 하는 학생으로서, 전쟁에 직접 참전한 분의 이야기를 듣고 싶어 연락을 드렸다고 말씀하세요. 그리고 참전 군인을 인터뷰하고자 하는 데 도움을 받을 수 있을지 여쭤보세요. 인터뷰 약속이 잡히고 나면 여러분만의 질문을 준비하세요.

인터뷰이*를 만나면, 먼저 감사의 인사를 전하고 악수를 나누는 것이 좋습니다. 그리고 감사의 표시로 준비해 간 간식을 나누며 분위기를 편안하게 만들어 보세요. 이어서 간단한 자기소개를 하고 날씨나 다른 소소한 주제로 가볍게 대화를 나눈 뒤, 본격적으로 인터뷰를 시작하세요.

인터뷰이가 원하는 만큼 편안하게 이야기할 수 있도록 시간을 충분히 주세요. "왜 그런 일이 일어났나요?", "상관이 그렇게 말했을 때 기분이 어땠나요?"와 같은 질문을 이어서 해보세요. 여러분은 인터뷰이의 말을 듣기 위해 그곳에 있다는 것을 기억하세요. 인터뷰이가 전쟁 참전 당시 좋은 기억을 가지고 있어 '전쟁은 좋은 일'이라고 생각할 수도 있습니다. 그것은 전혀 잘못된 일이 아닙니다. 궁금한 점이 있다면 왜 그런 생각을 가지게 되었는지 알아보기 위해 질문을 던져보세요. 인터뷰이의 이야기를 정확하게 기록하거나 나중에 다시 듣기 위해 대화를 녹음하는 것이 좋습니다. 녹음을 진행하기 전에 반드시 상대방에게 미리 양해를 구해야 합니다. 대화가 끝난 후에는 인터뷰이에게 감사 인사를 드리며 인터뷰를 마무리하세요.

---

* 인터뷰를 받는 사람을 말합니다. 질문에 대답하여 자신의 생각이나 경험을 전달합니다.

샘플 질문

- 군대에 왜 입대하게 되었나요?
- 군대에 입대할 때의 나이는 어떻게 되었나요?
- 군대 내 계급은 어떻게 되었나요?
- 스스로 입대했나요? 아니면 징집되었나요?
- 징집되었다면 징집된 기분이 어땠나요?
- 어떤 훈련을 받았나요?
- 해외 파병은 언제 나갔나요? 그때는 언제였나요?
- 무서웠나요?
- 군에 복무하는 동안 어떤 일이 있었나요?
- 전투를 본 적이 있나요?
- 전투는 어땠나요?
- 어떻게, 왜 귀국하게 되었나요?
- 귀국 후에도 군에 계속 복무했나요?
- 귀국하고 나니 어땠나요?
- 군 복무 이후 스스로가 달라졌다고 느끼시나요?
- 가족과 친구들은 당신을 어떻게 대해주었나요?
- 군 복무를 마친 지금, 전쟁에 대해 어떻게 생각하나요?
- 현재 정치 상황에 대해 어떻게 생각하나요?
- 반전 운동가와 평화주의자에 대해 어떻게 생각하나요?

인터뷰는 다양한 용도로 활용할 수 있습니다. 가족이나 친구에게 인터뷰 내용을 들려주고 함께 토론하거나, 다른 사람들이 읽을 수 있도록 내용을 정리하여 공유할 수 있습니다. 또한, 인터뷰이와의 대화를 기반으로 에세이를 작성하여 에세이 콘테스트나 지역 신문에 보내볼 수도 있습니다. 더불어, 인터뷰한 참전 군인을 동아리, 학교 또는 교회에 초대하여 그의 이야기를 사람들과 함께 들을 수도 있습니다.

전쟁으로 폐허가 된 나라에서 온 난민, 홀로코스트 생존자, 전쟁 고아 등 민간인 전쟁 생존자와의 인터뷰를 진행할 수도 있습니다. 이러한 생존자들을 돕고 지원하는 단체에 연락하여 협력과 도움을 요청해 보는 것도 좋은 생각입니다. 실제 전쟁을 경험한 사람과 대화를 나누는 것은 전쟁을 경험하지 않은 사람들에게는 다소 추상적으로 다가오는 문제를 구체적으로 다루어 볼 수 있는 좋은 계기가 될 수 있습니다. 인터뷰이와 친구가 되어 계속 연락을 주고받게 될 수도 있습니다.

평화 포스터 프로젝트

모두가 1960년대 반전 운동을 이끌었던 히피가 될 수는 없습니다. 여러분만의 작은 일상 속 평화 시위를 시작해 보세요. 창문에 평화 포스터를 붙이거나 소셜 미디어에 이미지를 업로드하는 것은 누구나 쉽게 할 수 있는 일입니다. 포스터나 이미지를 무료로 다운로드 받을 수 있는 사이트를 온라인에서 참고해 보세요. 다른 사람의 이미지를 사용하고 싶지 않다면 컴퓨터를 사용하여 직접 만들어 보세요. 대부분의 디자인 프로그램에는 이미지를 분할해서 인쇄할 수 있는 옵션이 있습니다. 여러 장의 포스터를 인쇄해서 각각의 이미지에서 마음에 드는 부분을 모아 이를 이어 붙여 콜라주 형태의 포스터로 만들어 보세요. 온라인 포스터를 만들 수 있는 사이트를 활용하는 것도 흥미로운 경험이 될 것입니다.

전통적인 평화 상징에만 여러분의 상상력을 국한하지 마세요. 비둘기나 지구, 붉은 대각선이 그려진 '전쟁'이라는 단어, 그 외에도 사람들을 멈춰 서서 생각하게 만드는 슬로건 등으로도 만들 수 있습니다. 마하트라마 간디의 명언인 "당한대로 갚는다면 전 세계가 공멸할 것이다."를 인용하거나 "전쟁이 유일한 답은 아니다.", "군대는 지지하지만 전쟁은 아니다." 등과 같이 자신의 신념을 담아 직접 만들어 볼 수 있습니다.

평화 포스터를 사람들이 볼 수 있는 곳에 붙여보세요. 만약 여러분에게 자신만의 공간이 있다면, 오래된 시트를 활용하여 대형

현수막을 제작해 볼 수 있습니다. 완성한 뒤에 지붕이나 발코니, 창문에 걸어 보세요. 소소하게 자전거나 배낭에 평화 스티커를 붙이거나, 옷에 평화 배지를 달 수도 있습니다.

포스터 프로젝트는 매일 이를 마주하는 사람에게 그들이 살아가는 평화로운 일상 이면에 누군가는 목숨을 걸고 싸우고 있는 또 다른 현실이 있다는 것을 상기시켜 줄 것입니다. 더불어, 사람들에게 평화 활동에 더 적극적으로 나설 수 있도록 영감을 줄 것입니다. 만약 누군가가 여러분의 포스터에 대해 질문한다면, 포스터를 만든 이유를 설명하고, 그 사람과 함께 전쟁과 평화에 관한 대화를 이어가 보세요.

평화를 상징하는 이러한 표지들은 여러분이 전쟁을 반대하고 비폭력을 지지하는 사람임을 시각적으로 나타내주는 중요한 수단입니다. 이러한 상징의 가치를 과소평가하지 마세요.

〈포스터 제작에 도움이 되는 사이트〉

⊙ www.freepik.com/psd/poster

⊙ www.unsplash.com

⊙ www.pixabay.com

⊙ www.canva.com

⊙ www.adobe.com/kr/express

PEACE IS THE TIME BETWEEN TWO WARS

적용
@교내 활동

학교에서 티치인Teach-In 개최하기

티치인Teach-In은 특정 이슈에 대한 교육을 목적으로 하는 행사로, 시위나 데모와 달리 학생들과 초청 연사 간의 대화에 중점을 둡니다. 학교에서 강연하는 행사의 일환으로 티치인을 주최함으로써 전쟁에 대한 경각심을 높일 수 있으며, 학생들이 전쟁에 반대하는 이유와 전쟁이 학생들의 일상생활에 미치는 영향에 대해 자세히 알아볼 수 있습니다. 강연 시에는 별도의 부스를 설치하여 행사가 진행되는 동안 초청된 지역 활동가, 비영리 단체, 정치 단체의 테이블을 지정된 공간에 놓습니다. 이곳에서 홍보물 제공, 티셔츠 판매, 서명 활동 등의 다양한 활동을 펼치며 각 부스를 방문하는 사람들과 함께 전쟁에 대한 자신들의 관점을 자유롭게 나눌 수 있는 공간으로 활용할 수 있습니다.

일부 학교에서는 외부 단체가 캠퍼스에 들어와 자료를 배포하는 것을 허용하지 않을 수 있습니다. 경우에 따라 테이블을 설치할 수 없더라도 성공적인 티치인 행사를 진행할 수 있으니 실망하지 마세요.

학교에 연사 프로그램이나 티치인과 비슷한 프로그램 운영하는지 알아보세요. 있다면 기존 프로그램을 진행할 때 티치인을 행사의 일부로 포함시킬 수 있습니다. 만약 그런 규정이 없다면 이번 기회를 통해 한번 만들어 보세요. 학생회나 역사, 정치 동아리에서 활동하고 있는 친구들과 함께 교장 선생님, 교감 선생님, 아니면 담당자와 약속을 잡으세요. 담당자에게 반전 운동과 평화 운동을 주제로 '터치인' 행사를 진행하면 학생들에게 큰 도움이 될 것임을 잘 설명하세요. 먼저, 학생들은 교내 행사에 대해 더 많은 관심을 가지게 될 것이며 역사와 사회 수업에 더 진지하게 임하게 될 것입니다. 담당자에게 티치인 행사는 평화롭게 진행될 것이며, 연사가 강연을 진행하고 다른 그룹이 자료를 배포하는 정도의 행사가 될 것임을 명확하게 설명해 주세요. 여러분과 티치인 준비위원회가 행사 운영에 관한 학교 규정을 철저히 준수하고, 행사 후 정리 역시 철저하게 마무리 할 것임을 알려주세요. 더불어, 수업에 방해되지 않도록 점심시간이나 방과 후에 행사를 진행할 예정이라는 점 또한 학교 행정실에 알려주세요.

티치인 운영 계획을 대략적으로라도 세워두어야 합니다. 계획은 변동될 수 있도록 유연하게 준비하세요. 한 가지 방법은 하루 종일 티치인 행사를 열어, 강당이나 교실을 사용하는 것입니다. 학생들은 자유 시간이나 수업 중간에 티치인 행사에 참여할 수 있습니다. 각 수업 시간마다 강연을 예약할 수 있으며, 교사들도 자신의 수업을 티치인에서 진행하여 어떤 견해가 오고 가는지 들을 수 있습니다. 테이블을 설치하여 사람들이 둘러보게 할 수도 있습니다.

하루 종일 티치인을 진행할 수 없다면 방과 후나 점심시간에 진행하는 것도 한 방법입니다. 한 시간 정도밖에 시간이 없으므로 강연 수를 적게 하는 것이 좋습니다. 연사를 한두 명만 초대하는 것도 좋습니다. 이렇게 하면 학생이 연사의 강연을 듣고, 테이블을 확인하고, 점심을 먹은 후 수업 시간에 맞춰 들어갈 수 있습니다.

담당자는 티치인이 일방적으로 진행될 것을 우려할 수 있습니다. 이때, 담당자에게 티치인에서 발표되는 관점은 학교의 공식 입장이 아니라 연사의 개인적인 관점임을 사전에 참가자들에게 명확히 설명하겠다고 약속하세요. 또한, 전쟁을 지지하는 학생이 티치인을 진행하고자 할 경우, 다른 날에 진행할 수 있도록 협조하세요. 담당자가 여러분의 관점과 반대되는 강연도 진행할 것을 요청할 수 있습니다. 이것은 서로 다른 의견을 존중하는 좋은 방법입니다. 다양한 의견을 듣는 것이 누구에게도 해가 되지 않는다는 점을 강조하세요.

학교 행정 당국이 티치인 운영 계획을 긍정적으로 받아들인다면 참 좋은 소식입니다. 거절을 당한다고 해도 낙담하지 말고 계속 도전해 보세요. 먼저 학생들에게 티치인을 요청하는 청원서를 돌리세요. 가능한 한 많은 교직원의 서명을 받아보고, 필요하다면 학부모들을 참여시키는 것도 좋습니다. 여러분의 활동을 지지해 줄 티치인 연합을 만들어 보세요. 학교 내의 다양한 그룹들을 참여 시키는 것도 중요합니다. 원하는 팀이 있다면 교내 토론팀에게도 요청할 수 있고, 정치 동아리나 학생회와 같은 학교 내 단체들도 좋은 협력 파트너가 될 수 있습니다. 그럼에도 불구하고 학교 내에서 허용이 되지 않는다면 학교 외부에서 티치인을 진행할 장소를 찾아보세요. 지역 커뮤니티 센터나, 공원, 교회당과 같은 장소를 예약 하여 티치인을 진행할 수 있을 것입니다.

이제 연사를 섭외할 차례입니다. 이미 지역에서 이 문제에 대해 목소리를 내고 있는 사람들이 있다면, 이들에게 먼저 강연을 부탁 하세요. 그들은 지역사회의 일원으로서 지역의 문제와 정서를 다룰 수 있습니다. '이라크 연사국'을 통해 정책 전문가, 외교관, 전직 유엔 직원, 인권운동가, 공중보건 연구자와 연락할 수도 있습니다. 전쟁에 대한 다른 견해를 밝히는 지역 정치인들도 좋습니다. 전쟁에 반대하는 사람들 사이에도 다양한 입장이 있다는 것을 기억하세요. 이라크 전쟁과 관련하여 유엔이 주도하기를 원한 사람들이 있고, 전쟁 자체가 거짓이 기반하였기 때문에 결코 시작되어서는 안 된다고 생각하는 사람들도 있습니다. 부스에 함께 할 단체를 초대하세요. 퇴역 군인 그룹, 종교 단체와 평화주의자 그룹, 현재 일어나고 있는 분쟁이나 전쟁 전반에 관해 관점을 가지고 있는 그룹 등 가능한 한 많은 단체들에 연락해 보세요.

온라인이나 전화번호부에서 해당 단체를 찾아 홍보 담당자나 청소년 지원 코디네이터의 이름을 물어보세요. 그런 다음 부스 운영 계획에 관한 자료를 해당 단체 담당자에게 이메일이나 편지 등을 통해 전달하세요. 이 자료에는 반전 운동과 평화 운동에 관한 티치인 계획뿐만 아니라, 여러분 학교의 규모, 티치인의 중요성, 해당 단체를 초대하고자 하는 이유에 대한 설명을 포함해야 합니다. 더불어 각 단체에 대한 소개와 함께 단체가 전쟁에 대해 어떤 생각을 가지고 있는지 학생들과 함께 이야기 나눌 수 있도록 테이블과 의자 등을 제공할 것이라고 언급해 주세요. 그리고 티치인이 언제 진행될 예정인지와, 참여하는 단체가 알아야 할 모든 세부 사항에 대한 정보를 자세히 설명해 주세요. 이런 과정이 다양한 단체를 티치인 부스에 참여시키는 데 도움을 줄 것입니다.

첫 연락 후 일주일 정도 지나면 강연을 요청했던 연사에게 다시 전화를 걸어 확인하세요. 가능한 초기에 확답받도록 노력하세요. 여러분이 염두에 두고 있는 다른 강연자 후보가 누구인지, 여러분이 어떤 강연자를 섭외하고자 하는지 자세히 설명하면, 연사가 여러분의 계획을 더 잘 이해할 수 있을 것입니다. 만약 처음 연락한 연사가 섭외를 거절한다면, 시간을 내주셔서 감사하다는 인사를 전하고 바로 다음 후보로 넘어가세요. 연사가 강연 요청을 수락했다면 감사 인사와 함께 학교 내 주차 가능 여부 등 강연 관련 모든 정보를 상세히 전달해 주세요.

이제 티치인을 홍보하세요. 교내 여러 곳에 전단을 배포하고, 학교 신문에 광고를 게시하세요. 학교의 승인을 받을 수 있다면, 일일 조회 시간에 행사 소식을 공지해달라고 학교에 요청하세요. 전단에는 "빌링 스워스 고등학교는 전쟁에 반대합니다." 또는 "모두 안녕! 3월 10일, 반전 티치인에 참석하기!"와 같이 눈에 띄는 문구를 넣으세요. 홍보 과정에서 가장 중요한 부분은 학교의 학생들에게 이 문제가 그들에게 왜 중요한지 알리는 것입니다. 학생들은 그들이 왜 이 문제에 관심을 기울여야 하는지 모를 수 있습니다. 전쟁을 학생들 자신의 이익과 연관 지어 생각할 수 있도록 해야 합니다. 동료 친구들의 삶에 전쟁이 어떤 영향을 미치고 있는지를 직접적으로 보여주는 것이 중요합니다.

이를 위해 전쟁에 투입되는 예산과 교육에 투입되는 예산을 비교하는 차트를 활용할 수 있습니다. 만약 막대그래프를 만든다면, 전쟁 부분의 막대그래프가 교육 부분 막대그래프보다 7배 더 높을 것입니다. 2003년 기준으로 미국 국방성 예산은 3,960억 달러였으며, 교육부 예산은 565억 달러로 국방부 예산의 7분의 1 수준이었습니다.

최근의 법안이 학교에 미치는 영향에 관해 알릴 수도 있습니다. '아동 낙오 방지법'에 따라 학교는 군 모집 담당자에게 학교 시설과 학생 기록 및 연락처 정보에 대한 접근 권한을 제공해야 합니다. 학교가 이를 준수하지 않을 경우 연방 지원금을 받지 못할 위험이 있습니다. '아동 낙오 방지법'에 대한 자세한 내용은 '당연히 누려야 할 자유와 권리' 부분을 참조하세요.

　티치인 행사 당일에는 모든 것이 순조롭게 진행되어야 하지만, 그렇지 않더라도 당황하지 마세요. 최소한 다섯 명의 친구에게 행사 내내 기다리며 필요한 일이 있으면 도와주기를 요청하세요. 학생들이 티치인에 참가하기 위해 행사장에 오면 환영하며 강연이 진행되는 장소로 안내해 주세요. 강연자가 마실 물이 잘 준비되었는지, 화장실 위치 안내가 잘 나갔는지, 다음 연사는 잘 준비되어 있는지, 테이블에 필요한 것은 없는지 등도 확인해야 합니다. 참석한 학생들에게 부족한 것은 없는지 확인하느라 여러분은 정작 연사의 강연을 듣지 못할 수도 있습니다.

　강연이 마무리되면 참석한 분들, 특히 연사와 학교 행정 당국에 진심으로 감사의 말을 전하세요. 청중들에게는 티치인 행사에서 무엇을 배웠는지 정중하게 물어보며, 이 주제에 대해 앞으로도 토론을 이어갔으면 좋겠다는 마음을 전하세요. 이때, 함께 참여하면 좋을 평화 집회나 청원 운동 등의 소식도 함께 공유하면 좋습니다. 티치인 행사가 끝나면 마무리까지 책임감 있게 진행하세요. 연사를 배웅하고 행사장을 깨끗이 정리하세요. 티치인 부스에 참여한 단체와 연사에게 며칠 후 티치인 경험에 대한 피드백을 얻는 것도 좋습니다. 마지막으로, 티치인을 계획하고 참석한 경험을 문서로 정리하여 학교 도서관에 보관해 두세요. 이를 통해 다른 이들이 비슷한 행사를 기획할 때 참고 자료로 활용할 수 있을 것입니다.

신앙을 기반으로 하는 평화 연합 시작하기

역사적으로 교회, 성당, 사찰, 모스크, 유대교 회당이나 다른 종교 단체들은 평화 운동의 최전선에 있었습니다. 미국에서 가장 오래된 종교 평화 단체 중 하나인 '화해의 펠로우십www.forusa.org'은 1915년에 설립되었으며 현재 거의 모든 종교의 회원을 포함하고 있습니다. 여러분이 속한 지역에서 비슷한 단체를 결성하기는 어려울 수 있지만, 평화 신념을 실천할 수 있는 훌륭한 방법입니다.

서로 다른 종교를 가진 그룹이 모여서 평화를 위해 노력하면, 서로의 종교에 대한 관용성을 키울 수 있는 좋은 기회가 될 수 있습니다. 공통의 목표나 가치를 찾는 것은 갈등 해결의 전통적인 시작점 중 하나입니다. 다양한 종교들이 참여하는 연대체에서 발표되는 성명서나 선언은 다른 사람들을 수용하고 포용하는 데 큰 역할을 합니다. 많은 갈등이 종교적인 이유에서 비롯되거나 종교적인 문제처럼 보이기 때문에, 신앙인들은 증오와 편협에 반대하는 목소리를 내는 것이 특히 중요합니다. 마틴 루터 킹 주니어 박사와 도로시 데이와 같은 위대한 평화 운동가들도 종교적 신념을 바탕으로 자신의 견해를 분명히 밝혔습니다.

목사님, 신부님, 스님과 같은 종교 지도자를 찾아가 여러분의 단체가 평화를 위한 성명을 발표하고자 함에 관해서 이야기하세요. 여러분이 속한 종교 그룹이 이 일에 함께해 줄 수 있는지 물어보세요. 티치인 아이디어와 마찬가지로, 회의에 다른 사람들과 함께 참석하여 커뮤니티의 지지를 받고 있다는 것을 강조하는 것이 좋습니다. 또한, 다른 종교 단체들과 연합하여 평화를 위해 노력하고 싶다고 설명하세요. 만약 그들이 반대 의견을 제시한다면, 그 이유를 물어보세요. 그들의 의견을 들어보며 서로 합의점을 찾기 위해 노력할 수 있습니다. 그러나 어떤 이유로든 단호한 거절 의사를 표시하면, 강요하지 말고 다음 기회를 기약하세요. 다른 그룹에 속한 친구에게 부탁하여 그 친구의 그룹 지도자에게 다시 여쭤보라고 요청할 수도 있습니다. 함께 할 동료가 있다면 그 친구와 협력하여 해당 지역의 다른 그룹에 편지를 보내는 것도 좋은 방법입니다.

만약 여러분의 종교 지도자가 다른 종교 지도자와 이미 알고 있는 사이라면 그분에게 바로 전화를 걸어줄 것입니다. 다른 그룹의 지도자와 만날 때에는 앞서 여러분의 소속 된 교회, 성당, 사찰 지도자에게 설명했던 내용과 같은 내용을 전달해 주세요. 성명에 참여하는 것 이외에 다른 특별한 요청 사항은 없음을 알려주세요.

친애하는 ＿＿＿＿＿＿＿ 목사님께,

저는 웨스트 엘름에 있는 생커 스트리트 회당의 랍비 잉걸입니다. 저희 회당에는 약 사백 명의 성도가 있으며, 그중 많은 성도가 이 회당에서 자랐습니다.

최근 젊은이들 사이에서 현재 이라크에 대한 미국의 개입 상황에 대한 우려와 전 세계의 다른 분쟁에 대한 우려가 커지고 있습니다. 그들은 평화를 위해 일할 지역 종교 연합을 만드는 데 도움을 구하러 저를 찾아왔습니다.

저는 이 젊은이들이 모든 종교가 지지하는 평화와 관용의 정신에 따라 행동하고 싶어 한다는 사실에 깊은 감명을 받았습니다. 그래서 여러분께 젊은이들의 모험에 동참해 주실 것을 요청하기 위해 이 글을 씁니다. 이 프로젝트를 주도하는 학생의 이름은 앤드류이며, 조만간 귀하의 단체 사무실로 전화해 이 문제를 논의하기 위한 미팅을 요청할 예정입니다. 앤드류와 이야기를 나누고 저희 연합에 동참하는 것을 고려해 주시기를 바랍니다. 우리가 함께 한다면 못 할 일이 없습니다.

존경하는 잉걸 랍비 드림

지도자들이 원한다면 함께 연합하여 촛불집회를 개최하거나, 서로를 인정하고 관용의 정신을 기르기 위한 종교 간 토론 모임을 개최하거나, 지역 지도자에게 함께 편지를 쓰거나, 평화 집회와 행사에 참석하는 등의 활동을 함께 할 수 있다고 설명해 주세요.

서로 다른 종교 간에는 오랜 갈등과 불신이 상호 존재한다는 사실을 기억하세요. 이러한 이유로 여러분이 구성하고자 하는 연합체에 대해 사람들이 경계하는 것은 어쩌면 당연한 반응일 수 있습니다. 그런 경우에도 상대방의 입장을 존중하며 이해해 주세요. 서로 다른 신앙을 가진 사람들과의 관계를 향상하기 위해 서로의 차이를 인정하고 공동의 목표를 향해 노력하고 있다는 사실을 분명하게 전해주세요. 이러한 노력을 통해 오해와 불신을 해소하고 더 나은 관계를 형성할 수 있습니다.

가능한 한 빨리 첫 모임을 하는 것이 좋습니다. 각 그룹에서 성인 한 명과 청소년 한 명이 참석하도록 부탁하는 것도 좋은 방법입니다. 첫 모임에서는 모든 참석자를 환영하고, 각자 자기소개를 하며 함께 꾸려갈 연대체에 대한 희망과 기대에 대해 간략히 공유할 수 있도록 하세요. 모두가 서로에게 더 가까워질 수 있는 계기가 될 것입니다. 연대체의 첫 번째 프로젝트로 피자 파티를 개최하는 것도 훌륭한 아이디어입니다. 이러한 격식 없는 모임은 친목을 도모하고 다양한 커뮤니티에 연합의 존재를 알리며, 더 큰 프로젝트에 참여하고자 하는 회원을 유치하는 데 도움이 될 수 있습니다. 종교를 가진 사람들이 참석할 수 있는 날, 즉 공휴일이나 다른 종교적 행사가 없는 날로 일정을 정하는 것이 좋습니다.

피자 파티에서는 모든 참가자가 서로 친해지도록 장려하세요. 각자를 소개하고 모두가 참여할 수 있도록 해주세요. 이 모임이 파티라는 것을 염두에 두고, 공통의 목표를 가진 이들 간의 간단한 환영 인사와 함께 화목한 분위기를 유지하세요. 이 모임이 우리 지역 종교 공동체가 평화와 화합을 지지한다는 메시지를 전달하는 여러 행사 중에서도 첫 번째 단계라는 것을 강조하세요.

이제 더 강력한 기반을 다지게 되었으므로 평화 집회와 같이 더 큰 규모의 행사를 계획할 수 있습니다. 지역의 규모에 따라 한 교회·성당에서 다른 사찰·회당으로 행진하는 것과 같은 활동을 구상할 수 있습니다. 한 그룹이 출발 지점에서 시작하여 촛불을 들고 다음 그룹으로 이동하고 그다음 그룹이 다음 목적지로 이동하는 식으로, 모든 종교 공동체가 함께 모이는 최종 목적지까지 행진이 이어집니다. 이러한 행사가 불가능하다면, 지역 중앙에 있는 장소나 광장, 혹은 공원에서 모일 수 있습니다. 필요한 경우 행사를 개최하기 위한 허가를 받아야 합니다.

여러분의 연합은 신자들뿐만 아니라 일반 시민들에게도 열려 있습니다. 평화를 위한 기도회를 예배 시간에 홍보하고 종교 게시판에 게시하는 한편, 동네 곳곳에 홍보를 통해 누구나 참여할 수 있음을 알려주세요. 지역 정치인들 역시 이 기회를 놓치지 않으리라 예상됩니다. 모든 이들이 평화를 원하고 있을 것입니다. 그렇지 않을까요?

그룹의 성격과 목표에 따라 좀 더 단호하고 논쟁적인 행동을 선택할 수도 있고, 단순히 '평화'라는 큰 텐트 아래 함께 모여서 화합을 논의하는 것을 선택할 수도 있습니다. 다 괜찮습니다. 모두가 함께 모이는 것은 그 자체만으로도 여전히 매우 강력한 직접 행동입니다.

대규모 시위에 참여하기

온라인을 통해 가까운 곳에서 열리는 반전 행사를 찾아보세요. 사람들과 함께 모여 참여해 보세요. 그런 행사가 없다면 직접 주최하는 것도 방법이 될 수 있습니다.

자신만의 구호를 자유롭게 만들어 보세요. 뉴욕에서 열린 반전 집회에서 가장 효과적인 구호를 외친 그룹 중 하나는 "평화, 가장 멋진 무언가!"를 외치며 사람들에게 반짝이를 던진 멋진 드래그퀸 그룹 글래마존Glamazons이었습니다.

물과 간식을 준비하세요. 날씨에 맞는 복장을 선택하세요. 행진이 사전에 계획되었다면, 허가된 구역 내에서 이동하세요. 행진 중에 친구들과 헤어질 가능성이 있으므로, 행사 종료 후 만날 장소를 사전에 정해두세요. 경찰이 행진 참가자들을 보호하고 안내한다면 경찰의 지시를 따르세요. 그러나 경찰이 행진 참가자들에게 다소 고압적으로 행동한다면, 경찰과 거리를 두며 행진하는 것이 좋습니다. 바리케이드를 파괴하려고 하거나 행진 경로를 방해하는

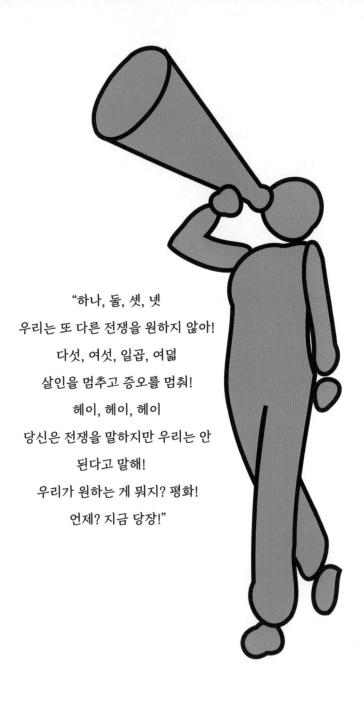

"하나, 둘, 셋, 넷
우리는 또 다른 전쟁을 원하지 않아!
다섯, 여섯, 일곱, 여덟
살인을 멈추고 증오를 멈춰!
헤이, 헤이, 헤이
당신은 전쟁을 말하지만 우리는 안
된다고 말해!
우리가 원하는 게 뭐지? 평화!
언제? 지금 당장!"

사람들이 근처에 있다면, 그들과 거리를 유지하세요.

집회는 여러분이 속한 단체를 홍보하고 다른 단체와 소통할 수 있는 훌륭한 기회입니다. 집회에 참석할 때, 지나가는 사람들과 다른 집회 참가자에게 나눠줄 전단과 명함을 가져가세요. 집회 참석은 여러분의 마음을 설레게 하고 열정을 불어넣는 소중한 경험일 수 있습니다. 같은 목표를 가지고 열정적으로 그 일을 위해 애쓰고 있는 사람들을 만나면, 변화를 만들기 위해 고군분투하는 사람이 나 혼자가 아니라는 사실을 확인할 수 있습니다.

새내기
@5분 활동

워 차일드 war child

이 단체는 전 세계 전쟁 지역에 살고 있는 아이들에게 교육의 기회를 부여하고 다음 세대를 위한 지속 가능한 평화를 창출하기 위해 지역 주민들과 장기적인 프로젝트를 진행하고 있습니다. 워 차일드 캐나다와 함께 진행하는 프로그램에는 매년 육십만 명 이상의 사람들을 지원하고 있습니다. '아마존 스마일' 이용 시 자선단체 선택란에서 '워 차일드'를 클릭하시면 구매한 제품 가격의 0.5%가 단체로 기부됩니다. warchildusa.org

벤치
마킹

평화로운 내일을 위한 9·11 가족들

September Eleventh Families for Peaceful Tomorrows

9.11 테러 희생자 가족들이 설립한 '평화로운 내일을 위한 9.11 가족들'은 테러를 근절하기 위한 비폭력적인 해결책을 모색하는 데 전념하고 있는 단체입니다. 이 단체의 회원들은 사랑하는 사람들의 목숨을 앗아간 데러에 대한 철저한 수사를 촉구하는 활동도 함께 하고 있습니다. 이 웹사이트에는 최신 뉴스 링크, 집회 및 시위 사진, 슬픔을 극복하고 변화를 이루기 위해 노력하는 가족들의 비폭력 서약에 대한 감동적인 글들이 많이 게시되어 있습니다. www.peacefultomorrows.org

더 킹 센터 The King Center

더 킹 센터는 마틴 루터 킹 주니어 박사의 업적과 이상을 계승하기 위한 목적으로 설립되었습니다. 이를 실현하기 위해 교육 자료를 제작하고 연구를 지원하며, 애틀랜타 사무소를 방문하는 방문객을 환영하고 있습니다. 이 웹사이트는 킹 박사의 생애에 대한 풍부한 자료와 그의 비폭력 원칙에 대한 설명을 제공하고 있습니다. 웹사이트를 통해 비폭력 서약에 참여하고, 그의 유명한 '버밍엄 감옥에서 보낸 편지'를 읽고, 비폭력에 대한 훌륭한 용어집을 확인하는 등 다양한 활동을 즐길 수 있습니다. www.thekingcenter.org

핵 시대 평화 재단 Nuclear Age Peace Foundation

이 단체는 핵무기 폐기와 지속 가능하고 윤리적인 기술 사용을 촉진하고자 하는 세계적인 단체로, 핵 문제에 대한 다양한 지식을 폭넓게 다루고 있습니다. 이 웹사이트에는 언론에서 주목하지 않는 핵 문제와 관련된 다양한 정보가 풍부하게 다루어져 있습니다. 웹사이트 내 액션 센터에서는 편지 쓰기 캠페인, 보도 자료 및 다른 활동에 관한 정보, 민간 무기 사찰을 수행할 수 있는 효과적이고 세부적인 방법도 제공하고 있습니다. 인턴십 기회, 핵을 주제로 한 영화 목록과 연사 명단도 함께 제공하고 있습니다. www.wagingpeace.org

평화를 위한 참전 군인

Veterans for Peace

평화를 위한 재향 군인회 회원들은 외교 정책의 수단으로 전쟁을 종식하고자 노력하며, 미국 정부가 다른 국가의 내정에 개입하지 않고 핵무기를 폐지하는 것을 지지합니다. 이들은 전쟁이 어떠한 결과를 초래하는지 대중에게 교육하는 활동을 펼치고 있습니다. 이 단체는 비폭력적이고 민주적인 방법을 통해 이러한 목표를 달성하려고 노력하고 있습니다. 회원이 되기 위해서는 가입비를 내야 하지만, 이 단체의 웹사이트에서는 군대와 관련된 매우 유용한 정보를 얻을 수 있기 때문에 가입비를 낼 가치가 있습니다. 또한, 이 웹사이트는 전쟁을 예방하려는 참전 군인들의 관점을 제공하는 데 그치지 않고, '알링턴 웨스트'라고 불리는, 들판에 흰색 십자가를 설치하는 예술 프로젝트와 같은 시각적인 작품들을 소개합니다. www.veteransforpeace.org

M. K. 간디 비폭력 연구소

The M. K. Gandhi Institute for Nonviolence

마하트마 간디는 '사티아그라하'라고 알려진 비폭력 저항의 원리를 주창한 인도의 철학자로 잘 알려져 있습니다. 그는 남아프리카를 비롯한 여러 지역에서 평화적인 방법으로 억압에 맞섰고 이를 극복하기 위해 많은 단체와 개인과 협력한 인물로서 역사에 기록되어 있습니다. 노년에 세계적인 인물이 되었으며, 그의 단식과 선행으로 유명해졌습니다. 이 연구소는 마하트마 간디의 비폭력 철학과 그의 글을 홍보하고 보존하기 위해 그의 손자 아룬 간디에 의해 설립된 기관입니다. 이 연구소의 웹사이트는 정보 정리가 조금 미흡할 수 있지만, 아룬 간디와 그의 추종자들이 다양한 주제로 글을 쓴 내용을 찾아볼 수 있습니다. 아룬 간디가 쓴 9.11 테러에 대한 깊은 고찰을 비롯하여 다양한 주제에 관해 쓴 글도 확인할 수 있습니다. www.gandhiinstitute.org

전미청년학생 평화연합

National Youth and Student Peace Coalition, NYSPC

'NYSPC'는 9월 11일 사건 이후에 결성되었으며, 열다섯 개 회원 단체로 구성된 연합 단체입니다. 이 단체는 전쟁을 종식하고 인종차별, 교육 예산 삭감, 시민권 제한과 같은 이슈에 대해 대응하고 싸우기 위해 노력하고 있습니다. 'NYSPC'는 개인 회원 가입이 불가능하지만, 참여 단체 중 하나에 가입하거나 웹사이트를 통해 정보를 얻을 수 있습니다. 이 단체는 청소년 반전 운동과 '폭탄이 아닌 책'과 같은 전국적인 공동행동을 위한 정보를 제공하고 있으며, 만약 'NYSPC'가 참여하길 원하는 프로젝트가 있다면 직접 제안해 볼 수도 있습니다. www.nyspc.net

평화와 자유를 위한 여성 국제 연맹

Women's International League for Peace and Freedom, WILPF

1915년에 설립된 'WILPF'는 성별, 인종, 성적 성향과 관계없이 모든 형태의 폭력을 종식하고 모두를 위한 평등을 증진하기 위해 노력하고 있습니다. 이 사이트에서는 전쟁과 폭력에 관한 뉴스와 업데이트를 제공하며, 시민들이 'WILPF' 활동에 참여할 수 있는 방법을 안내합니다. 향후 3년 동안 이 단체가 중점적으로 추진할 캠페인은 군수산업 해체, 인종 정의 추구, 쿠바와의 관계 정상화, 미국과 전 세계에서 기업의 영향력 축소 등입니다. www.wilpf.org

아나의 이야기

아나 그레이디 프롤레스는 열여섯 살의 고등학생으로 뉴욕주 이타카에 거주하고 있으며 대안 학교에 재학 중입니다.

제 활동은 '침묵 행진'으로 시작되었어요. 우리는 모두 검은 옷을 입고, 옷에는 '이라크 전쟁 반대'라고 적힌 문구를 붙인 채 걷기 시작했어요. 2002년 12월 21일, 이라크 전쟁이 시작되기 삼 개월 전의 일이었어요. 전쟁이 일어나면 많은 군인과 민간인이 죽게 되리라는 것을 알리고 싶었어요. 우리 모두 그것을 원치 않는다는 것을 말하고 싶었어요. 행진에 참여한 사람들은 모두 "미군 폭탄으로 사망한 다섯 살 어린이", "네 아이의 어머니 사망!" 등 아프가니스탄 전쟁 사상자를 떠올리는 문구가 인쇄된 천 조각을 손에 들고 있었어요. 전쟁이 추상적인 사회 문제가 아니라 개인 한 사람 한 사람에게 어떤 영향을 끼치는지 알려주는 문구들이었어요. 제가 썼던 문구는 '어린 소녀'였던 것으로 기억해요.

행진은 할머니의 아이디어였어요. 우리 가족은 이타카 가톨릭 노동자 그룹에서 열심히 활동하고 있어요. 가톨릭 노동자 그룹은 노숙자들에게 무료로 음식, 옷, 그리고 쉴 곳을 제공하는 전국적인 단체에요. 우리 가족은 가톨릭 신자이지만 가톨릭 노동자 그룹에는 유대인, 무슬림, 무신론자 등 다른 종교를 믿는 사람들도 함께 참여하고 있어요. 종교는 다르지만 이들은 모두 선한 일을 실천하며 살아가는 사람들이에요. 처음에는 시내에서 행진하려고 했어요. 하지만 할머니가 우리 동네에서 행진하자고 제안하셨어요. 우리 동네 사람들과 이 문제에 대해서 함께 고민하길 원하셨던 거죠. 우리는 할머니의 의견에 동의하여 지역 쇼핑몰 앞에서 행진을 하기로 결정했어요.

우리는 수련회에서 함께 모여 하루 종일 행진을 계획했어요. 어떻게 행동할지, 무엇을 할 것인지, 필요한 경우 대변인 역할을 누가 맡을 것인지, 체포될 경우 누가 경찰서로 와줄 것인지 등을 함께 의논했어요. 12월 21일에 쇼핑몰에서 행진을 계획한 이유는 크리스마스 전 마지막 토요일이어서 많은 사람들이 쇼핑하러 나올 것으로 생각했기 때문이에요.

약 삼백 명의 사람들과 함께 행진했는데 완전히 모르는 사람들도 참여했어요. 날씨는 정말 화창했지만 춥고 바람도 많이 불었어요. 쇼핑몰에서 시위를 하다가 에스코트를 받고 밖으로 나왔어요. 대부분 큰길로 나가 현수막과 팻말, 아이들의 사진을 들고 함께 행진했어요. 우리 중 열세 명은 길 건너편에 있는 육군 신병 모집소에

갔었어요. 클레어 이모가 우리 얼굴에 빨간 페인트를 칠해줬었는데 그때가 입소식을 할 시간이었어요.

우리는 모두 신병 모집소 사무실에 들어가 바닥에 누워버렸어요. 삼촌이 근무하고 있던 모집소 관계자에게 다가가 "우리는 비폭력적이고 평화적으로 평화운동을 진행하고 있습니다. 여러분에게 우리 운동에 동참해 줄 것을 제안하고자 이곳에 왔습니다."라고 말했어요. 그러자 모집소 관계자는 "네? 안 돼요. 여기 들어오면 안 됩니다."라고 말하며, 우리 시위를 계속 막으려 했지만 열세 명은 계속 바닥에 누워 있었어요. 대변인 역할을 맡은 분이 "우리는 문제를 일으키려고 온 것이 아니라 입대를 고려하는 사람들에게 메시지를 전하고 싶어 왔어요."라고 말했어요. 군인을 모집하는 기관들은 사회적으로 기회가 많지 않은 청년들, 주로 소수 민족을 대상으로 삼아요. 군대에 입대하면 대학 학비 등을 지원받을 수 있기 때문에 좋은 기회처럼 들릴 수 있지만, 한편으로는 평화와 비폭력의 삶을 살기 어렵다는 것을 의미하기도 해요.

한 시간 반 정도를 그곳에 누워 있었어요. 저는 사촌 마리 옆에 누워서 손을 잡고 있었는데 그게 큰 도움이 되었어요. 무섭지는 않았지만 체포되면 어디로 끌려갈지, 무슨 일이 일어날지 불안하기는 했어요. 어머니가 와서는 우리를 다른 시위대가 있는 곳으로 가자며 권유했어요. 모두들 밖에서 노래하고 기도하고 있었는데 사무실 큰 창문을 통해 우리가 바닥에 누워있는 모습을 볼 수 있었죠.

우리는 마틴 루터 킹 주니어 목사가 암살당하기 몇 달 전에 쓴 설교를 읽었어요. 그 설교에서 마틴 루터 킹 주니어는 베트남 전쟁이 얼마나 불법적이고 잘못된 전쟁인지에 관해 이야기하고 있었어요. 그곳에 있던 신병 모집 장교들이 멈춰서서 경청하는 모습이 보기 좋았어요. 설교를 읽는 내내 조용히 있었죠. 우라늄에 대한 사실 자료도 읽었는데, 과거와 현재 그리고 이라크에서 우라늄이 미친 영향, 우라늄이 사용된 모든 장소와 무기 등에 대한 내용을 돌아가면서 읽었어요.

경찰들이 와서 십 분 안에 일어나 떠나지 않으면 일 년의 징역형에 처할 거라고 말했는데, 사실과 다른 이야기가 많았어요. 우리가 받을 수 있는 최대 형량은 삼 개월이었거든요. 그날은 토요일이었고 많은 사람들이 일을 하지 않는 날이었고 경찰들은 다시 일하러 가야 했기 때문에 정말 심술이 난 것 같았어요. 처음 세 명에게 플라스틱 수갑을 채웠는데 제가 세 번째 사람이었어요. 너무 꽉 조여서 아무것도 할 수 없었어요. 손이 보라색으로 변하기 시작했고 저는 경찰관들에게 계속 수갑을 풀어달라고 요청하여 결국에는 수갑을 풀었어요. 경찰관들은 우리를 모두 차에 태워 주 경찰서로 데려갔어요. 그곳에서 우리는 머그샷과 지문을 찍고 풀려날 수 있었어요.

지역 신문에도 보도되었어요. 이 일이 있고 난 후 학교에 갔을 때 교장 선생님께서 "네가 한 일에 대해 들었어. 정말 잘했어!"라고 칭찬해 주셨어요. 많은 사람들이 저에게 멋진 일을 했다고 이야기해 주었어요. 우리 소식을 듣지 못했던 사람들에게는 따로 설명을 해줘야 했어요. 덕분에 학교 구성원들과 많은 이야기를 나눌 수 있었어요. 다섯 명의 선생님들과 우리의 행진에 대해 이야기할 수 있었고, 행진에 참여했던 제 사촌들도 학교에 와서 이야기를 나눴어요. 고등학교 방과 후 수업에 참여하여 많은 학생들과도 이야기 나눌 수 있었어요. 왜 그런 행동을 했는지, 왜 그곳에 갔었는지에 대해 우리의 메시지를 전달했어요.

미국 전역은 물론, 유럽과 아프리카 등 전 세계에서 "잘했다."는 이메일을 받았어요. 군대에 있는 사람들과 이라크에 파병된 사람의 가족들도 저에게 편지를 보내줬어요. 군대에 있는 한 여군으로부터 편지를 받았어요. 지금 비록 군대에 있지만 양심적 병역 거부를 고민하는 중이었는데, 우리의 활동에 큰 영감을 받았다는 편지였어요. 사실 평화 행진에 참여하는 것이 많은 사람들에게 이렇게 큰 영향을 끼칠지 몰랐어요. "그냥 이건 작은 실천에 불과해"라고 생각했어요. 그런데 지금은 알아요. 이 작은 행동이 사실은 얼마나 큰 실천이었는지를요. 저의 활동을 격려해 주시는 분들의 이메일 덕분에 참 힘이 나요.

체포된 성인들에 대한 기소는 취하되었지만 저를 포함하여 함께 한 청소년들에 대한 법적 절차는 아직 진행 중에 있어요. 법적 절차가 오래 걸리는 것이 한편으로는 다행스러운 일인 것도 같아요. 처음부터 우리는 이 전쟁이 미국인들에게 어떤 좋은 것도, 어떤 행복도 가져다주지 않을 것이라고 말해왔어요. 오히려 죽음과 절망만 가져올 뿐이라고 이야기해 왔는데, 그런 일들이 실제로 일어나고 있음을 우리 모두가 함께 알게 되었어요. 이 전쟁은 불법적이며 의미 없는 전쟁이라는 것을 여러 사실과 통계를 통해 알 수 있어요. 우리는 부시 대통령이 취임하기도 전에 이 전쟁을 계획했다는 사실을 여러 사실들을 통해 확인하고 있어요. 저와 제 사촌들은 증언대에 서거나 법정에 설 때마다 우리의 신념을 밝히며 평화에 대한 지지를 표명했어요.

저는 우리의 행동이 성공적이라고 생각해요. 이유는 부시 정부가 일으킨 이라크 전쟁에 대해 수많은 토론을 불러일으켰기 때문이에요. 많은 사람으로 하여금 전쟁에 대해서 다시 생각하게 하였고, 우리 국민들이 왜 이 전쟁에 참여해야 하는지에 대해 다시 생각하게 만들었기 때문이에요. 우리의 신념에 대해 말할 수 있는 기회도 많이 생겼어요. 내년에는 대학 입학 전 일 년을 쉬면서 가톨릭 노동자 그룹과 더 많은 시간을 보내며 평화 운동을 할 생각이에요. 대학에 진학하더라도 평화 활동가로서 계속 활동할 예정이에요. 평화운동에서 저를 필요로 하는 한 계속해 나갈 거예요. 가톨릭 노동자 운동에 대한 자세한 정보는 www.catholicworker.org 에서 확인하세요.

한나의 이야기

한나 베릴은 열여섯 살이며 뉴욕 브루클린에 있는 학교에 재학중입니다.

저는 정말 우연한 계기로 활동가의 길에 들어서게 되었어요. 2002년 10월, 남동생 조와 함께 콘서트에 가기로 했었는데 공연이 취소되었어요. 그래서 콘서트 대신 어머니와 함께 임박한 이라크 전쟁에 관한 자리에 가게 되었죠. 전쟁을 둘러싼 이슈들을 처음 접하는 자리였어요. 대부분의 패널들은 전쟁에 반대하는 민주당 하원 의원들이었어요. 그들이 주로 말했던 것들은 선제적으로 전쟁을 시작하는 것이 옳지 않다는 것이었어요. 이라크가 우리를 공격할 것이라는 증거가 없었기 때문에 이 전쟁은 불법이라는 것이었어요. 저는 그 말이 완전히 이해되었어요. "이건 정말 잘못된 일이야."라고 생각했죠. 그리고는 "나는 뭘 할 수 있을까?" 생각하게 되었어요.

이 자리에서 10월 26일 워싱턴 D.C.에서 열릴 예정인 '전쟁 사전 금지' 행진에 관한 전단을 받았어요. 저는 뉴욕에 있었기 때문에 버스를 타고 갈 수 있었어요. 그래서 친구들과 학교 사람들을 데리고 워싱턴 D.C.에 갔어요. 우리는 먼저 연설을 듣기 위해 쇼핑몰로 갔는데 거기에 정말 많은 사람이 모여 있었어요. 어느 정도였는지 그 수를 헤아릴 수 없을 만큼 정말 많은 사람이 모였어요. 저는 사람들의 연설을 들으며 주변 사람들을 바라보았는데 눈이 번쩍 뜨이는 것 같았어요. 연설이 끝난 후 시내를 행진했는데 그것도 정말 놀라웠어요.

저는 행사에서 돌아와 평화 운동에 뛰어들었어요. 처음 참여했던 패널 토론회는 '전쟁을 멈추고 테러리즘을 종식시키기 위해 행동하는 사람들Act Now to Stop War and End Terrorism, ANSWER'이 주최한 것이었어요. 이 모임 덕분에 버스 티켓을 구해 워싱턴 반전 집회에 다녀올 수 있었어요. 전쟁이 가져올 비극에 대해 처음 관심을 가지게 해준 'ANSWER'에서 평화 활동을 하기로 결심했어요. 'ANSWER' 활동가에게 평화 운동을 하고 싶다고 이야기하며, 어떤 도움이 필요한지를 물었어요. 그러자 'ANSWER' 활동가는 "십대들이 평화 운동에 함께하면 너무 좋겠어요"라고 답하며 정말 기뻐했어요. 대학생 멤버들도 많이 있었지만, 활동가들은 우리들이 반전 운동을 조직하고 평화 운동을 전개하는 것에 대해서 더욱 격려를 아끼지 않았어요.

11월 20일로 예정된 '전쟁에 항의하는 전국 학생 파업'에 참여하기 위해 우리 학교에서 사람들을 조직하고자 했어요. 저는 사립학교에 다니고 있었기 때문에 힘들었어요. 뉴욕시에는 수업에 결석해도 별문제가 되지 않는 학교가 있었지만 제 학교는 아니었거든요. 결석하면 정학을 당할 가능성이 있었어요.

정학을 당한다면 아무도 이 파업에 동참하지 않으리라는 것을 알고 있었어요. 학교는 결석을 용납하지 않았기 때문에 친구들이 파업에 참여하는 것을 생각조차 하지 않으리라는 것을 알고 있었죠. 그래서 저는 결석 허가서를 나눠주며 부모님께 결석 승인을 받기를 요청했어요. 허가서에는 "나는 우리 아이가 평화 운동에 참석하기 위해 학교를 결석하는 것을 허락합니다."라는 내용과 함께 '전쟁에 항의하는 전국 학생 파업'에 대한 설명을 써놓았어요.

아침에 학부모들이 학생들을 데려다줄 때 이걸 나눠주었어요. 그런데 이 일로 인해 학교 측과 큰 오해가 생겨버렸어요. 교장 선생님에게 먼저 찾아갔어야 했는데 저는 학생처장 선생님을 찾아갔었거든요. 교장 선생님은 제가 교장 선생님의 권위를 훼손하려 한다고 생각하셨어요. 저는 교장실로 불려 갔고, 거기서 제가 학교를 대상으로 장난을 치려 한다는 말과 제가 하는 일이 정당에서 전단을 나눠 준 것과 같다는 말을 듣게 되었어요.

저는 이 부분이 조금 혼란스러웠어요. 십 대 시절과 고등학생 시절에는 하루에 다섯 개의 수업만 들으면 괜찮을 거로 생각했거든요. 학교 수업뿐 아니라 다른 방법으로 스스로 공부하고자 노력했었고, 이 과정에서 나이나 학교에 얽매이지 않으려고 노력했어요. 그런데 정작 학교는 우리가 사회를 다양한 시각으로 바라보고 생각할 수 있는 사람이 되기보다는 어떤 것에도 영향받지 않는 사람이 되기를 원하는 것 같았어요. 그러나 그것은 우리를 위한 일이 아니었어요. 한 사회 구성원으로 살아가는 한 그렇게 될 수도 없을 뿐만 아니라 적어도 우리 중에는 진공 상태에서 무미건조하게 살아가길 원하는 사람은 없었어요.

무언가 새로운 시도를 위해 사람들을 조직할 때, 사람들을 어떻게 모을지, 어떤 사람들을 주로 모을지, 사람들이 모이면 무엇을 할지 등에 대해 세밀하게 계획을 세워야 한다는 것을 이번 기회를 통해 알게 되었어요. 활동가에 대해 너무 모르는 상태에서 시작했고, 게다가 저의 평화 활동가로서의 첫 달에 진행한 행사라서 참 많이 서툴렀던 것 같아요. 어쨌든 최종적으로 학교 친구 중 약 이십 명 정도가 함께 집회에 참석한 것 같아요. 우리 학교가 정말 작았기 때문에 이십 명이면 절대 적지 않은 수였어요. 우리는 기차를 타고 유니언 스퀘어까지 가서 집회가 열린 워싱턴 스퀘어까지 행진했어요.

이라크 전쟁이 발발하기 전까지 열정적으로 평화 활동을 계속해 왔어요. 사람들이 전쟁이 얼마나 무의미한 일인지를 이해한다면 막을 수 있을 거라고 믿었어요. 하지만 결국 전쟁은 일어나고 말았어요. 그 사실을 받아들이기 정말 어려웠어요. 모든 것이 초현실적으로 보이고 불가능한 일이 일어난 것처럼 느껴졌어요. 크게 낙담하게 되었고 'ANSWER'에 가거나 집회에 가거나, 조직적인 일을 하는 것을 그만두게 되었어요. 하지만 활동가로서의 삶을 완전히 포기한 것 같지는 않아요. 오히려 다양한 방법이 있다는 것을 깨닫기 시작한 것 같아요. 길거리 괴롭힘에 관한 뉴스레터를 쓴 것도 활동의 한 방법이라고 생각해요. 활동가로 살아가는 것은 제가 평생해야 할 일이라는 것을 알고 있어요. 활동가라는 정체성을 갖게 되면 그 이전으로 돌아갈 수 없으니까요.

많은 사람이 활동가가 하는 일이 집회에 참석해서 추위에 대항하며 소리를 지르는 것이 다라고 생각하는 경우가 많은 것 같아요. 하지만 편지를 쓰고 기사를 작성하며 대화를 나누는 것까지 우리가 할 수 있는 다양한 활동들이 있어요. 열린 마음으로 새로운 변화를 진심으로 바라고 기대하는 것이 정말 중요하다고 생각해요. 사회를 바꾸기 위한 여러 활동에 참여한다는 것은 정말 강력한 경험이에요. 그 활동에 참여하면서 자기 행동에 대해 의식하고 결정하는 방법을 배울 수 있을 거예요. 더 나은 사회를 위해 직접 행동한다는 것은 그 문제에 열정을 느끼고 그 열정을 통해 결국 무언가를 이루고자 하는 것이에요. 그 열정이 여러분을 직접 행동하게 해 줄 거예요. 'ANSWER'에 대해 자세히 알아보고자 한다면 www.internationalanswer.org 을 방문하세요.

브레인 스토밍

◑ 다양한 문화적 배경을 고려하여 국제 평화를 촉진하는데 청소년들이 기여할 수 있는 방법은 무엇인가요?

◑ 청소년들이 세계에서 벌어지고 있는 분쟁 상황에 대해 자신의 목소리를 표명하고 변화를 이끌어낼 수 있는 방법은 무엇인가요?

◑ 친구들과 함께 평화에 대한 의미를 공유하고 함께 이야기할 수 있는 청소년 프로그램을 만든다면 가장 먼저 프로그램을 만들어보고 싶으세요?

◑ 전쟁의 원인으로 여겨지는 사회 문제에 대해 청소년들이 어떤 대책을 제시할 수 있을까요?

직접 행동

◐ 우리나라도 한국전쟁 등 전쟁을 경험했고, 베트남 파병, 이라크 파병, 아프가니스탄 파병 등 해외 파병의 경험이 있는 나라입니다. 친척이나 지인분 중 전쟁에 참여하신 분이 있는지 확인해 보고 그분을 인터뷰해 보세요.

◐ 우리 지역에 반전 활동 단체가 있는지 확인해 보세요.

◐ 참여할 수 있는 평화 운동 시위나 캠페인에 대해 알아보고 그 활동에 동참해 보세요.

◐ 우리나라의 반전 활동 단체를 찾아 기부해 보세요.

◐ 우크라이나-러시아 전쟁에 대한 기사를 읽어보신 적이 있나요? 이스라엘-하마스 분쟁에 대해 들어보신 적이 있나요? 이것과 관련된 나만의 반전 포스터를 그려 SNS에 공유해보세요.

◐ 세계의 분쟁 지역에서 활동하고 있는 단체나 기관을 찾아 기부해 보세요.

행사 기획

◑ 전쟁이 발생하면 이재민이 발생합니다(예: 한국전쟁 고아 난민, 우크라이나 난민). 전쟁으로 인해 난민이 발생했을 때, 우리 지역에 온 난민 친구들을 어떻게 따뜻하게 환영할 수 있을지, 친구들과 함께 논의해 보세요.

◑ 우리 학교에서 반전 행사를 할 수 있는지 학교 정책에 대해 알아보세요.

◑ 우리 학교에서 반전과 관련한 행사를 한다면 어떤 강사를 초빙하고 싶은지 리스트를 작성해 보세요.

드래그퀸 Drag queen

드래그퀸은 대개 남성이 여성의 옷을 입고 여성 모습으로 변장하는 예술가나 연기자를 가리킵니다. 드래그퀸은 대중문화, 연극, 영화, 텔레비전 프로그램, 클럽 공연 등 다양한 분야에서 활동합니다. 역시적으로 다양한 문화에서 볼 수 있었지만, 20세기 초반 미국에서 발전하기 시작했습니다. 이들은 고유한 예술적 표현 방식으로 성 정체성과 표현의 다양성을 지지하는 활동을 하고 있습니다.

사티아그라하 Satyagraha

인도의 독립운동 지도자이자 인도의 국가적 영웅으로도 알려진 마하트마 간디가 주창한 개념입니다. 사티아그라하는 '진리의 힘'이나 '진리에 대한 충성'을 의미하며, 비폭력적인 저항을 통해 사회적, 정치적 변화를 이끌어 내야한다는 생각을 의미합니다. 간디는 이 개념을 적극적인 비항쟁으로 해석하여, 폭력적인 저항보다는 비폭력적인 방법을 통해 사회적 변화를 달성하고자 했습니다. 간디의 이러한 사상은 인도의 독립을 달성하는 데 중요한 역할을 수행하였으며 다른 사회 운동이나 정치 운동에서도 영향력을 행사하는 데에 영감을 주었습니다.

티치인 Teach-In

학생들과 교사들이 모여 환경, 사회, 정치 등과 같은 사회 문제에 대해 교육하고 토론하는 행사나 모임을 가리킵니다. 티치인은 대개 특정 사회 문제에 대한 인식을 높이고 사회적 변화를 이끌기 위해 집단으로 실시되는 행사로써 주로 토론 및 강연을 통해 이루어집니다. 또한 토의, 시뮬레이션 게임, 연극, 토론 대회 등 티치인에서의 다양한 교육적 활동을 통해 주요 사회 문제에 대해 한 사회적 문제 해결을 함께 고민해 볼 수 있습니다.

근본을 알 수 없는

차별

개념 장착

　인종차별은 우리 사회 전반에 영향을 미치는 심각한 문제입니다. 아프리카계 미국인, 아시아계 미국인, 아메리카 원주민, 그리고 아일랜드계 미국인은 미국에서 오랜 기간 동안 인종차별을 겪어온 그룹입니다. 2001년 9월 11일 뉴욕 맨해튼 세계 무역 센터 건물을 향한 테러 공격 이후, 아랍계 미국인과 중동계 출신 사람들 역시 인종차별을 겪고 있습니다. 이러한 인종차별은 종교적 혐오를 바탕으로 한 무슬림과 유대인에 대한 증오 범죄로 이어질 수 있습니다. 비록 많은 진전이 이루어졌지만, 서로를 존중하고 이해하며 공존하는 사회로 나아가기 위해 아직 가야 할 길이 많이 남아 있습니다. 인종차별에 대한 기본적인 정의를 내리는 것부터 시작해 봅시다.

각 인종들은 고유한 성격과 능력을 지니고 있습니다. 다만 이러한 '인종 간의 다름'이 인종 간의 우열을 가리는 척도로 왜곡되어 차별을 정당화합니다. 다시 말해, '각 인종이 고유한 성격과 능력을 지니고 있다'라는 신념이 종종 '어떤 인종이 다른 인종보다 월등하기 때문에 우월한 인종이 열등한 인종을 지배하거나 착취할 권리가 있다'라는 괴변에 근거가 됩니다. 타인종을 착취하는데 필요한 그럴싸한 명분을 만들기 위한 야만적인 생각일 뿐입니다.

인종차별에 대한 명확한 정의가 있더라도 정확하게 규정하기 어려울 때가 있습니다. 우리 중 많은 사람들은 자신들의 내면에 있는 인종차별에 대해 부인하고 있습니다. 예를 들어, 노예 소유주가 자기 노예를 사랑한다고 주장하곤 한 것처럼, 인종차별이 존재하는 한 그것이 무엇인지에 대한 논쟁은 계속되어 왔습니다. 다행히도 반인종차별 운동가가 되기 위해 꼭 심판관이 될 필요는 없습니다. 그냥 선입견을 품지 말고, 사람들을 그대로 받아들이려고 노력하세요.

인종차별과 편협함은 다양한 형태로 나타날 수 있으며 반인종차별 운동도 마찬가지입니다. 어떤 활동가들은 사람들이 인종과 종교적 차이를 넘어 서로 열린 마음과 관용의 태도로 다른 사람들을 대할 수 있도록 교육하고 훈련하는 일을 합니다. 또 다른 활동가들은 인종차별을 당하는 사람들의 시민권을 보호하기 위해 노력합니다. 또 다른 활동가들은 소수 인종이 의료 서비스, 교육 서비스, 선출직 공직 진출 기회 등에서 차별받지 않도록 제도적 변화를 만들어 내기 위해 노력합니다.

많은 도시에서는 백인 학생들이 다니는 학교, 흑인 학생들이 다니는 학교, 아시아계와 백인 학생들이 다니는 학교, 그리고 히스패닉과 흑인 학생들이 다니는 학교가 각각 따로 존재합니다. 이에 따라 많은 청소년들이 서로 다른 인종의 친구들을 만날 기회가 거의 없습니다. 더구나, 때로는 다양한 인종이 함께 다니는 학교에서도 학생들이 서로 거리를 두고 지내기도 합니다. 최근 조사에 따르면, 십 대 청소년 여덟 명 중 한 명만이 다른 인종의 친구를 가지고 있다고 응답한 것으로 나타났습니다. 이러한 인종 간 분리는 자신과 다른 인종에 대한 잘못된 정보와 편견을 갖게 합니다.

인종차별은 주로 소수 유색인종 청소년들에게 큰 영향을 미칩니다. 히스패닉계와 아프리카계 청소년들은 다른 청소년들과 비교해 학교 중퇴의 가능성이 더 큽니다. 그뿐만 아니라, 유색인종 청소년들은 성교육 및 피임과 같은 관련 의료 서비스를 받을 기회가 제한되어 있어, HIV·AIDS 감염에 노출되는 경우가 높습니다. 특히 HIV·AIDS 감염자 중에서 가장 빠르게 증가하고 있는 열세 살에서 열여덟 살 청소년 중에서 유색인종 소녀들의 비중이 높습니다. 흑인 청소년들은 성인이 된 후 같은 범죄 혐의를 받더라도 백인 청소년보다 유죄 판결을 받을 가능성이 큽니다. 게다가, 흑인 청소년들은 같은 범죄로 유죄 판결을 받은 백인 청소년들보다 훨씬 더 오랜 기간 동안 수감 생활을 하게 될 가능성이 큽니다.

이 문제를 해결하기 위해 활동가로 나서기로 결심했다면,

인종차별에 맞서 싸우고 있는 다른 많은 사람들과 함께 하게 될 것입니다. 모든 승리가 중요하다는 것을 기억해야 합니다. 아무리 작은 승리라도 말입니다. 인종차별적인 농담이나 인종 비하적인 언행을 하는 사람들과 맞서 싸울 때, 여러분은 강력한 메시지를 전달하게 됩니다. 이 과정을 통해 여러분은 리더로 성장하게 될 것입니다.

편향성 테스트

여러분은 여러분 스스로가 다른 인종에 대해 완전히 열린 마음을 가지고 있는 사람이라고 생각할 수 있습니다. 그러나 여러분조차도 미처 자각하지 못한 편견을 품고 있을 수 있습니다. 만약 여러분이 인종차별을 많이 당하는 아메리카 원주민이기 때문에 자동으로 인종차별주의자가 아니라고 생각한다면, 이에 대해 한 번 더 고려해 보는 것이 좋습니다. 우리는 모두 같은 사회 안에서 살며, 우리 사회가 가진 인종차별적인 편견을 우리도 모르게 품고 살아갈 수 있기 때문입니다.

이 웹사이트www.tolerance.org/hidden_bias에서 타인에 대한 포용성 지수를 테스트해 볼 수 있습니다. 테스트는 무료이며 결과와 함께 해설자료도 함께 제공합니다. 흑인, 백인, 아랍인에 대한 편견 등 다양한 주제의 테스트가 제공되며, 원하는 만큼 이 테스트에 참여할 수 있습니다. 이 테스트는 일반적이거나 지루한 것이 아니라, 오히려 비디오 게임처럼 재미있는 경험을 제공합니다. 다양한 자극을 통해 여러분의 포용성 지수를 확인해 볼 수 있을 것입니다.

가족과 함께 테스트해 보고, 그 결과를 함께 나눠보세요. 가족 구성원마다 결과가 상당히 다를 수 있습니다. 인종 문제에 대한 가족 간 대화는 이 주제에 대한 서로의 생각을 이해하는 데 도움이 될 수 있습니다. 또한, 당신은 이 주제와 관련해 가정 내 활동을 더 적극적으로 추진해 보아야 할 필요성을 느끼게 될 수도 있습니다.

인종 문제 영화의 밤 계획하기

인종 문제에 관해 가족과 대화를 나누는 좋은 방법으로 '영화 함께 보기'가 있습니다. 가족들에게 '영화의 밤'을 제안해 보세요. 모든 가족 구성원이 참석해야 함을 강조하고, 맛있는 간식과 함께 인종 문제에 관한 영화를 시청해 보세요.

인종 문제나 인종차별에 관한 영화를 찾아보세요. 가족이 함께 볼 수 있는 영화로 다큐멘터리나 할리우드 영화 중에서 선택할 수 있습니다. 어린 형제나 자매가 있다면 십삼 세 이상 관람가 영화는 피하는 게 좋을 수 있습니다. 원하는 영화를 찾기 어려우면 지역 도서관에서 대여하는 것도 좋은 대안이 될 수 있습니다.

영화를 시청한 후, 가족과 함께 토론을 시작해 보세요. 각자 영화에 관한 생각과 느낀 점을 물어보면서 서로의 관점을 이해하려 노력해 보세요. 또한, 영화 속 등장한 인물들의 인종차별 경험과 자기 삶에서의 인종차별 경험을 나누어 보세요. 부모님께는 현재의 인종차별 문제가 그들이 어릴 때와는 어떻게 다른지 물어보세요. 그들의 이야기를 듣고 성급하게 결론을 내리지 마세요. 대신 가족 구성원들이 미리 생각하고 준비할 수 있도록 질문들을 제시하는 데 집중하세요. 만약 가족 중에 인종차별주의자가 있다면, 이런 상황은 까다로울 수 있습니다.

이 문제로 가족 구성원들이 방어적인 태도를 보이거나 갈등이 발생할 수도 있습니다. 여러분이 따돌림을 당할 우려가 있고, 이 문제를 언급하는 것이 걱정스러울 수 있습니다. 하지만 가족 구성원을 존중하고 이해하는 마음가짐으로 대화를 진행하면 그들의 태도가 조금씩 변할 수 있습니다. 인종차별주의자로 비난하는 것은 해결책이 아닙니다. 대신, "방금 말한 것이 진심이에요?"와 같은 질문을 하거나 "나도 백인 친구가 있고 당신(들)도 백인 친구가 있는데, 왜 백인이 흑인을 괴롭힌다고 말하는지 이해하지 못하겠어요"와 같은 대화를 시도해 보세요. 이런 질문과 대화를 통해 여러분이 자신의 신념을 존중하며, 가족 구성원들의 잘못된 행동에 대해 문제를 제기하는 사람임을 보여줄 수 있습니다.

추천 영화

누가 빈센트 친을 죽였는가? Who Killed Vincent Chin? (1988)

이 영화는 빈센트 친의 죽음을 다룬 다큐멘터리입니다. 빈센트 친은 '중국인' 자동차 엔지니어였지만 '일본인'으로 오해받아 다른 미국 자동차 공장 노동자에게 살해당했습니다. 친을 살해한 범인은 일본 자동차 산업이 미국 노동자들의 일자리를 위협한다고 믿고 있었던 사람으로 일종의 혐오범죄였습니다. 그 후, 범인은 집행유예 삼 년의 처벌을 받았습니다.

초대받지 않은 손님 Guess Who's Coming to Dinner (1967)

한 백인 부부는 딸이 약혼자를 소개하자 깜짝 놀라게 됩니다. 딸의 약혼자가 흑인이었기 때문입니다. 당시에는 인종 간 결혼이 합법화 되긴 했지만, 백인과 흑인 간 결혼이 거의 이루어지지 않던 시기였습니다. 이 영화는 한 백인 부부가 인종 문제에 대한 자신들의 태도를 반성하게 되는 이야기를 다루고 있습니다. 개봉 당시 대중에게 꽤 충격적으로 받아들여졌습니다.

똑바로 살아라 Do the Right Thing (1989)

더운 여름날, 브루클린의 베드스투 동네에서 인종 갈등이 폭발합니다. 이 지역에서 오랫동안 운영해 온 이탈리아계 피자 가게와 새롭게 문을 연 한국계 델리 가게가 그 동네에서 이어져 온 인종 갈등과 분노의 중심이 됩니다. 이 영화의 폭력적인 결말이 논란이 되기도 했습니다.

대지의 소금 Salt of the Earth (1954)

이 영화는 뉴멕시코의 아연 광산에서 벌어진 실제 사건을 기반으로 합니다. 이 광산에서 일한 멕시코 노동자들은 다른 광산의 영국인 노동자들보다 훨씬 적은 임금을 받아야 했습니다. 이러한 불평등한 상황에 항의하고 노동 조건을 개선하기 위해 멕시코 노동자들이 파업을 시작합니다. 그러나 백인 소유의 광산 회사는 멕시코 노동자들의 파업을 탄압했고, 이에 노동자들의 아내들이 투쟁을 이어갔습니다. 이 영화의 제작자들이 공산주의자로 의심받아 할리우드 블랙리스트에 오른 뒤, 이 작품은 수년 동안 개봉되지 못했습니다.

밤의 열기 속으로 In the Heat of the Night (1967)

필라델피아의 흑인 형사가 어머니가 살던 남부 작은 마을을 방문하고 있는 동안, 부유한 백인 남성이 살해당하는 사건이 발생합니다. 흑인 형사는 이 사건에 대한 범인으로 몰려 체포되지만, 결국 이 살인사건을 해결하는 데 기여하게 됩니다. 이 영화는 작품상을 비롯하여 아카데미 시상식에서 다섯 개 부문에서 상을 받았습니다.

잊혀진 화재 Forgotten Fires (1998)

1995년 사우스캐롤라이나의 작은 마을에서 쿠클럭스 클랜에 의해 흑인 교회 두 곳이 불타버린 사건 이후의 여파를 다루는 다큐멘터리입니다. 이 영화에서 이 마을의 교회 지도자들은 지역사회가 이 비극에 어떻게 대처했는지, 클랜원들은 왜 그런 범죄를 저질렀는지에 관한 이야기를 나눠줍니다.

미시시피 마살라 Mississippi Masala (1992)

한 인도 가족이 우간다의 정치적 긴장을 피해 미시시피로 이주하여 작은 호텔을 운영하며 생계를 꾸려갑니다. 하지만 딸이 흑인 남자와 사귀기 시작하자 그들은 딸의 만남을 금지합니다. 덴젤 워싱턴이 남자친구 역을 맡았습니다.

미시시피 버닝 Mississippi Burning (1988)

인권운동이 한창이던 1964년, 두 명의 백인 활동가가 흑인 유권자 등록 운동을 하던 중 실종되어, FBI가 수사에 착수했습니다. 보안관을 포함한 지역 주민들이 실종에 연루되었을 가능성이 있습니다. 이 영화는 실제 역사적 사건을 기반으로 하고 있으며, 미국 미시시피주의 한 작은 마을에서 일어난 인종차별과 폭력 사건을 바탕으로 이야기가 전개됩니다.

아버지의 이름으로 In the name of the Father (1993)

북아일랜드 분쟁 실화를 기반으로 한 이 영화는 영국의 식민 지배에 대한 북아일랜드 사람들의 적개심과 식민 지배로 인해 고통받는 아일랜드인들의 실상을 교차로 보여줍니다. 런던을 방문한 한 아일랜드 청년이 IRA 폭탄 설치 혐의로 유죄 판결을 받게 되고, 영국 정부는 그의 아버지까지 누명을 씌웠습니다. 두 사람은 감옥에 갇힌 채 누명을 벗기 위해 투쟁합니다. 이 영화는 피부색이 같은 집단 사이에서도 편견과 편협함이 존재할 수 있다는 사실을 매우 생생하게 보여주는 매력적인 작품입니다. 참고로 영국인들은 아일랜드인을 '백인 검둥이'라고 부릅니다.

대역전 Trading Places (1983)

증권 중개 회사를 경영하는 재벌가의 형제 랜돌프 듀크(랄프 벨러미 분)와 모티머 듀크(돈 에머치 분)는 서로 내기를 벌입니다. 그들의 내기는 길바닥에서 생활하는 흑인 노숙자 빌리(에디 머피 분)와 잘 나가는 금융회사 전무인 루이스(댄 애크로이드 분)의 처지를 서로 바꾸면 어떻게 될까에 관한 것이었습니다. 이 내기로 노숙자 빌리와 금융회사 직원 루이스는 서로의 삶을 바꾸어 살게 됩니다. 댄 애크로이드와 에디 머피가 주연을 맡은 이 코미디는 인종 문제와 이를 둘러싼 고정관념을 유쾌하게 다루고 있습니다.

스쿨 타이 School Ties (1992)

1950년대를 배경으로, 한 유대인 축구 선수가 장학금을 받고 명문 사립학교에 진학하게 됩니다. 이 선수는 종교를 숨기고 적응하기 위해 노력하지만 그가 유대인이라는 사실이 드러나면서 친구들과 인기를 잃게 됩니다. 벤 애플렉, 크리스 오도넬, 맷 데이먼, 브렌단 프레이저가 대스타가 되기 전 시절의 연기를 볼 수 있습니다.

봉합 Suture (1993)

아버지의 장례식에서 한 백인 남성이 흑인 이복동생을 처음 만나게 됩니다. 한 명은 성공하여 부유한 삶을 살고 있지만 다른 한 명은 거의 노숙자와 같은 처지에서 살고 있어, 이 두 사람은 매우 다른 삶을 살아가고 있습니다. 인종 문제에 대해 명확하게 다루지는 않지만, 이 예술적인 영화는 인종과 그 정체성에 대한 흥미로운 질문을 던지고 있습니다.

알라바마 이야기 To Kill a Mockingbird (1962)

한 흑인 남성이 억울하게 강간 누명을 쓰게 되자 백인 변호사가 그의 무죄를 입증하기 위해 투쟁합니다. 이 변호사는 이 사건을 다루면서 동시에 자기 자녀들에게 인종과 인종차별에 숨겨진 함정을 가르치려 노력합니다. 변호사의 어린 딸 시점을 중심으로 이야기가 전개됩니다.

적용
@교내 활동

학교에 연사 초대하기

인종차별에 관한 집회에서 이 주제에 관해 이야기해 줄 사람을 학교에 초대하기 위해서는 많은 노력이 필요합니다. 그러나 이로 인해 학교 구성원에게 커다란 변화를 불러올 수 있으므로 도전할 만한 일입니다. 만약 학교에 이미 관련 강연 프로그램이 존재한다면, 해당 초청 절차나 연락처를 통해 좀 더 쉽게 진행할 수 있을 것입니다. 그렇지 않은 경우, 몇 가지 절차를 더 거쳐야 할 수도 있습니다.

첫 번째 단계는 새로운 연사를 찾는 것입니다. 한 가지 좋은 방법은 이미 책을 출간하여 지역에서 북토크 등을 열 수 있는 사람을 찾는 것입니다. 지역 서점을 방문하여 책 사인회 일정이 있는지, 추천할 만한 작가가 있는지 물어보세요. 서점에서 작가와 연락할 수 있게 도와줄 수도 있습니다. 또한, 온라인 웹사이트인 '아마존 닷컴'과 도서관에서 검색을 통해 저자를 찾을 수도 있습니다. 관심 있는 주제를 하위 주제별로 검색한 다음, 출시 날짜별로 정리하여 최신 도서를 찾을 수 있습니다. 연사를 결정하기 전에는 반드시 해당 책을 읽어보고 저자에 대해 충분히 알아보는 것이 중요합니다. 깜짝 놀랄 일을 피하기 위해서라도 충분히 알아보세요.

좋은 연사를 찾는 또 다른 방법은 남부 빈곤법률센터나 전미 유색인종 지위 향상협회NAACP와 같은 반인종주의 기관에 연락하는 것입니다. 이러한 기관의 웹사이트 목록을 확인하고, 연사를 추천해달라고 요청할 수 있습니다. 유명한 연사나 다른 지역에 있는 연사에게는 연사료와 경비를 지급해야 할 수도 있음을 염두에 두세요. 학교가 그럴 여력이 없다면 지역 인사를 초대하거나 기금 모금 챕터에서 아이디어를 찾아보는 것도 좋은 방법입니다.

학교의 인종 문제나 다양성에 관해 이야기할 수 있는 연사를 초대하세요. 만약 반아랍 정서가 있다면 미국-아랍 차별 금지 위원회나 지역 모스크의 관계자를 초대하는 것도 좋은 아이디어입니다. 학교 구성원들의 다양성이 부족하다면 우리가 모두 가질 수 있는 타인종에 대한 편견과 이를 극복할 수 있는 방법에 관해 이야기할 수 있는 연사를 초대해 보세요.

학교 행정당국과 만나기 전에, 초대할 수 있는 연사나 초대하고 싶은 연사 목록을 4~5명 정도 미리 작성해 두는 것이 좋습니다. 또한, 여러분의 프로젝트를 지지해 줄 선생님들의 서명을 받을 수 있는지 확인해 보세요. 선생님들의 지지는 여러분의 프로젝트를 진행하는 데 큰 도움이 될 것입니다. 학교 학생회나 학생들의 지지를 얻을 수 있는 청원서가 있다면 이 역시 여러분에게 큰 힘이 될 것입니다. 이 모든 것을 준비한 후 해당 학교 담당자와 미팅을 잡으세요. 미팅 날짜를 선택할 때, 행사를 열기에 적합한 날짜를 미리 생각해 놓으세요. 가능하다면 기념일과 연사 초청 강연 일정을 연계해 보는 것이 좋습니다. 예를 들어, 마틴 루터 킹 데이(1월 17일), 아시아계 미국인 역사의 달(11월), 이슬람 명절 라마단(이슬람력 아홉 번째 달) 등의 날짜에 행사를 열 수도 있습니다.

학창 시절에 다양한 배경과 관점을 가진 사람들과 만나고 교류하는 것은 우리의 포용성을 넓히고, 새로운 관점을 얻을 수 있는 중요한 경험입니다. 연사 특강을 통해 학생들은 열린 마음으로 다양한 이야기를 듣고 배울 수 있는 기회를 얻게 됩니다. 이것은 자신과 다른 인종, 문화에 대한 열린 마음과 포용성을 더욱 강화하는 훌륭한 기회가 될 것입니다. 이 점을 강조하며 세부 계획을 담은 연사 특강 제안서, 연사 이력이 포함된 추천 연사 명단, 연사 특강을 희망하는 학생들 청원서 사본, 희망 날짜를 정리하여 회의가 끝난 후 관계자에게 전달하세요. 이러한 자료들의 원본을 잘 보관하고, 사본을 제출하는 것이 좋습니다. 나중에 연사 특강을 다시 진행하게 될 경우, 필요한 자료를 다시 제출해야 할 수도 있기 때문입니다.

만약 학교에서 거부당하면 대체 장소를 찾아보세요. 지역 YMCA, 도서관 또는 커뮤니티 센터에 사용할 수 있는 공간이 있을 수 있습니다. 장소 섭외에 어려움을 만나긴 했지만, 오히려 지역 커뮤니티에 본 강연을 알릴 수 있는 기회가 될 수 있습니다. 원하는 경우 조금 더 시선을 끄는 연사를 초대할 수도 있습니다. 학교 캠퍼스와 지역사회에도 홍보하세요. 포스터를 붙이고 지역 언론에 연락해 보세요.

학교에서 승인했다면 첫 번째 장애물을 넘은 것입니다. 이제 전화에 많은 시간을 쓸 준비를 하세요. 메일을 쓰는 것도 도움이 됩니다. 연사 리스트를 구성하고 원하는 연사를 우선순위에 따라 나열할 때, 실현 가능성을 고려해야 합니다. 예를 들어, 러셀 시몬스는 여러 가지 이유로 여러분의 고등학교에 참석하지 못할 수 있습니다. 따라서 연사 후보 목록을 작성할 때, 주어진 제약 사항에 따라 현실적으로 초청할 수 있는 연사들을 중점적으로 고려하는 것이 좋습니다.

원하는 연사의 연락처 정보를 확보하는 방법은 여러 가지가 있습니다. 해당 저자의 출판사 홍보부서에 직접 문의하여 연사와 연락할 방법을 확인할 수 있습니다. 책의 감사 페이지에서 저자가 에이전트, 홍보 담당자, 또는 편집자에게 감사를 표시한 경우 해당 담당자에게 문의해 볼 수도 있습니다. 또한, 유명한 연사를 찾을 때는 'WhoRepresent.com'과 같은 웹사이트를 활용하여 연락처를 찾는 것도 도움이 될 수 있습니다. 대학에 재학 중인 연사와 연락하려면 대학 홈페이지에서 해당 연구실 전화번호나 학교 대표 번호를 확인하여 학교의 조교 또는 관련 부서와 연락하여 정보를 얻을 수 있습니다. 그러나 원하는 연사에게 연락하려면 몇 차례 장거리 전화를 걸거나 여러 조교와 대화를 나눠야 할 수도 있습니다. 이러한 과정은 연사를 초청하는 중요한 단계이므로 기다림과 노력이 필요할 수 있습니다. 조교에게 원하는 내용을 설명하세요. 다음과 같이 말할 수 있습니다.

"안녕하세요, 제 이름은 레이첼입니다. 현재 뉴욕주 로체스터에 있는 드빌 고등학교에 다니고 있는 학생입니다. 저는 친구들과 함께 우리 학교 내에서 인종 문제와 인종차별에 관한 토론을 촉진하고자 노력하고 있습니다. 우리 학교 학생회는 이 주제에 관심과 열정이 많습니다.

스티븐스 교수님의 전문적인 지식과 통찰력이 우리 학교 커뮤니티에 큰 도움이 될 것으로 기대됩니다. 이에 스티븐스 교수님을 연사로 초대하여 학교에서 인종 문제와 차별에 대한 의식을 높이고자 합니다. 좋은 답변 기다리겠습니다. 감사합니다."

조교가 추가 정보를 요청할 수도 있습니다. 조교가 물어보는 내용에 대해 즉각적으로 답하지 못해도 걱정하지 마세요. "그 정보는 이메일로 보내드리겠습니다"라고 말하고, 가능한 한 이른 시일 안에 해당 정보를 잘 정리하여 조교에게 전달하면 됩니다. 동시에 대화하고 있는 조교의 이름과 연락처 정보를 얻는 것도 잊지 마세요. 강사 섭외 담당자가 다른 사람이라면 그 사람의 정보(이름과 자료를 받을 수 있는 이메일 주소)도 함께 요청하세요. 또한, 조교가 섭외할 수 있는 다른 연사를 소개해 줄 수 있는 에이전시를 추천할 수도 있습니다. 이런 경우 해당 에이전시에 연락하여 위와 동일한 내용을 전달하세요.

우편이나 팩스로 보낼 자료는 학교에 제출한 제안서보다 세밀한 내용을 담아야 합니다. 전화 통화 내용이나 학교 관계자와의 대화 중 사용한 내용을 활용할 수 있지만, 그 자료를 받을 사람은 당신의 제안을 처음 접하는 사람일 가능성이 크다는 점을 명심하세요. 따라서 이러한 자료를 보낼 때는 학교에 대한 자세한 설명과 해당 연사를 섭외하려는 이유를 명확하게 담아야 합니다. 예를 들어 "우리 학교에는 우리나라에 처음 온 동남아시아 출신 학생들이 많이 있습니다. 그들은 종종 고립되어 있고 놀림과 차별을 당하기도 합니다. 당신의 배경지식과 전문성이 이 학생들을 연결하고 돕는 데 큰 도움이 될 것으로 생각됩니다"와 같이 학교 커뮤니티의 문제와 해당 연사의 적합성을 구체적으로 강조해 주는 것이 좋습니다.

염두에 둔 강연 날짜가 있다면 편지에 해당 날짜를 명시하는 것이 중요합니다. 강연 날짜의 조정이 가능할수록 섭외 가능성도 커질 수 있다는 점을 명심하세요. 편지를 보낸 후 1~2주 정도 기다린 다음 다시 전화하여 결정이 내려졌는지 확인하는 것이 좋습니다. 조급해하지 말고 끈기 있게 기다리세요. 만약 성사되지 않을 것 같으면 섭외 가능성이 큰 다음 연사로 넘어가세요.

연사가 섭외되었다면 축하합니다! 이제부터는 연사 픽업을 도와줄 어른이 필요할 수도 있습니다. 연사가 다른 지역에 거주해 먼 여행을 해야 하거나 기차나 자동차 길 안내가 필요한 경우, 모든 것을 다시 한번 확인하세요. 방문 당일, 연사가 대중교통을 이용하여 오면, 역에서 연사를 맞아 강연 장소로 안내합니다. 연사가 차를 이용하여 오면, 주차가 편리한 장소를 추천해 줍니다. 연사가 도착하기 전에는 사용할 공간이 깨끗하게 준비되어 있는지 확인하고 연사가 마실 물도 준비해 둡니다. 연사가 강단이나 오디오 장비를 요청한 경우, 해당 장비가 잘 작동하는지 확인합니다. 학교 친구들에게 일찍 도착하여 앞자리에 앉도록 부탁하고, 필요하다면 질의응답 시간에 나눌 질문을 미리 부탁해 놓을 수도 있습니다. 비디오카메라를 가지고 있는 누군가에게 녹화를 부탁하여 학교 도서관에 사본을 제출할 수도 있습니다.

강연이 시작되면 먼저 발표자를 소개합니다. 앞서 교장이나 다른 학교 관계자가 환영 인사를 할 수도 있습니다. 강연이 끝나면 질의응답 시간을 열어 "앞으로 우리 학교가 더 열린 공동체가 되도록 어떤 제안을 하시겠습니까?"라는 질문을 던져보세요. 질의응답은 너무 길게 진행하지 말고 짧고 간결하게 유지하세요. 질의응답이 끝나면 연사와 참석한 모든 분에게 감사의 말씀을 전하세요. 행사장 뒤에는 향후 인종차별 반대 행사 준비를 함께하고 싶은 분들을 위한 참가 신청서가 비치되어 있음을 알려주세요.

연사가 캠퍼스를 떠나 집으로 안전하게 돌아갔는지 확인하세요. 연사에게 감사 메모를 보내는 것을 잊지 마세요. 연사를 학교에 초대하기까지의 전 과정을 성공적으로 처리한 것에 대해 자랑스럽게 생각하세요.

혐오 반대 운동에 동참하기

혐오 단체는 말 그대로 인종, 종교, 성적 취향, 그리고 성별을 이유로 다른 사람에게 해를 끼치는 단체를 의미합니다. 미국의 거의 모든 주에는 하나 이상의 혐오 단체가 활동하고 있습니다. 혐오 단체는 건물에 스와스티카 문양을 그리는 것부터 사람을 구타하거나 심지어 살해하는 등 다양한 폭력 행위를 저지릅니다. 남부 빈곤법률센터의 프로젝트인 Tolerance.org는 미국 전역의 혐오 단체를 모니터링하고 있습니다. 혐오 단체들은 인터넷에서도 활발하게 활동하고 있습니다.

그들과 싸우는 한 가지 방법은 그들을 드러내는 것입니다. 혐오 단체들은 대중의 관심이나 흥미를 원하지 않으며 비밀리에 활동하는 것을 선호합니다. 지역 신문 편집자에게 편지를 쓰거나 지역 및 주 정부 공무원에게 조치를 취하도록 요청함으로써 지역 사회의 다른 사람들에게 혐오 단체의 활동을 알릴 수 있습니다. 편집자에게 편지를 쓰기는 비교적 쉽지만, 글이 현지 신문에 게재되는 것은 좀 더 어려울 수 있습니다. 여기 몇 가지 유용한 팁이 있습니다.

① 먼저 여러분의 이름, 나이, 학교 등 자기소개를 하고 글을 쓰게 된 이유에 관해서 설명하세요. "저는 Tolerance.org의 혐오 지도를 통해 우리 지역에 ○○○을 포함한 여러 혐오 단체가 활동하고 있다는 사실을 알게 되었습니다."

② 다른 사람들이 이에 관심을 가져야 하는 이유에 관해 설명하세요. "우리 지역사회에서 혐오 단체의 활동이 이루어지고 있다는 사실은 우리 지역사회에 부끄러운 일입니다. 이런 일이 허용되는 곳에서 자라고 싶지 않습니다."

③ 통계를 인용하고, 관련 데이터 출처를 명시하세요.
"최근 조사에 따르면, 지난해 우리 지역에서 [특정 혐오범죄]가 [통계 수치] % 증가했습니다."

④ 시간이 있다면 지역에서 혐오범죄가 발생했는지 조사해 보세요. 도서관에 가서 경찰 기록부를 인쇄한 신문 과월호를 확인할 수 있습니다. 사서에게 사건과 관련된 범죄 통계를 살펴볼 수 있도록 도움을 요청할 수도 있습니다.

⑤ 혐오 단체와의 싸움에 도움이 될 구체적인 대안을 제시하세요. 이를 '공동행동'이라고도 부릅니다. 다음은 제안할 수 있는 몇 가지 '공동행동'입니다.

▷ 지역사회 지도자들에게 혐오 단체는 우리 지역에서 환영받지 못한다는 성명을 발표하도록 촉구합니다.

▷ 혐오범죄가 발생했을 때 경찰이 이를 인지하고 적절하게 대처할 수 있도록 훈련받을 것을 권장합니다.

▷ 지역 교육청에, 온라인에서 참여자를 적극적으로 모집하는 혐오 단체에 청소년들이 빠지지 않도록 관련 교육 프로그램을 개발하고 시행해 주길 부탁합니다.

신문사에서는 기사에 전화번호를 인쇄하지 않으며, 편지를 보낸 사람을 확인하는 용도로만 사용됩니다. 보복이 걱정된다면 이름을 빼달라고 요청할 수도 있습니다.

가능한 모든 정부와 지방 단체의 공무원들에게 편지를 보내는 것이 좋습니다. 해당 웹 사이트를 참고하거나 fiscalnote.com/find-your-legislator에서 우편번호를 입력하여 여러분 지역의 공무원을 찾을 수 있습니다. 만약 형식적인 답장만 받는다면, 공무원들의 무성의한 태도에 충격을 받았다는 내용의 후속 편지를 작성하여 신문사 편집자에게 보낼 수도 있습니다. 특히 선거가 있는 해에는 이 문제가 이슈로 떠오를 수 있으므로 최대한 목소리를 높여야 합니다.

혐오 단체에 편지를 쓰거나 어떤 식으로든 직접 대응하고 싶은 유혹을 받을 수 있지만 이는 좋은 생각이 아닙니다. 커뮤니티 구성원들이 힘을 합쳐 단결하여 행동하세요.

인종차별에 맞서는 또 다른 방법

만약 단일인종 교회(모스크, 유대교 회당)에 다니고 있는 경우, 종교 지도자에게 다른 단일인종으로 구성된 종교 단체와 함께 야유회를 개최하거나, 다른 종교 간 협력 행사를 준비할 수 있도록 해달라고 요청해 보세요. 도움이 필요한 아이들에게 개인교습 프로그램을 제공하는 뉴욕시의 정착촌과 같은 지역 커뮤니티 센터나 단체를 찾아 멘토나 튜터가 되어보세요. 물론 자신과 같은 인종의 아이에게 과외를 하게 될 수도 있습니다. 어느 경우든 여러분에게 좋은 경험이 되어줄 것입니다.

인종차별은 빈곤, 교육, 그리고 의료와 같은 사회 정의와 관련된 다양한 문제에 영향을 미치는 주요한 원인 중 하나입니다. 여러분들은 이러한 문제들을 해결하기 위한 활동을 시작할 수 있습니다. 특히, 유색인종 커뮤니티에서 관련된 활동을 하게 된다면, 인종차별이 우리 사회에 미치는 파괴적인 영향을 조금이나마 해소하는 데 일조할 수 있을 것입니다.

인종차별, 레드카드!
Show Racism the Red Card SRTRC

이 단체의 설립 배경에는 흥미로운 스토리가 있습니다. 1990년대 샤카 히슬롭은 영국 프리미어 리그에 소속된 축구 클럽인 뉴캐슬에서 골키퍼로 대활약을 펼치고 있을 때, 주유소에서 그를 향해 젊은이들이 인종차별적인 발언을 내뱉고 난 뒤에 무리중 한 명이 그가 유명한 축구선수라는 것을 알고 사인을 요청했던 사건입니다. 이 일이 일어난 뒤에 히슬롭은 자금을 출자하여 이 단체를 설립했습니다. 현재 영국 및 해외에 지부를 두고 청년들과 교사들을 대상으로 반인종차별을 촉구하기 위해 교육 프로그램, 잡지, 교육 자료를 제공하고 있으며 학교와 축구 클럽에서 워크숍을 개최하고 있습니다. 매년 10월에 개최되는 'Wear Red Day' 캠페인에 참여해 보세요. www.theredcard.org

청년 반인종차별주의 리더십 프로젝트

Young Antiracist Leadership Project, YALP

멕시코인들은 인구의 60% 이상의 사람들이 피부색에 따라 차별을 받는다고 응답 할 만큼 인종차별과 불평등이 만연하게 퍼져 있습니다. 식민지 과거에 기반을 두고 있어 쉽게 해결하기 어려운 문제이지만 청년 지도자들은 변화된 사회를 꿈꾸고 있습니다. 지역 사회를 기반으로 반인종차별 운동을 펼치는 열 명의 청년 지도자들이 전문가들과 협업하여 워크숍과 교육 프로그램을 통해 변화를 도모하고 있습니다. 공식 홈페이지는 스페인어로만 정보를 제공하고 있음을 유의하세요. https://racismo.mx

미국-아랍 차별금지위원회

American-Arab Anti-Discrimination Committee, ADC

전직 미국 상원의원이 설립한 ADC는 아랍계 미국인의 권리를 보호하고 이들의 권익 향상을 위한 다양한 활동을 시민들에게 장려하고 있습니다. ADC는 '균형 중동 정책'을 지지하고 있으며 이스라엘과 관련된 문제와 반유대주의적인 문제를 신속하게 구별하여 대응하고 있습니다. ADC는 반유대주의적인 단체가 아닙니다. 이 웹사이트에는 아랍계 미국인이 현재 관심을 두고 있는 문제, 필요한 조치에 대한 촉구, 법적 문제 등이 체계적으로 정리되어 있습니다. 그뿐만 아니라 해당 지역 지부와 연락할 수 있는 서비스와 연락처 정보도 제공하고 있습니다. www.adc.org

반 명예훼손연맹 Anti-Defamation League, ADL

반 명예훼손연맹(ADL)은 거의 백 년 동안 반유대주의와 편견에 맞서 싸워왔습니다. 그들의 사명은 유대인의 명예가 훼손당하지 않도록 하고, 유대인에 대한 사회적 정의와 공정한 대우를 확보하는 것입니다. 이 웹사이트는 인터넷상에서 유대인에 대한 증오, 대중문화에서의 반유대주의, 홀로코스트, 미국의 극단주의, 테러 등 다양한 주제를 포괄적으로 다루고 있습니다. www.adl.org

F.A.I.R.의 인종차별 방지 데스크

F.A.I.R.'s Anti-Racism Desk

'F.A.I.R Fairness and Accuracy in Reporting' 미디어의 편견과 검열을 추적하는 감시 단체입니다. 이 단체의 인종차별 반대 데스크에서는 뉴스 매체에서 다루고 있는 소수자들에 대한 "허위 진술, 소외, 배제"에 관한 내용이 정리되어 있습니다. 주제별 가이드, 최근 인종차별적 발언이나 행동에 대한 링크, 이에 대한 대응도 확인할 수 있습니다. www.fair.org

인종 문제와 경제 정의를 위한 유대인들

Jews for Racial and Economic Justice

뉴욕에 본부를 둔 '인종 문제와 경제 정의를 위한 유대인들'은 반인종주의와 사회 정의 문제에 유대인 공동체가 나설 수 있게 지원하고 있습니다. 이 단체는 아이티 이민자인 아마두 디알로Amadou Diallo에 대한 경찰 총격 사건에 항의하였으며, '감옥 반대 유월절'과 같은 대안적인 유대인 의식을 시행하기도 했습니다. 이 웹사이트에는 관련 활동 정보, 영감을 주는 이야기, 그리고 유용한 링크가 정리되어 있습니다. www.jfrej.org

전미 유색인 지위 향상 협회

National Association for the Advancement of Colored People, NAACP

1909년에 설립된 'NAACP'는 설립 이후부터 현재까지 인종 분리, 차별, 그리고 인종차별 문제 해결을 위한 투쟁의 최전선에 서 왔습니다. 'NAACP'는 평등 고용 기회 법Equal Employment Opportunity Act과 투표권법Voting Rights Act을 비롯한 수많은 시민권법의 제정을 촉진하고 있습니다. 현재는 주로 아프리카계 미국인 및 다른 소수 민족의 권리를 보호하고 강화하는 데 활동 역량을 집중하고 있습니다. 이 웹사이트를 방문하여 현재 진행 중인 'NAACP'의 활동에 대해 알아보고, 'NAACP'가 다룬 역사적 사건과 선거에서의 투표 중요성에 대해 더 알아보세요. www.naacp.org

전미 도시연맹 National Urban League

전미 도시연맹의 주요 목표는 아프리카계 미국인들에게 힘을 실어주고, 이들이 경제적으로나 문화적으로 사회에 완전히 참여할 수 있도록 지원하는 것입니다. 이 단체는 교육, 경제적 자립, 그리고 자립 활동이라는 세 가지 주요 분야에 집중하고 있으며, 이와 관련된 다양한 정보를 이 웹사이트에서 찾아볼 수 있습니다. 아이디어를 구상하거나 관련 자료를 조사하는 데 유용한 내용들이 많으며, 가입할 수 있는 지역 그룹에 대한 링크도 제공하고 있습니다. www.nul.org

남부 빈곤 법률 센터 The Southern Poverty Law Center

1960년대 시민권 운동의 영향을 받아 성장한 남부 빈곤 법률 센터는 혐오 단체를 추적하는 활동을 하고 있습니다. 또한, 인종차별 문제를 법률적으로 지원하고 해결하는 역할을 하고 있습니다. 그들은 1965년 투표권법Voting Rights Act을 비롯하여 여러 역사적인 대법원 사건을 담당해 왔습니다. 이 웹사이트에서는 시민권의 역사, 현재 법적으로 진행 중인 사건, 그리고 단체 활동에 참여하는 방법에 대한 정보를 제공하고 있습니다. www.splcenter.org

Tolerance.org

이 웹사이트는 남부 빈곤 법률 센터Southern Poverty Law Center에서 학생들을 위해 진행하고 있는 프로젝트 웹사이트입니다. 웹사이트는 청소년 섹션과 어린아이들을 위한 섹션으로 분리되어 있습니다. 증오심 표현과 인종차별적 가사에 관한 토론과 함께 「증오에 맞서 싸우는 101가지 방법」이라는 책자가 있습니다. 또한 활동에 영감을 줄 수 있는 청소년들의 프로필이 있으며 인종차별에 대해 주변 사람들과 논의하는 방법에 대한 팁도 있습니다. 이 프로젝트에서 진행하고 있는 'Mix it Up'은 청소년들이 점심시간에 다른 민족의 친구들과 친구를 사귀도록 장려합니다. www.tolerance.org

인종차별에 반대하는 청소년 Youth Against Racism

세 명의 청소년이 설립한 이 웹사이트에는 다른 활동가와 연결할 수 있는 게시판, 참여해야 하는 이유 목록 및 시작 방법에 대한 팁이 있습니다. 인종차별 사건이 발생하는 것을 막기 위해 다양한 청원서에 서명할 수도 있습니다. "주의! 자주 업데이트되지 않습니다." www.angelfire.com/rebellion/youthagainstracism

프로젝트 체인지 Project Change

이 프로젝트는 리바이스로부터 기업 자선 활동 지원을 받고 있습니다. 이 웹사이트에는 프로젝트가 진행되고 있는 다양한 지역사회 활동 내용들이 정리되어 있습니다. 인종차별 반대 자료 가이드, 지역 사회 활동가 툴킷 등 관련 자료들도 내려받을 수 있습니다. www.projectchange.org

인종, 인종차별, 그리고 법 Race, Racism, and the Law

이 웹사이트는 데이튼 대학교의 법학 교수인 버넬리아 R. 랜들이 만들었습니다. 차별과 관련된 법적 문제에 관심이 있다면, 이 웹사이트에서 관련 정보를 확인할 수 있습니다. 또한, '미국 인종 관계 Race Relations in America'라는 설문조사에 대한 링크도 제공하고 있습니다. racism.org

리얼
스토리

치카의 이야기

치카 오두아는 조지아주 리코니아에 거주하고 있는 열여덟 살의
참블리 차터 고등학교 졸업반 학생입니다.

저는 신념이 확고한 편입니다. 만약 제 신념이 침해당하고 있다
고 생각된다면, 목소리를 높여서 저의 생각을 표현할 거예요. 제 부
모님은 가끔 인종 비하 발언을 하세요. 그럴 때마다 부모님과 논
쟁을 벌이곤 해요. 저는 나이지리아 출신이어서 나이지리안 문화
에서는 아이들이 부모님에게 말대꾸하는 것이 절대 허용되지 않
아요. 그래서 부모님께서 인종 차별적인 발언을 할 때마다 참 힘
이 들어요. 부모님께 버르장머리 없는 아이가 되고 싶지 않거든요.
그러나 우리 부모님께서 타인에게 무례한 사람이 되는 것 또한 저
는 원치 않아요. 부모님께서 "일본 사람들은 운전을 못해"와 같은
말을 아무렇지 않게 하지 않으셨으면 좋겠어요. 그 이유는 사실이
아니기 때문이에요. 부모님은 그들의 무지함과 무례함을 저에게

전하려고 노력하지만, 저는 그들의 잘못된 행동을 따르고 싶지 않아요. 이런 모습 때문에 때로는 부모님은 제가 버릇이 없다고 생각하실 수 있어요. 하지만 제가 부모님의 말에 반박함으로써 그들이 자신들의 인종차별적인 언행에 대해 한 번 더 생각하고 돌아볼 수 있게 된다면, 그것 역시 좋은 일이 아닐까 생각이 들어요.

저는 국제 앰네스티 회원이자 '아이볼리쉬'라는 노예제 폐지 인권 단체의 회원으로 활동하고 있어요. 구글에서 '인권 단체'라는 키워드로 검색한 후, 면밀한 조사를 통해 정식 회원으로 가입하게 되었어요. 현재는 '아이볼리쉬'의 '자유행동 네트워크'라는 주간 뉴스레터를 구독하고 있는데, 이 뉴스레터는 "호주는 성노예로 일을 시키기 위해 베트남 아이들을 데려오고 있습니다"와 같은 소식을 알려줘요. 뉴스레터는 단순히 소식을 전하는 것뿐만 아니라 이를 막기 위해 현재 우리가 할 수 있는 일에 대해서도 안내하고 있어요. 예를 들면 호주 대통령이나 베트남 총리, 우리나라 대통령에게 편지 보내기 캠페인 같은 것 말이에요. 뉴스레터는 우리가 이들에게 직접 편지를 보낼 수 있도록 관련 주소와 팩스, 전화번호 등의 정보도 함께 제공하고 있어요.

뉴스레터를 받은 후에는 신문과 인터넷을 통해 더 자세히 조사하는 편이에요. 케냐 대통령과 가나 대통령에게는 자국의 성노예, 피부색에 따른 차별을 포함한 다양한 형태의 노예제, 아동 노동법 문제 등과 관련해 우려를 제기하며 이 문제에 대한 조치를 취할 것을 촉구하는 내용의 편지를 보내기도 했어요. 형식적으로든 대개 답장을 받는데, 한 번은 케냐 정부로부터 "많은 사람들이 청원하고 편지를 보내주셔서 현재 법을 개정하는 중입니다"라는 내용의 답장을 받은 적이 있어요. 그 순간 정말 뭔가 해냈다는 기분이 들었어요. 학교에서 이런 이야기를 할 때 "아, 그래? 잘됐네!"라고 반응하는 친구들도 있지만, 대부분은 그냥 듣고 흘려버려요. 해당 주제에 관해 이야기도 많이 나누고, 관심을 표하며 관련 정보도 많이 묻지만, 실제로 행동으로 옮기는 사람은 생각보다 많지 않아요. '행동에 옮기느냐 옮기지 않느냐'가 활동가와 그렇지 않은 사람들 간의 차이점이라고 생각해요.

학교에서는 '니아 우모자Nia Umoja'라는 다문화 연합과 인식 개선을 위한 그룹에 속해 있어요. '니아 우모자'는 스와힐리어로 '목적과 단결'이라는 뜻이에요. 저는 이 그룹에서 공동대표를 맡고 있어요. 학교에는 여러 나라에서 온 학생들이 많아서 국제적인 다양성을 기념하기 위해 올해 첫 번째 국제 페스티벌을 개최하게 되었어요. 외국 영화제, 댄스 수업, 장기 자랑, 교내 집회가 진행될 예정이고, 특별 점심식사도 준비될 예정이에요. 또한, 고정관념을 깨자는 내용의 팻말도 학교 곳곳에 많이 붙일 예정이에요.

우리 학교 교장 선생님은 보수적인 편이어서 장기 자랑을 원하지 않으셨어요. 우리는 몰래 쇼케이스라고 부르고 있는데, 교장 선생님께서 왜 싫어하시는지는 말씀은 안 하셨지만 아마도 랩 음악이 많이 나오고 소란스러울 것으로 생각하셔서 싫어하시는 것 같아요. 실제로는 인도 춤과 프랑스 노래만 나올 뿐인데 말이에요.

영화제는 제 아이디어였어요. 저는 영화를 정말 좋아하거든요. 영화제에서는 인도 영화 두 편, 나이지리아 영화 두 편, 에티오피아 영화 한 편, 프랑스 영화 한 편, 그리고 남아프리카 뮤지컬을 상영해요. 문화예술은 사람들로 하여금 귀 기울이게 만드는 힘이 있는 것 같아요. 사람들은 같은 주제라도 그것을 음악이나 영화 같은 장르를 통해 접할 때는 흥미를 보이면서도, 그 주제에 관한 사실을 전달하면 "그거 학교에서 배웠잖아"라고 시큰둥한 반응을 보이곤 해요. 영화제를 개최하기까지 정말 많은 어려움이 있었어요. 무엇보다 모든 사람으로 하여금 마감일을 지키도록 독려하는 것이 가장 힘들었어요.

만약 당신이 활동가가 되기로 결정했다면, 활동가는 결코 혼자서 행동하는 사람이 아니라는 점을 꼭 기억하면 좋겠어요. 모든 인권 운동가들은 함께 협력해야 해요. 저의 니아 우모자에서의 활동과 부모님의 부적절한 행동에 대한 문제 제기는 별개의 문제에요. 시를 읽고, 시를 쓰는 것은 모두 시와 관련된 중요한 활동이에요. 많은 사람들이 사회를 변화시키기 위해선 마틴 루터 킹이나 간디처럼 위대한 지도자가 되어야 한다는 큰 오해를 가지고 있는데, 이는 사실이 아니에요. "나는 인권 운동가입니다"라고 말하는 것만으로도 사람들에게 영감을 줄 수 있어요. 사람들에게 영감을 준다면 그게 바로 변화를 이뤄낸 것이에요. 치카가 언급한 그룹에 대한 자세한 내용은 www.iabolish.org, www.amnestyusa.org 에서 확인하세요.

엠마뉴엘 이야기

엠마뉴엘 테더는 사우스캐롤라이나주 달링턴에 있는 고등학교에 재학 중인 열여덟 살 학생입니다.

저는 사우스캐롤라이나주 달링턴에 위치한 'CAFE'라는 단체에서 활동하고 있어요. 'CAFE'는 공정 고용을 위한 캐롤라이나 연합 Carolina Alliance for Fair Employment의 약자로, 1960년대 민권 운동에서 시작된 풀뿌리 조직이에요. 제가 'CAFE'와 처음 인연을 맺은 건 지금으로부터 7년 전, 아주 어렸을 때였어요. 현재 'CAFE'의 전무이사인 캐롤 비숍이 우리 가족과 친분이 있어서, 그녀가 저를 'CAFE' 모임에 데려가 줬어요. 그 모임은 성인을 대상으로 하는 모임이었는데, 저는 청소년 분야에도 중요한 이슈가 많을 것 같다고 생각했어요. 그래서 청소년 모임을 만들어도 되는지 물어봤어요. 'CAFE' 역시 이 제안을 좋은 아이디어로 받아들여, 달링턴 주에서 첫 번째 청소년 지부 활동을 시작하게 되었어요. 현재는 달링턴 주에 총 열네 개의 청소년 지부가 있고, 약 백오십 명의 청소년 회원이 함께 활동하고 있어요.

성인 지부에서는 노동자의 권리와 같은 문제를 다루고, 청소년 지부에서는 주로 학생의 권리, 역량 강화, 리더십 개발과 같은 청소년 관련 문제에 중점을 두고 있어요. 또한, 고속도로의 일부를 청소하고 유지 관리하는 '고속도로 한 구간 책임지기'와 같은 다양한 지역사회 봉사 활동에도 참여하고 있어요. 최근에는 히스패닉계 지원 활동에 적극 참여하고 있어요. 사우스캐롤라이나에도 히스패닉 인구가 늘어나고 있는데, 그들과 함께 문제를 해결하고 지역 사회에 기여하고자 하는 목표를 가지고 있어요. 달링턴 청소년 지부의 가장 큰 성공 사례 중 하나는 지역 학교 시스템의 인종적 불균형을 해소한 거예요. 우리 학교에는 성취Achievement, 리더십 Leadership, 탐구Exploration, 연구Research, 기술Technology의 약자를 따서 'ALERT'라 부르는 프로그램을 운영하고 있어요. 이 프로그램은 3학년부터 6학년까지 참여하는 프로그램으로 매주 금요일 정규 수업이 끝나고 운영되고 있어요. 이 프로그램에 참여하면 수학, 논리력, 지리, 기술 등 다른 수업에서 배우는 것보다 조금 더 높은 수준을 배울 수 있어요. 학교 시스템을 통해 이 프로그램에 참여할 학생들을 선발하는데 유색 인종과 소수 민족의 참여가 매우 저조하다는 문제가 있었어요. 학교에서 학생이나 학부모에게 이 프로그램에 대한 안내문을 보내지 않았기 때문에 많은 사람들이 이 프로그램에 대해 알지 못하고 있었어요. 학교 시스템은 '엘리트'를 위한 것이었어요.

이러한 상황을 해결하기 위해 가장 먼저 이 프로그램의 운영 실태를 파악해 보았어요. 프로그램이 어떻게 운영되어 왔고 학교가 이에 대해 어떤 책임을 지고 있는지 조사해 보았어요. 우리의 관점에서는 교육을 담당하는 담당 기관의 문제가 상당한 부분을 차지하고 있었어요. 먼저, 학교가 학부모와 학생들에게 이

프로그램을 알리지 않아 학생들이 지원조차 할 수 없었어요. 학교는 모든 학생을 대상으로 고려하지 않고 특정 아이들만을 영재로 선정하여 프로그램을 운영해 왔어요. 또한, 프로그램에 참여할 학생을 선정하는 기준에 대한 명확한 지침이 부재한 상황이었어요. 우리는 학부모, 교사, 학생들에게 이 프로그램에 대한 정보를 전하고, 프로그램에 참여할 학생을 선발하는 과정을 더욱 공정하게 만들고자 했어요.

우리는 애틀랜타 교육청의 시민권 사무소에 고발장을 제출했어요. 이제 'ALTER' 프로그램은 학부모, 교사, 학생에게 프로그램에 대한 정보와 프로그램에 참여하기 위한 자격 요건을 설명하는 보고서를 매년 발송해야 해요. 또한, 프로그램 내에 더 많은 유색 인종을 모집하기 위해 노력하게 되었어요. 우리 청소년 그룹은 큰 성공을 거두게 되었고 확고하게 자리 잡을 수 있게 되었어요. 개인적인 경험으로 말해보자면, 제가 그 연령대였을 때는 'ALERT' 프로그램에 참여하는 소수인종이 거의 없었기 때문에 이 구조가 바뀌는 것을 보고 정말 기뻤어요. 학교에 다니면서 학교 시스템에 도전하는 것은 정말 어려운 일이며 큰 도전인 것 같아요. 많은 청소년들이 징계를 받을까 두려워하여 참여를 꺼리기도 해요. 문제를 제기함으로 인해서 학교를 졸업하지 못하거나 좋은 교육의 기회를 얻지 못할까 두려워하는 것은 충분히 이해할 수 있는 일이에요. 이에 따라 회원들 사이에서 합의점을 찾기 어려운 순간도 있었어요. 학생들이 학교 이사회를 압박하고 어떤 한계를 넘어서는 것에 대한 우려를 표명하는 학부모들도 있었어요. 그들은 자녀가 학교나 교육청으로부터 괴롭힘을 당하지 않을까 우려했기 때문이에요. 저는 청소년들도 자신들의 행동으로 인해 손해를 감수해야 할 일이 있을 수 있다는 점을 알고 있다고 생각해요. 이를 알면서도 결국에는 행동하는 것을 선택할 것이라고 생각해요.

사람들은 종종 자신이 변화를 만들 수 없다고 생각해요. 이게 또 다른 어려움이에요. 저는 이런 사람들에게 교육을 제공하고, 그들에게 힘을 실어줄 수 있는 기술과 도구를 제공하고 싶어요. '나는 아무것도 바꿀 수 없다.'라는 생각이나 '내가 하는 일은 중요하지 않아.'라는 생각을 버리게 하고 싶어요. 이런 사람들은 여러 명이 함께할 때 더 쉽게 변화를 만들어낼 수 있다는 것을 알아야 해요. 다섯 손가락이 제각각이면 힘이 제대로 쓸 수 없어요. 그러나 다섯 손가락이 함께 모이면 세게 주먹을 날릴 수 있어요. 마찬가지로 함께하면 변화를 만들 수 있다는 것을 사람들이 알면 돼요. 혼자서는 어려울지라도 함께 힘을 합치면 무엇이든 할 수 있어요.

브레인 스토밍

◐ 다양한 배경을 가진 친구들과 어떻게 소통하고 이해할 수 있을까요?

◐ 다문화 사회에서 상호 이해와 협력을 증진시키기 위해 학교에서 어떤 행사를 개최해 볼 수 있을까요?

◐ 다문화 사회에서의 다양성을 존중하는 학생들을 위한 동아리나 그룹을 만드는 방법은 무엇일까요?

◐ 학생들 간의 다양성을 존중하고 인종 차별을 예방하기 위한 학교 정책에 어떤 제안이 있을까요?

◐ 인종 차별에 대한 토론과 대화를 촉진하기 위해 어떤 토론 주제가 적절할까요?

◐ 인종 차별을 예방하고 다문화 사회를 향한 긍정적인 태도를 유도하는 데에 어떤 게임이나 활동이 도움이 될까요?

직접 행동

◗ 인종차별 문제 해결을 위한 SNS 챌린지가 있는지 확인해 보고 참여해 보세요.

◗ 우리 지역의 다문화 센터를 찾아보고 방문해 보세요.

◗ 인종차별과 관련하여 본문에 나와 있는 테스트 외 다른 테스트에는 어떠한 것들이 있는지 알아보세요.

◗ 인종차별과 관련된 우리나라 영화는 무엇이 있는지 알아보고 부모님과 함께 이야기를 나눠보세요.

◗ 학교 내 다양한 배경을 가진 친구에 대해 생각해 보고 나는 어떻게 대하고 있는지 정리해 보세요.

◗ 학교에서 이 문제와 관련하여 강연을 준비한다면 누구를 초청하고 싶은지 리스트를 써보세요.

◗ 주변에 인종차별을 하는 사람은 없는지 떠올려보세요. 있다면 어떻게 권할 수 있을지 생각해 보세요.

스와스티카 swastika

오른쪽으로 향하는 네 개의 꺾인 선으로 이루어진 십자 모양의 고대 심볼로 인도, 동아시아, 그리스 등 여러 문화에서 오랫동안 사용되어 왔습니다. 삶과 죽음의 순환, 불교의 네 가지 덕목(지혜, 자비, 정진, 인내), 그리고 행운과 상서로움의 상징으로 사용되어 온 이 심볼은 20세기 초 나치 독일의 상징으로 채택되었습니다. 나치에 의해 사용된 스와스티카는 전통적인 문양과 반대로 왼쪽으로 향하는 방향으로 꺾인 선으로 이루어져 있습니다, 이 반대 모양의 상징은 나치의 악행 이후 현재까지도 많은 논란을 불러일으키는 문양이 되었습니다.

북아일랜드 분쟁

1960년대 후반부터 1998년까지 영국령 북아일랜드에서 발생한 분쟁입니다. 북아일랜드 분쟁의 원인은 크게 두 가지로 나눌 수 있습니다. 첫 번째 원인은 아일랜드와 영국 간에 벌어진 통일 문제였고 두 번째 원인은 가톨릭교도인 아일랜드인과 개신교도인 영국인 간의 종교적 갈등이었습니다. 1998년 '벨파스트 협정'이 체결되기 전까지 삼십여 년간 진행된 분쟁으로 약 3,500명의 사망자와 50,000명 이상의 부상자가 발생하였습니다.

러셀 시몬스 Russell Simmons

미국의 음악 프로듀서 겸 기업가입니다. 프로듀서 릭 루빈Rick Rubin과 함께 힙합 레이블인 데프 잼Def Jam을 설립하여 런디엠씨Run-DMC, 제이지Jay-Z, 칸예 웨스트Kanye West 등 힙합 역사에 있어 영향력 있는 아티스트들을 발굴하였습니다. 힙합 패션 브랜드 팻팜Phat Farm을 창업한 힙합 산업계의 선구자로 힙합 문화의 확산과 발전에 크게 기여한 것으로 평가받고 있습니다.

라마단 Ramadan

이슬람교에서 가장 중요한 종교 행사 중 하나입니다. 라마단 기간은 이슬람교 달력으로 9월에 진행되며, 음력의 특성상 매년 조금씩 달라지지만 보통 9월이나 10월에 진행됩니다. 라마단 기간동안 이슬람 신자들은 이슬람 교훈에 따라 일출에서 일몰까지 음식, 음료, 흡연 등을 하지 않고 기도와 자선 활동에 전념합니다. 라마단을 통해 이슬람 신자들은 신앙심을 강화하고, 가난한 사람들을 배려하는 마음을 키우며, 더 나은 삶을 살아가기 위한 다짐을 합니다.

마틴 루터 킹 데이 Martin Luther King Jr. Day

미국의 흑인 인권운동가 마틴 루터 킹 주니어를 기리기 위한 미국 연방 공휴일입니다. 매년 1월 셋째 월요일을 마틴 루터 킹 데이로 지정하여 미국 전역에서 다양한 기념행사가 열립니다. 마틴 루터 킹 주니어는 1929년 1월 15일에 미국 조지아주 애틀랜타에서 태어나 1968년 4월 4일 암살당하기 전까지 비폭력주의를 바탕으로 흑인 인권운동을 이끌었습니다. 그가 1963년 워싱턴 D.C.에서 했던 "I Have A Dream" 연설은 인종 차별 철폐를 위한 강력한 의지를 담은 연설로 유명합니다.

Environment

개념 장착

오늘날 우리가 당면한 사회 문제를 해결하는 활동가가 되기로 마음먹은 청소년이라면 누구나 환경 문제에 대해 함께 고민할 것입니다. 자연의 아름다움에 둘러싸여 있든 도시에 살고 있든, 우리는 숨 쉬고, 마시고, 먹는 것을 통해 환경에 영향을 받습니다. 오염, 인구 과잉, 자연 서식지 파괴 등 우리는 결코 좋아질 것 같지 않은 전 지구적인 위기를 목도하고 있습니다. 모든 생명체는 오염 물질과 독소로부터 자유로운 삶을 살 자격이 있으며, 자연을 파괴하는 대신 자연을 존중해야 한다는 믿음이 사람들로 하여금 환경 문제 해결을 위해 노력하게 만듭니다.

'환경을 보호하자'라는 주제는 모두가 동의할 수 있는 주제처럼 보이지만, 안타깝게도 그렇지 않습니다. 환경을 보호하자는 주장에 반대하는 사람은 드물지만, 환경 문제를 어떻게 정의하느냐는 복잡한 문제입니다. 예를 들어, 경제적으로 취약한 지역에는 주로 폐기물 처리 시설, 쓰레기 처리장, 발전소 및 다른 환경 위험

요소들이 집중적으로 위치할 가능성이 큽니다. 이러한 환경 오염 시설은 이 지역의 주요 산업으로 인식될 수 있습니다. 이런 지역 커뮤니티에서 환경 문제를 해결한다는 것은 이러한 시설들을 줄인다는 의미로 해석될 수도 있습니다. 다시 말해, 환경 문제는 해결되지만 그 지역 사람들의 일자리가 없어지거나 경제적 자립이 어려워진다는 말로도 해석될 수 있습니다. 환경 분야에서 활동하는 활동가들은 이러한 복잡한 문제에 대해 다양한 측면을 고려할 수 있어야 하고 종합적인 해결책을 마련할 수 있어야 합니다.

1990년대 초에 벌어진 점박이올빼미 논쟁은 정치적이고 분열적인 양상을 띤 환경 문제의 대표적인 사례입니다. 멸종 위기법에 따라 올빼미의 서식지를 보존하기 위해 태평양 북서부 지역의 연방 토지에 대한 모든 벌목이 중단되었습니다. 이에 따라 벌목 산업과 관련된 일에 종사하던 많은 지역 주민들이 불행해졌습니다. 이 문제를 둘러싸고 올빼미 서식지를 보존하자는 그룹과 벌목 산업에 종사하는 사람들 간 의견 대립이 양극화되었고, 서로 간의 감정이 격해지게 되었습니다. 벌목업자들은 환경운동가들이 자신들의 생계를 빼앗으려 한다고 비난했습니다. 환경운동가들은 벌목업자들이 자신들의 이익을 위해 숲을 벌목하려 한다고 비난했습니다. 이 갈등은 1994년 북서부 산림 계획이 채택될 때까지 계속되었습니다. 미국 어류 및 야생동물 관리국에서 만든 이 계획에는 환경운동가와 벌목 산업계 모두의 의견이 반영되었습니다. 이 계획은 벌목 제한을 통해 오래된 숲의 일부 구간을 보존하여 생태계를 관리하면서도, 벌목 제한에 영향을 받는 지역에는 다른 유형의 경제 개발을 도입할 수 있도록 허용하였습니다. 그 과정에서 약간의 논란도 있었지만, 모두가 창의적인 해결책에 개방적인 태도를 보임으로써 양측 모두 원하는 바를 어느 정도 얻을 수 있었고, 결국 잘 해결될 수 있었습니다.

환경 문제는 종종 전 지구적인 차원의 해결책이 필요합니다. 대서양의 한 지역에서 기름이 유출되면 그곳에서 수천 마일 떨어진 해안으로 흘러 들어갈 수 있습니다. 대기 오염 물질은 훨씬 더 멀리 이동할 수 있습니다. 정화 비용은 누가 부담하나요? 그린피스, 유엔환경계획UNEP과 같은 국제 환경 단체는 전 지구적 관점을 채택하고 있습니다. 이들 단체는 각국 정부가 국제 환경 조약에 서명하거나 이를 준수하도록 장려하는 대규모 캠페인을 진행하고 있습니다. 또 다른 전 지구적 관점의 환경운동은 원자력과 핵무기의 확산을 막고, 열대우림과 기타 지역 서식지를 보호하며, 선진국이 개발도상국으로 폐기물을 보내 처리하는 '덤핑' 관행을 막는 문제에 초점을 맞추고 있습니다. 가난한 나라는 일자리를 창출하기 위해 어쩔 수 없이 폐기물을 받아들여야 하지만, 환경적으로 큰 대가를 치르게 됩니다. 이러한 분야에서 활동하는 다른 사람들과의 연대활동을 통해 환경 운동에 참여할 수도 있습니다.

여러분이 살고 있는 지역에서도 환경 운동에 참여할 수 있는 기회가 많이 있습니다. "전 지구적으로 생각하고 지역적으로 행동하라."라는 말이 특히 여기에 해당합니다. 여러분 개인이나 가정,

학교, 커뮤니티가 살아가는 방식을 바꾸는 것만으로도 환경에 큰 영향을 미칠 수 있습니다. 다른 사람들이 행동에 나서도록 영감을 줄 수 있습니다. 환경 운동은 강력한 문화적 측면도 포함하고 있습니다. 많은 문학, 예술, 영화, 철학의 위대한 작품에는 자연에 대한 사랑과 이를 기념하고 보존하려는 열망이 담겨 있습니다. 여러분도 이 분야에 참여할 수 있습니다. 또한, 환경 운동은 오래된 사회 활동 중 하나로, 잘 구성된 조직과 여러분의 참여를 환영하며 기다리고 있는 다양한 단체들이 많이 있습니다. 환경운동가로 나서는 것은 여러분이 세상을 경험하는 방식에도 영향을 미치게 됩니다. 여러분이 호흡하는 모든 숨이 환경을 보호하고 회복하는 과정의 일부가 될 것입니다.

환경 발자국 측정

환경 발자국은 여러분이 환경에 미치는 모든 영향들을 한데 합하여 놓은 것입니다. 여러분이 얼마나 많은 에너지를 소비하는지, 얼마나 많은 쓰레기를 만들어 내는지 환경 발자국을 통해 알 수 있습니다. 온라인에는 여러분의 환경 발자국을 측정하는 데 도움을 줄 수 있는 퀴즈들이 많이 있습니다.

이러한 퀴즈 프로그램들은 "대중교통을 얼마나 자주 이용하시나요?"와 같은 일련의 질문을 던진 다음, 여러분이 얼마나 많은 지구의 자원을 사용하고 있는지 알려줍니다. 여러분이 답한 내용에 따라 환경 발자국을 줄이는 일반적인 방법에 대한 팁도 얻을 수 있습니다. 환경 발자국 퀴즈를 푸는 것은 우리 개개인이 지구 환경 문제에 얼마나 기여하고 있는지를 깨닫게 해주는 좋은 방법이 될 수 있습니다. 상황을 바꾸기 위해 무엇을 할 수 있는지도 명확하게 보여줄 것입니다. 퀴즈에서 제안하는 몇 가지 방법을 실행해 본 후 6개월 뒤 다시 퀴즈를 풀어보세요. 여러분의 환경 발자국이 얼마나 줄어들었을지 알아보세요.

집안 환경 개선하기

여러분이 살고 있는 집이나 아파트는 여러분에게 가장 익숙한 환경입니다. 학교를 제외하면 다른 어느 곳보다 많은 시간을 보내는 곳일 겁니다. 하지만 평균적인 미국 가정은 필요 이상으로 많은 에너지를 소비하고 세계 어느 곳과도 비교할 수 없을 정도로 많은 쓰레기를 배출합니다. 다행히 여러분의 친환경 지수를 개선하는 것은 어렵지 않습니다. 몇 가지만 바꾸면 여러분이 살고 있는 집이나 아파트의 에너지 효율은 높이면서도 덜 해로운 환경을 만들 수 있습니다. 아마 비용도 절약할 수 있을 것입니다. 한 번에 모든 환경 개선 작업을 수행할 필요는 없으며 부분적으로 해결해 나가는 것이 좋습니다. 다음은 여러분의 가정에 관해 물어볼 몇 가지 질문과 여러분 가정의 친환경 지수를 높일 수 있는 몇 가지 해결책입니다.

① 어떤 종류의 전구를 사용하고 있나요?

상점에서 '에너지 효율이 높은' 백열전구를 살 수 있지만 실제로는 그렇게 많이 절약하지 못합니다. 백열전구보다 최대 1만 시간 더 사용할 수 있고 에너지는 75% 더 절약할 수 있는 소형 형광등을 설치하는 것이 훨씬 효과적입니다. 형광등의 초기 비용은 더 비싸지만 수명은 훨씬 길어 시간이 지남에 따라 약 50%의 비용을 절약할 수 있습니다. 형광등의 품질에 이의를 제기하는 사람들도 있지만, 최근에는 형광등이 개선되어 빛이 훨씬 부드러워졌습니다. 형광등은 한 시간 이상 켜놔야 실제 에너지 절약 효과가 나타납니다. 따라서 욕실이나 차고처럼 불을 그렇게 오래 켜놓지 않는 곳에 형광등을 설치하면 큰 효과를 기대하기 어렵습니다. 또한, 타이머나 조광기와 함께 사용할 수 없습니다.

소형 형광등이 작동하지 않을 때는 할로겐 조명을 사용해 보는 것도 좋습니다. 할로겐 조명은 백열전구보다 더 적은 와트로 더 밝은 빛을 얻을 수 있습니다. 다만, 할로겐 전구는 매우 뜨거울 수 있으므로 커튼이나 불이 붙을 수 있는 물건과 접촉할 수 있는 곳에서는 사용하지 마세요.

그 외에도 밤늦게 집에 도착했을 때 조명이 자동으로 켜지도록 타이머를 설치하거나 저전력 전구를 사용하는 램프를 선택할 수 있습니다. 실외 조명이 필요한 경우에는 태양광으로 충전되는 것을 구매하세요. 무엇보다 햇빛이 가장 경제적이라는 사실을 잊지 마세요. 가능하면 인공조명은 해 질 녘까지 아껴두고 집 안의 자연광을 최대한 활용하세요.

② 가능하면 식품을 대량으로 구매하나요?

식료품을 구매할 때 가끔 음식 자체보다는 포장재가 더 많이 들어 있는 경우가 있습니다. 전자레인지용 팝콘과 같이 종이 상자 안에 비닐봉지가 들어 있고, 봉지 안에 또 다른 종이봉투가 들어 있는 제품들이 그런 것들입니다. 이런 제품들은 편리함을 위해 많은 자원을 소비하고 있습니다. 건강식품점에 가면 슈퍼마켓에서 볼 수 있는 사탕이나 견과류 믹스보다 더 많은 종류의 상품들이 대용량으로 판매되고 있습니다. 밀가루, 파스타, 수프, 팝콘, 쌀 등을 비롯하여 다양한 상품들이 준비되어 있으며 덤으로 모두 유기농 제품일 가능성도 높습니다. 낱개 포장된 식품 대신 대용량으로 구매하면 포장재로 사용되는 목재 펄프(숲을 파괴해서 만든)의 소비를 줄일 수 있을 뿐만 아니라 더 저렴하게 구매가 가능합니다. 봉지나 가방을 가지고 가는 것도 환경에 도움이 됩니다. 일부 매장에서는 개인 용기를 가져가서 매장에 들어가기 전에 용기의 무게를 재고, 구매가 끝났을 때 내용물과 함께 무게를 재측정하여 물건 값을 지불하는 시스템을 갖춰 놓기도 했습니다.

③ 가능하다면 유기농 식품을 구매하나요?

유기농은 지구와 우리 경제에 더 좋은 영향을 미칩니다. 농부들이 살충제나 인공 비료를 사용하지 않고 작물을 번갈아 가며 재배하기 때문에 토양의 영양분을 빼앗지 않습니다. 또한, 정부 보조금을 받는 대규모 농업과는 달리 유기농 농장은 규모가 작고 가족 소유인 경우가 많습니다. 농장 협동조합에 가입하면 현지 가족 농장에서 나는 제철 농산물을 받아볼 수 있는 지역도 있습니다.

④ 공기 정화에 도움이 되는 관엽식물이 있나요?

네, 있습니다. 집을 아름답게 꾸미는 동시에 더 건강하게 만들 수 있습니다. 식물은 산소를 내뿜을 뿐만 아니라 공기 내의 포름알데히드, 벤젠, 가정용 세제, 드라이클리닝에서 방출되는 기타 화학물질을 정화하는 데도 도움이 됩니다. 실내 공기 정화에 좋은 식물로는 아글라오네마(중국 상록수), 스파티필룸(평화 백합), 신고니움(화살촉 덩굴), 헤데라(잉글리쉬 아이비), 드라세나(수레국화), 신답서스(악마의 담쟁이덩굴) 등이 있습니다. 데이지와 국화도 좋은 선택입니다. 일반적으로 집 1500평방피트 당 약 50개의 식물이 필요합니다. 독성 물질을 사용하지 않아도 되는 무독성 유기농 정원 가꾸기 리소스를 확인해 보세요.

⑤ 운전을 줄일 수 있을까요?

부모님께서 일주일에 두 번 이상 대중교통을 이용해 출퇴근하거나 카풀을 생각하고 계신지 물어보세요. 그 이외에도 자동차를 최대한 효율적으로 유지 관리하는 방법이 있습니다. 자동차를 정기적으로 점검하고 주기적으로 공기 필터를 교체해야 합니다. 타이어의 적정 공기압을 유지하고 마찰을 줄이는 '에너지 절약형' 엔진 오일을 찾아보는 것도 좋은 아이디어입니다. 가까운 거리를 이동할 때에는 자전거를 활용해 보세요.

⑥ 새 가전제품을 구매할 때 에너지 효율이 가장 높은 모델을 찾나요?

리모컨을 사용하는 가전제품들은 꺼져 있을 때도 에너지를 소비합니다. 실제로 전원이 켜질 때 신호를 수신할 수 있도록 특정 회로가 항상 가동되기 때문입니다. 이 현상을 '대기전력'이라고 하며, 가전제품 당 연간 약 20달러의 비용을 발생시킵니다. 가전제품 사용 시 주의해야 할 또 다른 점은 바로 전원 코드 끝에 부착된 작은 큐브입니다. 이 큐브는 기기를 더 빠르게 켜기 위해 상시로 켜져 있어서 소량의 전력이 지속적으로 소모됩니다. 따라서 이런 유형의 가전제품의 전력 소비를 막는 유일한 방법은 사용하지 않을 때 전원 코드를 뽑아두는 것입니다.

⑦ 재활용 제품과 포장재를 사용하시나요?

재활용 제품을 만드는 데 보통 에너지가 적게 들고 제조 과정에서 공해도 덜 발생합니다. 재활용 제품을 구매하면 쓰레기 매립 공간을 절약하게 되어 폐기물을 효율적으로 관리할 수 있습니다. 패키지에 재활용 마크가 있다고 해서 반드시 재활용 제품은 아닙니다. 단지 재활용을 권장하는 표시일 수도 있습니다. 포스트컨슈머의 비율이 높은 제품을 찾아보세요. 이는 한 번 사용한 제품을 재사용한다는 의미입니다. 프리컨슈머의 비율이 높은 제품도 역시 좋습니다. 이는 손상되었거나 더 이상 사용되지 않거나 판매할 수 없는 재료들을 재활용했다는 걸 의미하기 때문입니다.

⑧ 양심적으로 재활용하고 있나요?

재활용 규정을 쓰레기통 옆에 게시하세요. 종류별로 분리된 쓰레기통을 사용하면 좋으나 여건이 여유치 않다면 쓰레기통을 구해 종류를 명확하게 구분해 주세요. 페인트통과 같이 독성이 강한 품목은 관공서에 연락해서 해당 폐기물을 어떻게 처리할 수 있는지 문의하세요. 물건을 버리기 전에 다른 사람이 사용할 수 있는지 생각해 보고, 나눔 서비스를 이용하거나 기부처를 알아보세요.

⑨ 전력 소비를 줄일 수 있을까요?

이 방법은 돈을 절약할 수 있기 때문에 부모님이 정말 좋아할 것입니다. 에너지 절약 연합의 에너지 검진 웹사이트를 사용하면 가정 에너지 소비량을 대략적으로 파악할 수 있습니다. 실질적으로 에너지 사용량을 줄이는 방법은 의외로 간단합니다. 사용하지 않는 가전제품을 끄고 전열기구 대신 담요 사용하는 것입니다. 소소하게는 요리할 때 뚜껑을 사용하는 것과 건조기 대신 빨랫줄 활용하는 방법이 있습니다. 거주 지역에서 친환경 에너지를 사용할 수 있는지 알아보려면 www.greenmountainenergy.com을 방문하세요. 친환경 에너지는 태양광이나 풍력 등 재생 가능한 에너지원에서 만들어집니다. 백악관에도 태양열 전기 시스템이 있을 정도로 친환경 에너지는 이제 히피들만의 전유물이 아닙니다. 태양열로 작동하는 라디오, 계산기, 청소기, 실외 조명도 구매할 수 있습니다. 인터넷에서 검색하거나 아웃도어 용품점에서 찾아보세요.

⑩ **폭풍우에 쌓인 눈을 녹이는 데 소금을 사용하나요?**

소금은 땅속으로 스며든 다음 지하수를 타고 흘러가 토양을 사용할 수 없게 만듭니다. 삽을 사용하여 눈을 제거하는 재래식이 더 나은 선택일 수 있습니다. 곡물에서 추출한 재료를 사용하거나 기타 무독성 물질을 사용하여 만든 친환경 제설제도 같은 결과를 낼 수 있습니다.

⑪ **소고기 조금 덜 먹을 수 있을까요?**

육류와 육류 제품들은 열대우림 지역에서 자란 소고기를 사용하는 경우가 많습니다. 일차적으로 농장을 만들기 위해 산림이 파괴되고 생산된 육류를 세계 각지로 운송하는 과정에서 폐기물이 발생하게 됩니다. 햄버거를 먹는 빈도수를 줄이거나 근거리에 있는 농장에서 생산된 고기를 구매함으로써 소고기 산업이 더 많은 생태계를 파괴하는 것을 조금이라도 막을 수 있습니다.

⑫ **물을 덜 사용할 수 있을까요?**

샤워할 때 물 사용량을 크게 줄여주는 초 저유량 샤워 헤드를 설치하고 가족들에게 샤워 시 물 흘려보내는 시간을 줄이도록 요청해 주세요. 잔디밭이나 정원이 있는 경우, 가능하면 매일 물을 주지 말고 너무 많은 물을 주지 않도록 주의하세요. 토양이 물을 효과적으로 흡수할 수 있고 물이 햇볕에 금방 말라버리지 않는 초저녁이나 이른 아침에 물을 주는 것이 좋습니다.

⑬ 무독성 세척 제품을 사용하나요?

친환경 제품을 사용하더라도 일반 제품들처럼 집을 깨끗하게 유지할 수 있습니다. 이제는 굳이 멀리까지 가지 않고 가까운 슈퍼마켓에서 감귤류나 아몬드 오일과 같은 천연 재료를 사용하여 만든 제품들을 손쉽게 구매할 수 있습니다.

친환경 제품은 여러분의 호흡기 건강뿐 아니라 반려동물의 건강에도 도움을 줄 수 있습니다. 이는 일부 세척제에서 나오는 독성 물질이 작은 반려동물에게 실제로 해로울 수 있기 때문입니다. 또한, 집에서 직접 청소용 베이킹소다와 같은 친환경 세제를 사용할 수 있습니다.

만약 부모님이 친환경 제품 사용을 꺼리신다면 국립보건원 National Institute of Health의 가정용품 데이터베이스에서 현재 사용하고 있는 제품을 찾아보세요. 이 데이터베이스를 통해 친환경 제품 사용의 이점을 더 확실하게 설명할 수 있을 것입니다. 사용하지 않는 오래된 제품을 폐기해야 할 때는 부모님께 요청하여 정해진 유해 폐기물 처리장으로 가져가고 일반 쓰레기통에 버리지 않도록 하세요

가능하다면 농축된 형태의 청소용품을 구매하세요. 일반적으로 가격이 더 저렴하고 병의 사용 수명이 더 길어지므로 더 많은 용기를 생산할 필요가 줄어듭니다.

적용
@교내 활동

환경 메일링 리스트 시작하기

학교 친구들이 환경 문제에 관심을 가지고 있나요? 학생들은 종종 환경 문제를 가장 큰 관심사로 꼽습니다. 하지만 어떻게 환경을 개선할 수 있는지, 이를 위해 무엇을 해야 하는지에 대한 정보가 부족한 경우가 많습니다. 환경 문제가 우리 모두의 문제임을 알리는 활동을 시작하는 것을 추천합니다. 이는 많은 사람에게 도움이 될 수 있는 매우 가치 있는 활동입니다. 환경 문제에 관한 정보를 공유하고 의견을 나눌 수 있는 환경 메일링 리스트 구독 서비스를 시작해 보는 것도 좋은 생각입니다.

메일링 리스트의 세 가지 주요 유형이 있습니다. 쇼와 음반 발매를 발표하는 것과 같은 종류의 소식 알림형 메일링 리스트 서비스, 누구나 현재 주제에 관해 다른 사람에게 답변할 수 있는 토론형 메일링 리스트 서비스, 마지막으로 매일 또는 매주 팁이나 기타 유용한 정보를 제공하는 정보 제공형 메일링 리스트 서비스가 있습니다. 메일링 리스트 서비스는 정보와 소식 알림 기능을 함께 제공해야 합니다. 일반적으로 간단한 형태로 시작하여 구독자들이 상호 작용하고 토론할 수 있는 기능을 추가하는 방식으로 서비스를 확장할 수 있습니다.

메일링 리스트에 사용할 정보를 수집하는 것이 우선입니다. 처음 몇 차례의 메일 발송을 위해 다양한 정보를 수집하고 동시에 더 많은 유용한 자료를 확보할 방법을 찾아두어야 합니다. 이 장의 마지막 부분에 소개된 단체 홈페이지에서 '지구의 날'과 같이 사람들에게 알릴 수 있는 일정이나 행사가 있는지 확인하세요. 캠퍼스 그린스Campus Greens나 지구911Earth 911와 같은 단체에서 제공하는 메일링 리스트에서 얻은 정보를 정리하여 친구들에게 전달할 수 있습니다. 여러분은 편집자 역할을 하면서 친구들이 흥미를 느낄 만한 내용을 골라 발송하면 됩니다. 지역에서 공원 헌정식, 나무 심기 행사, 쓰레기 청소와 같은 지역 행사가 있는지는 지역 신문을 확인해 보세요.

뉴스레터에 포함할 수 있는 다른 내용으로는 환경 관련 팁이 있습니다. 이 장의 재택 활동가 섹션에 있는 팁 중에서 몇 가지를 활용하거나 새로운 팁을 조사하여 사용할 수 있습니다. 예를 들어, 유기농 세제에 대한 제품 리뷰를 작성해 볼 수 있습니다. 만약 구독자가 고등학생이고 파티가 다가오는 것을 알고 있다면, 유기농 성분을 사용한 헤어 제품이나 재활용 가능한 용기에 담긴 제품에 관한 뉴스레터를 작성해 보세요.

뉴스레터를 가능한 한 독자 친화적으로 만들어야 합니다. 뉴스레터를 주 1회 혹은 격주 1회 주기로 보내는 것이 받는 사람의 메일함을 불필요하게 가득 채우지 않으면서도 본인도 힘들지 않아야 합니다. 정성을 다해 만들되, 받는 사람의 컴퓨터 사양을 고려하여 많은 이미지나 화려한 서식 사용은 자제해야 합니다.

메일링 리스트를 관리하는 몇 가지 방법이 있습니다. 메일 프로그램에서 그룹을 만들 수 있는 기능을 제공하는 경우 메일 프로그램의 연락처 목록 기능을 사용하여 직접 할 수 있습니다. '내 목록'이라는 그룹을 만들고 여기에 구독자 목록을 입력하기만 하면 됩니다. 이렇게 하는 게 참조 목록에 있는 모든 사람에게 이메일을 보내는 것보다 좋습니다. 참조 목록이 비공개로 유지되고, 사람들이 '모두에게 답장'을 눌러 원치 않는 이메일을 모든 사람에게 보내는 것을 방지할 수 있으므로 더 좋습니다. 직접 하는 방법의 장점은 가장 쉽게 시작할 수 있고 여러분이 익숙한 프로그램을 사용하여 관리할 수 있다는 것입니다. 단점은 모든 작업을 수작업으로 해야 하기 때문에 뉴스레터 발송 시작 이후 메일링 리스트에 사람을 추가하고 삭제하는 것이 지루할 수 있습니다. 또한, 일부 ISP는 스팸 발송자를 막기 위해 대량 이메일 발송을 허용하지 않으므로 목록이 너무 커지면 그 시점에 메일링 리스트 프로그램으로 전환해야 합니다.

이제 구독자를 확보할 차례입니다. 모든 친구들에게 이메일을 보내 당신이 운영하는 메일링 리스트 서비스에 대해 알리고 구독하도록 요청하세요. 학교 내에서도 구독 신청서를 배포할 수 있도록 준비해 두세요. 만약 지역에 고등학교나 중학교가 두 곳 이상 있다면, 전단을 만들어 카페나 공공장소에 놓아두어 소식을 알릴 수도 있습니다. 더불어, 메일링 리스트 서비스에 대해 홍보할 수 있는 온라인 게시판을 찾아보세요. 게시판의 공지 사항을 확인하거나, 메일링 리스트 서비스와 관련된 정보를 게시할 수 있는 곳을 찾아 문의하세요.

기본적인 인터넷 에티켓이 여기에도 적용된다는 점을 기억하세요. 스팸을 보내거나 웹사이트나 다른 메일링 서비스에서 다른 사람의 주소를 무단으로 가져가지 마세요. 묻지도 않고 다른 사람을 가입시키지 마세요. 누군가가 목록에서 삭제해 달라고 요청하면 즉시 정중하게 사과하고 메일링 목록에서 삭제해 주세요. 각 메일링 하단에 수신 거부 방법에 대한 정보를 넣는 것이 좋습니다. 가장 중요한 것은 보안 유지입니다. 온라인에서 모르는 사람에게 이름이나 개인정보를 절대 알려주지 마세요.

메일 내용을 너무 길거나 짧지 않게 적당한 분량으로 작성해 주세요. 신뢰할 수 있는 사람들로부터 피드백을 받는 것도 중요합니다. 만일 메일링 리스트 서비스가 인기를 얻어 많은 구독자를 확보하게 된다면 대면 모임을 제안하는 것도 좋은 아이디어입니다. 예를 들어, 피자 파티를 열거나 쓰레기 수거, 하이킹과 같은 환경 보호와 관련된 활동을 시도해 보세요. 또한, 메일링 리스트 서비스를 졸업할 때까지 유지한다면 잘 운영할 수 있을 후배에게 이를 넘겨주는 것도 좋은 방법입니다.

　학교가 학생에 투자하는 것보다 에너지 사용에 더 큰 비용을 쓰고 있는지 확인해 보세요. 생각해 보면 안타까운 일이지만, 많은 학교에서 이러한 문제가 발생하고 있습니다. 에너지 비용이 지나치게 비싸서 일부 지역에서는 교재나 학습 자료를 구입하는 비용보다 교실 조명과 난방에 더 큰 비용을 지출하고 있습니다. 오래된 학교 건물의 경우 에너지 효율이 떨어져 이 문제가 더 심각해질 수 있습니다. 여러분이 거주하는 지역에 이러한 비합리적인 일이 발생했다면 개선책을 검토해야 합니다. 방법은 그리 어렵지 않습니다. 학교는 공과금 지출 내역서를 도서와 자료 구매처럼 공문서에 기재해야 합니다. 학교에 배당된 예산 사본을 보면 쉽게 확인할 수 있습니다. 자료는 지역 도서관이나 해당 관공서에 문의하거나 학부모 연합회에 자료를 요청할 수 있습니다.

　'실사용 에너지' 및 '수업 자료'라는 항목은 예산에 표시되지 않을 수 있습니다. 에너지 비용을 계산하려면 난방비, 가스비 등을 합산해야 할 수도 있습니다. 수업 자료의 경우 책, 시청각 자료 등과 같이 합산되어 있을 수 있습니다. 또한, 학교에 다니는 학생 수 또는 재학 중인 학생 수도 나와 있어야 합니다.

　각 금액(실사용 에너지 비용과 수업 자료 구입비용)을 학생 수로 나눕니다. 예를 들어, 연간 석유와 가스 사용량이 $900,000이고 학생 수가 10,000명인 경우, $900,000을 10,000으로 나눕니다. 이 지역에서는 학생당 $90을 에너지에 지출하고 있습니다. 마찬가지로,

동일한 방식으로 연간 도서에 지출하는 금액이 $100,000인 경우 학생당 도서 지출 금액은 $10입니다.

에너지 사용 비용이 수업 자료 구매 비용을 훨씬 능가하는 경우에 이 문제를 공론화해 보세요. 먼저, 학교 이사회에 편지를 보내서 학교가 이 문제에 대해 어떤 계획과 대응 방안을 가지고 있는지 물어보세요. 부모님에게는 학부모회 회의에 참석하여 위 수치에 관해 이야기해달라고 요청하세요. 건설적인 토론을 위해 가능한 해결 방안도 함께 제안하는 것이 좋습니다. 예를 들어 학교 건물에 보다 열효율이 높은 단열재를 사용하거나, 에너지 효율이 높은 창문을 설치하는 등의 개선 방안을 제안해 보세요. 단기적으로는 자본 투자가 필요할 수 있지만 장기적으로는 많은 돈을 절약할 수 있습니다. 이렇게 절약한 비용은 도서 등 학습 자료 구매에 사용할 수 있습니다.

지역사회 수질 확인하기

깨끗한 물은 개인과 지역사회의 건강에 중대한 영향을 미치는 핵심적인 요소 중 하나입니다. 수질은 마시는 물 뿐만 아니라 숨 쉬는 공기와 농작물이 재배되는 토양에도 영향을 미칩니다. 안전한 식수를 보장하기 위해 미국환경보호청USEPA은 매년 7월, 수도 공급 기관이 주민들에게 수질 보고서를 제공하도록 규정하고 있습니다. 이 보고서는 소비자 신뢰 보고서로 알려져 있습니다. 만약 이러한 보고서를 받지 못했거나 지역사회의 보고서를 검토하고 싶다면 해당 수도 공급 기관에 문의하세요. 수돗물을 제공하는 기관은 주 정부 또는 지방 자치 단체 기관에 따라 다를 수 있습니다. 보고서에는 지역 수돗물의 취수원, 발견된 오염 물질 목록, 발견 당시 수돗물의 오염 수준, 오염 물질의 예상 성분, 그리고 이것이 건강에 미칠 영향 등이 자세히 기재되어 있습니다.

환경보호국EPA은 수질 오염 물질 목록을 기준으로 해당 물질이 특정 수준 이하인지 항상 모니터링합니다. 환경보호국EPA 수질 오염 물질 목록에는 염소, 일부 미생물, 비소와 같은 무기 화학물질이 포함되어 있습니다. 식수로 사용되는 물은 이러한 오염 물질이 기준치를 초과해서는 안 됩니다. 이 기준이 너무 엄격한 것인지 여부에 대해서는 의견이 분분하지만 여전히 중요한 가이드라인입니다. 목록의 수치는 환경보호국 웹사이트에서 확인할 수 있습니다. 오염 물질이 증가 추세를 확인하려면 몇 년 전의 보고서와 비교 검토하는 것이 유용합니다. 만약 오염 물질이 허용기준치 이상 검출된다면 지역사회가 건강상의 위험에 직면해 할 수 있습니다.

또 한 가지 해야 할 일은 빗물이 흘러 하천으로 모이는 유역의 상태를 확인하는 것입니다. 지역사회의 모든 물은 유역에서 나옵니다. 유역은 빗물, 강의 지류 또는 하구, 눈이 녹은 물에 의해 만들어집니다. 이 유역은 지역사회 모든 사람에게 영향을 받습니다. 누군가가 집을 칠한 후 남은 페인트를 적절하게 처리하지 않으면 페인트와 화학물질이 토양이나 집 안으로 스며들 수 있습니다. 얼스포스 그린Earth Force Green 웹사이트www.green.org를 통해 유역 상태를 모니터링하는 방법을 배울 수 있습니다.

조사 결과 지역사회의 수질이 건강에 해를 끼칠 가능성이 있다고 판단되면 보다 나은 환경 규제를 촉구하거나 기존 규제를 더 효과적으로 시행하도록 요청할 수 있습니다. 그러나 이 모든 노력을 혼자서만 기울일 필요는 없습니다. 수질은 해당 지역 모든 사람에게 영향을 미치는 문제이므로 연대체를 구성하는 것이 중요합니다. 연대체는 다양한 단체가 모여 공동의 목표를 달성하기 위해 협력하는 것을 의미합니다. 모든 구성원들이 서로 다른 목적과 관심사를 가지고 있지만, 공통된 목표를 위해 협력할 수 있습니다. 지역 상인들과 임차인 권리 보호를 위한 활동가들이 함께 노력하여 동네에 대형 마트의 진입을 막아낸 사례들이 있습니다. 연대체의 목표는 지역 사회의 수질 개선입니다. 함께할 좋은 그룹을 찾으려면 지역 온라인 커뮤니티, 소식지 등을 게시하는 게시판을 찾아보세요. 환경 운동가여야만 할 수 있는 일이 아닙니다. 교회, 성당, 사찰, 모스크 및 기타 종교 단체, 학부모회, 노인 단체, 철강 노동조합, 걸스카우트, 청소년 단체 등과 같이 다양한 단체들과 함께하는 것이 오히려 더 나은 결과를 얻을 수 있습니다.

이러한 그룹들이 연대체에 함께 하면 정말 큰 힘을 얻을 수 있습니다. 이들 그룹은 이미 자체 커뮤니티와 봉사 활동 프로그램을 통해 지역사회에 기여하고 있는 열정적인 활동가들입니다. 각 단체의 리더에게 연락하여 연대 회의에 참석할 것을 제안해 보세요, 지역사회의 깨끗한 물을 위한 연대체 구성 아이디어를 소개하고 연구 결과를 공유하세요. 이 정보를 그룹으로 가져가 회원들과 함께 논의해 달라고 요청하세요. 커뮤니티가 힘을 모으면 더욱 강력한 목소리를 낼 수 있다는 점을 상기시켜야 합니다. 각 그룹의 연락처 정보를 받을 수 있는지 물어보고 가능하다면 메일링 리스트에 추가하여 소식을 계속 알리세요. 또한, 함께 할 다른 그룹을 알고 있는지 물어보고 다음 회의 일정을 정하세요.

다음 회의에서 실행 계획을 수립하세요. 관할 지역 시장과의 면담을 요청할 것인지, EPA에 직접 연락할 것인지, 환경부에 편지를 보낼 것인지, 오염 지역 근처에서 시위할 것인지 등 연대체의 활동 방향을 결정하세요. 회원 수가 많다면 수천 명의 서명이 강력한 메시지가 될 것입니다. 청원서를 작성하세요. 다만 인원이 적다면 사람들의 인식을 높이기 위해 지역 곳곳에 포스터를 게시하는 등 캠페인을 중심으로 더 많은 사람들이 연대체에 참여할 수 있도록 독려해 보세요. 수질 모니터링 결과를 보여주는 웹사이트를 만드세요. 수자원 모니터링에 대해 자세히 알아보고 데이터를 저장하는 데 도움이 되는 내용들을 '얼스 포스 그린' 웹사이트에서 확인할 수 있습니다.

지역 오염원 식별하기

오염은 때때로 눈에 보이지 않습니다. 거리에서 쓰레기는 볼 수 있지만 토지나 건물의 독성 여부를 항상 확인할 수는 없습니다. 마찬가지로 오염을 일으키는 사람들도 눈에 띄지 않는 경우가 많습니다. 누가 여러분 지역의 토양, 물, 공기에 나쁜 물질을 배출할까요? 그중 일부를 찾는 것은 그리 어렵지 않습니다. '미국 환경 보호청EPA' 웹사이트를 방문한 다음, 왼쪽 메뉴에서 '당신이 사는 곳'을 선택하고 '커뮤니티 검색'을 클릭하세요. 거주하는 지역의 우편번호를 입력하면 환경 규정을 위반한 적이 있는 업체의 주소를 확인할 수 있습니다. 친구들과 함께 몇 군데를 직접 방문하여 현장 상태를 확인하세요. 그런 다음, 해당 업체에 편지를 보내 그들이 방치하고 있는 폐기물에 대해 어떤 조치를 취할 계획인지 문의하세요. 'EPA 웹사이트'의 목록은 최신 정보가 아닐 수 있으므로 정중한 태도로 접근해야 합니다.

'EPA'에 나와 있는 환경 규정 위반 업체를 대중에게 알리는 활동을 진행하는 것도 좋은 아이디어입니다. 해당 업체들을 지도에 표시하여 환경 규정 위반 업체 지도를 만들고 지역 쇼핑몰이나 커뮤니티에서 공유할 수 있도록 해보세요. 지역 주민들을 대상으로 '독성 물질 투어'를 주최해 보세요. 이러한 투어를 통해 반복적으로 환경 규정을 위반하는 사업체들을 확인하여 주민들에게 해당 업체의 서비스 사용 중단을 요청하는 방법을 안내해 보세요.

열대우림 사이트 The Rainforest Site

2000년에 시작한 이 웹사이트는 전 세계 열대우림을 보존하는 데 중점을 두고 있습니다. 클릭할 때마다 멸종 위기에 놓인 열대우림의 11.4평방피트(약 1.06제곱미터) 지역을 보호할 수 있습니다. 2003년에는 방문자의 클릭으로 약 73,000,000평방피트(약 6,781,921제곱미터)의 땅을 보호했습니다. 하루에 한 번만 클릭할 수 있습니다. www.therainforestsite.com

생태기금 EcologyFund

토지를 보존하고, 오염을 줄이고, 나무를 심고, 해안 서식지를 보호하는 활동을 이 웹사이트를 통해 할 수 있습니다. 로그인하면 다양한 클릭 버튼을 접할 수 있습니다. 파타고니아 해안 보호구역 60평방피트를 보존할 수 있고, 대기 중 이산화탄소를 2파운드 제거하는 등 다양한 활동 목적에 기부할 수 있습니다. 하루에 한 번만 클릭할 수 있습니다. www.ecologyfund.com

깨끗한 공기를 원합니다 I Want Clean Air

이 웹사이트에서는 오염으로부터 공기를 보호하기 위해 노력하고
있는 여러 단체들을 선택할 수 있습니다. 미국 폐 협회, 청정 공기
보존 협회와 같이 혜택받을 단체를 선택하여 클릭할 수 있습니다.
하루에 한 번 클릭할 수 있습니다. www.iwantcleanair.com

지구911 Earth911

'지구911'은 친환경적인 삶을 살고 싶어 하는 개인을 위한 도구와 리소스를 제공하는 웹사이트입니다. 거의 모든 것(오래된 휴대전화 포함)을 재활용하는 방법, 음식물류 폐기물 처리, 친환경 쇼핑에 관한 정보가 있습니다. 또한, 우편번호를 입력하면 지역 재활용 자원 및 지역사회의 환경 행사에 대한 즉각적인 정보를 얻을 수 있습니다. 무료 핫라인 번호는 1-800-CLEANUP 입니다. 자세한 내용은 웹사이트에서 확인할 수 있습니다. www.earth911.org

지구의 날 네트워크 Earth Day Network

매년 4월 22일이면 전 세계 수백만 명이 지구의 날 행사에 참여합니다. 여러분이 이벤트를 설정하거나 가까운 이벤트를 찾는 데 이 웹사이트가 도움이 될 것입니다(연중 이벤트 목록도 나열되어 있습니다). 청정에너지나 깨끗한 물과 같이 지구의 날에는 매년 다른 주제가 있습니다. 이 웹사이트에는 생태발자국 퀴즈와 같은 도구와 함께 환경 문제에 대해 빠르게 확인할 수 있는 섹션이 있습니다. www.earthday.net

기후 문해력위원회 The Environmental Literacy Council

이 그룹은 시민, 특히 청소년이 관련 정보를 바탕으로 환경 문제에 참여할 수 있도록 돕고 있습니다. 이 웹사이트에는 생태계, 산성비 생명공학, 상대 습도와 같은 환경 개념과 용어에 대한 자세하고 읽기 쉬운 설명이 있습니다. 훌륭한 참고 자료가 될 것입니다. www.enviroliteracy.org

그린피스 Greenpeace

그린피스는 전 세계적으로 위협받고 있는 환경 문제에 초점을 맞춘 비영리 글로벌 조직입니다. 그린피스는 영어 외 거의 모든 국가의 언어로 웹사이트를 운영하고 있습니다. 미국 웹사이트에는 환경 관련 뉴스룸이 있을 뿐만 아니라 세계 이벤트에 관한 독보적인 기사, 최신 캠페인 정보, 멀티미디어, 심지어 카드놀이와 같은 게임을 하며 환경에 대해 배울 수 있는 게임 섹션도 있습니다. www.greenpeace.org

학생 보존 협회 Student Conservation Association, SCA

SCA는 환경 서비스 기회를 알려주는 정보센터입니다. 고등학교, 대학교, 대학원생들이 산책로를 건설하거나 시냇물을 회복하려는 활동 등의 다양한 환경 프로젝트에 참여할 수 있도록 자원봉사 및 인턴십 목록을 제공하고 있습니다. www.thesca.org

천연자원보호협의회

Natural Resources Defense Council, NRDC

다양한 주제에 대해 저명한 목소리를 내는 'NRDC'에는 백만 명이 넘는 회원이 있습니다. 이들은 환경 법안과 관련하여 많은 일을 하고 있으며 온얼스OnEarth라는 잡지를 발행하고 있습니다. 이 웹사이트에는 원자력, 녹색 생활, 야생동물 등에 대한 정보가 있으며 거의 모든 주제에서 개요, 자주하는 질문, 방법 섹션을 제공하고 있습니다. 'NRDC 액션 센터'에서 문제에 대해 조처를 할 수도 있으며 유용한 참조 센터도 있습니다. www.nrdc.org

유엔 환경 프로그램

United Nations Environment Programme, UNEP

'UNEP'의 사명은 "국가와 국민이 미래 세대의 삶의 질을 저하하지 않고 삶의 질을 향상시킬 수 있도록 영감을 주는 것입니다. 정보를 제공하고 지원함으로써 환경 보호에 있어 리더십을 제공하고 파트너십을 장려하는 것"입니다. 'UNEP'는 멸종 위기에 처한 야생 동식물종의 국제 무역에 관한 협약을 시행하여 코끼리와 코뿔소의 살생을 줄이는 등의 일을 하고 있습니다. 이 웹사이트의 청소년 섹션은 나무 심기 캠페인과 스포츠 및 환경에 관한 흥미로운 내용을 담고 있습니다. www.unep.org

국립 야생동물연맹 National Wildlife Federation, NWF

'NWF'는 1936년부터 야생동물과 서식지를 보존하고 환경 문제에 대한 교육을 촉진해 왔습니다. 'NWF'의 웹사이트에는 환경친화적인 원예 제품부터 친환경 여행, 백두루미에 관한 매혹적인 에세이에 이르기까지 'NWF'가 집중하고 있는 문제와 프로젝트가 정리되어 있습니다. 야생동물을 뒷마당으로 끌어들이고 뒷마당 서식지로 인증받는 방법을 배우는 등의 다양한 활동 프로젝트를 확인할 수 있습니다. www.nwf.org

열대우림 액션 네트워크

Rainforest Action Network, RAN

1985년에 설립된 'RAN'은 직접적인 행동과 교육을 통해 전 세계 열대우림을 보호하기 위해 노력하고 있습니다. 'RAN'의 가장 성공적인 프로젝트 중 하나는 버거킹으로 하여금 중앙아메리카에서의 계약을 취소하고 이전 열대우림 지역에서 자란 수입 소고기를 더 이상 사용하지 않겠다고 발표하게 만든 버거킹 불매운동이 있습니다. 이 웹사이트에는 공동행동 요청, 집회 조직 방법, 결의안 통과 등을 위한 팁이 포함된 활동가 활용 팁들이 있습니다. 학교나 지역 사회에 열대우림에 관한 정보를 알리고 싶다면 이 웹사이트를 통해 연사들을 섭외할 수 있습니다. www.ran.org

246 Let's change it!

데이비드 이야기

데이비드 크루즈는 캘리포니아주 이스트 팔로알토에 살고 있는 열일곱 살의 멘로-애더트 고등학교 3학년 학생입니다.

저는 지역사회 행동을 위한 청소년 연합Youth United for Community Action, YUCA의 커뮤니티 조직가예요. 우리의 목표는 환경적 인종 차별주의나 환경 정의와 같은 우리 사회가 직면하고 있는 여러 문제를 주제로 하여 청소년을 조직하는 것이예요. 우리는 사회적 논의 및 의사 결정 과정에서 목소리나 대표성을 갖지 못하는 사람들을 대변하기 위한 활동을 하고 있어요. 환경 정의는 부유한 사람들이나 백인뿐만 아니라 모든 사람의 환경권을 보호하는 것을 의미해요. 우리가 살고, 일하고, 뛰어노는 환경은 정말 소중한 것이예요. 만약 환경이 오염된다면 우리처럼 억압받는 계층은 어디 갈 곳이 없어져요. 몸에 해로운 비소로 가득 찬 뒷마당이 있어도 우리는 그것을 청소하고 싶을 것 같아요. 환경 정의는 우리 지역 사회를 보호할 수 있는 규제를 주 정부와 연방 정부에 도입하는 것이에요. 다른 말로 하면 오염원에게 책임을 지게 하는 것을 의미하기도 해요. 환경을 오염시키는 대부분의 오염원이 실제로 책임을 지지 않는 경우가 많아요. 'YUCA'에 속해 있어서 이런 문제를 해결하는 것에 자부심을 가지고 있어요. 또한, 우리는 제 역할을 하지 않는 정치인들을 추적하고 있어요.

고등학교에서 또래 중재자로 활동하면서 'YUCA'에 참여하게 되었어요. 환경적 인종차별주의에 관한 컨퍼런스에 참석했는데, 바로 'YUCA'가 이 워크숍을 진행하고 있었어요. 'YUCA'가 있는 이스트 팔로알토에 살면서도, 이런 일이 벌어지고 있는지 전혀 몰랐거든요. 워크숍이 끝나고 며칠 후에는 그 단체의 사무실에서 일하게 되었어요.

제가 처음 'YUCA'에서 일하게 되었을 때, 단체는 지역에 있는 유독성 폐기물 공장 중 하나에 대해 규제 당국에 압력을 가하고 있었어요. 많은 폐기물들이 실리콘 밸리에서 나와요. 컴퓨터와 기타 여러 물건을 만드는 데 사용되는 모든 마이크로 칩과 액체들은 재활용되어야 하는데 이 폐기물들이 캘리포니아 전역의 저소득층 커뮤니티에서 재활용되고 있었어요. 우리는 규제 당국이 최선을 다하고 있지 않다고 생각했는데, 그중 하나가 바로 대기질관리기관 Air Quality Management District, AQMD이었어요. 대기질관리기관은 대기 정화를 위한 새로운 계획에 대해 지역 사회 관계자들과 회의하고 있었어요. 하지만 회의장에 들어가 보면 지역 주민은 두 명 정도밖에 없었어요. 회의는 주로 직장인들이 참석하기 어려운 평일 밤에 열렸어요. 우리 어머니만 해도 매일 오전 7시부터 오후 7시까지 일하시거든요.

이 문제를 해결하기 위해 우리 자체적으로 포럼을 개최하고 있어요. 많은 사람들이 편하게 참석할 수 있도록 주말에, 영어와 스페인어 두 언어로 함께 진행하고 있어요. 우리는 지역 주민들과 소통하기 위해 최선을 다하고 있어요. 지역 주민들의 의견을 수렴하여 대기질관리기관에 압력을 가하고 있어요. 독성 폐기물에 대한 지역 주민들의 네 가지 요구 사항을 정리하여 독성물질관리국 Department of Toxic Substance Control, DTSC에 전달했어요. 이와 관련해서 독성물질관리국 본부와 회의를 가졌고, 그 결과로 관리국은 우리의 우려 사항 및 제안에 동의했어요. 요구 사항 중 하나는 환경영향 보고서를 제출하지 않은 기업에 대한 확실한 조치를 취해 달라는 것이었어요. 이제 우리는 독성물질관리국으로부터 해당 문제에 대한 조치 내용을 월별 보고서로 받아보고 있어요.

'YUCA' 사람들은 공동의 목표를 위해 서로 협력해요. 우리는 이상적인 사회의 모습을 우리 단체 내에서 실현하기 위해 노력하고 있어요. 이를 위해 모든 업무를 민주적으로 처리해요. 멤버 중 누구나 안건을 제안할 수 있고, 그것의 진행 여부는 우리의 의사 결정 과정을 통해 결정하게 되어요. 관리자가 몇 분 있으시지만, 그들이 최종 의사 결정을 내리지 않아요. 관리자들은 우리의 논의가 제대로 진행되는지를 확인해 주는 역할만 해줄 뿐이에요. 저는 변화를 만들 수 없다고 생각하는 사람들이 있다는 것을 알고 있어요. 그들을 탓하지 않아요. 우리 주변을 둘러싼 삶, 우리가 보고 읽는 미디어, 이 모든 것들이 우리가 아무것도 할 수 없다고 생각하게 만들어요. 이 모든 것들이 당신이 무엇인가 시도해 보려고 할 때 '할 수 없다. 해도 안 된다'고 제동을 걸고 있어요. 스스로 변화를 만들어낼 수 있는 힘을 가지기 위해서는 많은 용기와 열정이 필요해요. 저는 모든 사람들이 다 변화를 만들어낼 힘을 가지고 있다고 생각해요. 새로운 것을 만들어낼 힘은 우리 자신 안에 있어요. 무력감 같은 것은 존재하지 않아요. 'YUCA'에 대한 자세한 정보와 'YUCA'가 하는 일은 www.youthunited.net 에서 확인하세요.

아담의 이야기

아담 도노호는 열세 살로 아이오와주에 있는 웨브스 브랜치 중학교에 재학 중입니다.

작년 과학 시간에는 오일 필터를 가장 효과적으로 재활용하는 방법을 알아보기 위해 다양한 실험을 진행했어요. 현재는 이 연구를 기반으로 오일 필터를 재활용하는 방법에 관한 법안을 우리 주에서 통과시키기 위해 노력하고 있어요.

아이오와주에서는 매년 약 600만 개의 오일 필터가 폐기되고 있어요. 오일 필터를 제대로 폐기하지 않으면 기름이 땅속으로 흘러 들어가 지하수 등을 오염시킬 수 있어요. 기름이 사방으로 새어나가지 않도록 사용 후 오일 필터를 즉시 잘 폐기해야 해요.

사용한 필터를 폐기할 때는 필터에 남아 있는 오일을 최대한 많이 추출하여야 해요. 이렇게 하면 사용한 오일은 안전하게 폐기할 수 있고 사용한 필터는 좀 더 쉽게 재활용할 수 있게 되어요. 작년에는 중학교 2학년 학생들을 대상으로 사용한 오일 필터를 부모님들은 어떻게 처리하는지 설문조사를 실시했었어요. 그 결과 50%의 학생들이 사용한 오일 필터를 그냥 버린다고 응답했어요.

우리의 실험 목적은 필터에서 오일을 가장 효과적으로 추출할 수 있는 재활용 방법을 찾는 것이었어요. 필터에 구멍을 뚫거나 분쇄하여 각각의 기름 회수량을 측정하려 노력했어요. 이바라 선생님은 다양한 크기의 오일 필터를 구입해 주셨고, 우리는 세네 명씩 조를 나누어 실험을 진행했어요.

우리는 고글과 고무장갑을 착용하고 먼저 오일이 들어있지 않은 새 필터의 무게를 측정했어요. 그 후 그 필터를 이틀 동안 오일에 담가 두었어요. 이틀 후 필터를 꺼내 오일을 추출한 다음 다시 필터 무게를 측정해 보았어요. 오일을 제거했음에도 필터에 오일이 스며들어 있어 새 필터보다 훨씬 무게가 많이 나갔어요. 이후 기름을 가장 많이 제거할 수 있는 방법들을 찾아보았는데, 필터를 파쇄하는 것이 기름을 가장 효과적으로 많이 추출할 수 있는 방법이었어요. 우리는 실험 결과를 아이오와주 상원에 제출하여 오일 필터 재활용에 관한 법안을 통과시켜 달라고 요청했어요. 이 법안이 통과된다면, 오일 필터 재활용이 의무화될 거예요. 오일 필터를 매립지로 가져가더라도 실제로 매립되지 않을 거예요. 대신에 매립지에 파쇄기를 설치하여 필터를 재활용할 수 있게 하는 것이죠. 정말 멋지지 않나요?

우리 반 모두가 우리가 제안한 법안을 설명하기 위해 아이오와 주 수도인 디모인으로 갔어요. 당일치기 여행이었기 때문에 학교가 시작될 때 출발해서 학교가 끝나기 전에 돌아왔어요. 주 하원 의회의 천연자원 입법위원회에서 우리는 실험 결과를 파워포인트로 발표하고 오일 필터가 환경에 미치는 부정적인 영향에 관해 설명했어요. 다음 날에는 우리 중 몇 명이 대표로 전체 주 상원 의원들에게 같은 내용을 발표했어요. 그날은 처음보다 훨씬 큰 공간에서였죠. 그때 저는 넥타이를 착용하고 갔어요. 어머니가 중요한 자리에서는 옷차림에도 신경을 써야 한다고 이야기해 주셨기 때문이었어요.

현재 이 법안은 법사위에서 통과되기를 기다리고 있어요. 이번 여름에는 더 많은 사람에게 이 법안을 소개하기 위해 워싱턴 D.C.에 갈 예정이에요. 찰스 그래슬리 상원의원이 우리 학교에 왔을 때 이 법안을 보여줬는데 관심을 보였거든요. 우리는 그들이 우리의 말을 듣고 사용한 오일 필터를 재활용하는 법을 만들기를 바라고 있어요. 현재 오일 필터를 재활용해야 하는 법이 다섯 개 주에만 있거든요.

서부 지부에서는 오일 필터 재활용에 대한 대중의 인식을 높이기 위해 노력하고 있어요. 학교와 마을 곳곳에 오일 필터 문제에 대한 포스터를 게시했어요. 제 아버지는 농부이신데 트랙터와 트럭의 오일 필터를 분리하여 재활용하고 계세요. 그러나 재활용할 곳이 마땅치 않아서 현재는 그냥 기계 창고에 쌓여 있어요. 이 문제를 해결하고 싶어요.

　　이런 일을 할 수 있어서 정말 행복해요. 과학을 좋아하고 직접 실험하는 것을 참 좋아해요. 앞으로도 환경과 관련된 일을 계속하고 싶어요.

브레인 스토밍

◑ 환경보호에 기여하는 방법 중에서 어떤 것이 가장 실질적이라고 생각하나요?

◑ 소비자로서 환경친화적인 선택을 늘리기 위해 노력하는 방법에는 어떤 것이 있나요?

◑ 지속 가능한 소비 습관을 형성하는 데에 도움이 되는 방법은 무엇일까요?

◑ 기후 위기에 대한 청소년들의 관심을 높이기 위해 어떤 활동이 효과적일까요?

◑ 지속 가능한 교통수단을 사용하기 위한 노력으로 어떤 것을 시작해 볼 수 있을까요?

◑ 친구들과 함께 한국에서 열린 기후 위기 파업에 참여해 본 적이 있나요? 혹은 친구들과 함께 구상해 본 적이 있나요?

◐ 환경 보호에 대한 인식을 높이고 사회적 변화를 이끌기 위한 예술과 문화의 역할은 무엇인가요?

◐ 스웨덴에서 시작되어 전 세계로 퍼진 기후 위기 파업, '미래를 위한 금요일(Fridays for Future)' 운동에 대해서 들어본 적 있나요? 청소년들이 이 운동을 주도한 사실을 알고 계셨나요?

◐ 정부와 기업이 기후변화에 대한 조치를 취하도록 독려하는 방법은 무엇인가요?

◐ 기후 위기 문제는 한 나라의 노력만으로 해결할 수 없는 문제입니다. 전 세계 사람들의 협력이 더욱 필요한 부분인데 관련해서 외국 친구들과 SNS에서 대화를 나눠본 적이 있나요?

직접 행동

◑ 우리 집의 장보기에 대해 생각해 보세요. 자동차를 타고 마트에 가서 대용량을 구매하는지, 구매한 것은 다 사용하는지, 버리는 것은 없는지 등을 파악해 보고 개선점을 찾아보세요.

◑ 우리 집 가전용품들의 전기 효율은 어떠한지 알아보고 대체할 수 있는 제품은 무엇이 있는지 조사해 보세요.

◑ 우리 집에서 물 사용을 줄이고, 전기 사용을 줄이고, 쓰레기를 줄일 수 있는 방법은 없는지 알아보세요.

◑ 우리 학교의 에너지 사용 정책과 재활용 정책은 어떠한지 알아보세요.

◑ 유엔총회에서 기후 위기 문제 해결을 촉구하는 연설을 해본다고 상상하고 연설문을 작성해 보세요. 스웨덴 출신의 청소년 환경 운동가 그레타 툰베리의 유엔 기후행동 정상회의 연설을 참고해보세요.

◑ 친구들과 환경보호 캠페인을 벌인다면 누구랑 어떻게 하고 싶은지 정리해 보세요.

◑ 우리 지역의 환경 보호 단체를 알아보고 활동에 참여할 수 있는 방법은 무엇이 있는지 파악해 보세요.

◑ 우리 지역을 돌아다니며 쓰레기가 쌓여 있는 곳을 찾아 자치단체에 알려주세요.

◑ 환경 보호 운동을 하고 있는 단체나 기관의 사이트를 찾아 방문해 보세요.

◑ 환경 보호를 위한 캠페인을 찾아 응원의 메시지를 남겨보세요.

<옮긴이 Tip>
놓치고 싶지 않은
배경 지식

환경 발자국

개인, 기업, 국가 등 우리가 살아가며 지구 환경에 얼마나 영향을 미치는지 측정하는 지표입니다. 환경 발자국은 생태발자국, 물발자국, 탄소발자국으로 나눌 수 있으며 그 외에도 다양한 환경 발자국들이 있습니다. 사람이 살아가는데 소비되는 환경을 토지 면적으로 계산한 지표가 생태발자국이며, 소비되는 물의 양으로 계산한 지표가 물발자국입니다. 탄소발자국은 우리가 소비하는 모든 과정에서 얼마나 많은 이산화탄소가 나오는지를 계산한 지표입니다. 환경 발자국을 통해 우리의 소비와 생산 방식이 지구의 자원을 얼만큼이나 소모하는지, 환경을 어떻게 파괴하는지 확인할 수 있습니다.

프리컨슈머 Pre-Consumer

제품의 생산 과정에서 발생하는 폐기물을 의미합니다. 프리컨슈머 재료는 같은 제품의 생산 과정에 투입되어 재사용될 수 있으며, 다른 제품의 생산 과정에서도 재활용될 수 있습니다. 프리컨슈머 재료의 재활용은 자원 효율성을 높이고, 생산 과정에서 발생하는 폐기물의 양을 줄이는 데 도움이 됩니다. 이것을 통해 환경에 미치는 부정적인 영향을 줄이는 데에도 기여할 수 있습니다.

포스트컨슈머 Post-Consumer

소비자가 제품을 사용하고 난 후 더이상 사용할 수 없을 때 생겨나는 폐기물을 의미합니다. 제품 사용 후의 폐기물에서 추출된 종이, 플라스틱, 금속, 유리 등의 다양한 재료를 포스트컨슈머 재료라고 하며 이 재료를 활용하여 다양한 재활용 제품을 생산하게 됩니다. 포스트컨슈머 재료의 사용은 자원 보존과 재활용의 중요성을 강조하며, 자연 자원 소모와 환경 파괴를 감소시키는 데 도움이 됩니다.

대기 전력 standby power

전기를 사용하는 기기가 사용하지 않더라도 전기 회로에 흐르는 전력을 말합니다. 대기 전력은 기기의 스위치가 켜져 있거나, 전원 코드가 콘센트에 꽂혀 있는 상태에서 발생합니다. 이것은 기기가 꺼져 있어 보이지만 실제로는 작동 중이거나 특정 기능을 수행하는 데 필요한 전력을 계속적으로 소비하는 현상으로 '의사 부하 Phantom Load'라고도 불립니다.

미국 환경 보호청 Environmental Protection Agency, EPA

미국 연방 정부의 기관으로 환경 보호와 사람들의 건강 보호를 책임지고 있는 기관입니다. 1970년 12월 2일에 리처드 닉슨 대통령에 의해 설립되었으며 환경 보호와 관련된 규제를 수립하고 관리하는 데 중요한 역할을 담당하고 있습니다. 환경 보호 및 지속 가능한 발전을 위해 노력하고 있으며 이를 위한 활동을 지원하고 촉진하는 역할을 수행하고 있습니다.

Animal Rights

운명 공동체인

동물

매년 미국에서는 사백만 마리 이상의 반려동물이 보호소에서 불필요한 안락사를 당하고 있습니다. 또한, 많은 동물이 길거리에서 굶주리고 병들어 가는 어려운 상황에 놓여 있습니다. 이 외에도, 수백만 마리의 동물들이 실험과 연구를 위해 사용되고 있습니다. 동물들의 생명권을 지키기 위해 동물 보호 활동가들은 많은 노력을 기울이고 있습니다. 대표적으로 노킬센터(건강하거나 치료할 수 있는 동물을 공공 안전을 위해 안락사하지 않고 수용하는 동물 보호소)를 설립하여 야생동물을 구조하고 반려동물 주인들에게 책임감을 심어주는 활동을 하고 있습니다. 실험과 연구, 교육에서의 동물 사용을 제한하거나 중단하고 연구용 동물의 불필요한 고통을 줄이기 위해 노력하고 있습니다. 스포츠 사냥을 금지하고 야생동물의 서식지를 보호하기 위해 힘쓰고 있습니다.

서식지를 잃은 동물들을 위한 보호시설을 마련하기 위해 노력도 멈추지 않고 있습니다. 세계 야생동물 기금, 미국동물학대방지협회ASPCA, 미국 휴메인소사이어티, 필립 쿠스토 재단, 동물의 윤리적 대우를 위한 사람들PETA 등 주요 동물 보호 단체에 대해 익숙할 것입니다. 동물을 사랑하는 많은 사람들이 이들의 활동을 지원하기 위해 아낌없이 기부하고 있습니다

동물복지에 기여하고 싶다면, 돈을 기부하는 것 외에도 많은 방법이 있습니다. 자기 삶의 방식을 바꾸는 것부터 시작할 수 있습니다. 채식을 실천하고 동물 실험을 하지 않는 제품을 선택하는 것은 누구나 할 수 있는 방법입니다. 이 장에서 소개된 몇 가지 실천 프로젝트를 통해 더 적극적으로 참여할 수도 있습니다. 동물 보호소에서 자원봉사 하거나, 동물 학대 사례를 신고하거나, 책임감 있게 반려동물을 돌보는 것도 동물복지를 증진하는 데 도움이 되는 윤리적 선택입니다. 동물과 관련된 다양한 직업도 있으므로 동물을 돕는 일이 여러분의 평생 직업이 될 수도 있습니다. 동물복지 활동은 환경 보호 운동과 마찬가지로 지구상 거의 모든 영역에 영향을 미치는 중요한 운동입니다.

동물권 운동은 동물 보호 활동 중의 하나로 동물도 인간과 동등한 권리를 가지고 있어야 한다는 태도를 지향합니다. 이 운동에 참여하는 사람들은 종종 강한 견해를 밝히며 목표를 달성하기 위해 간혹 극단적인 수단을 쓰기도 합니다. 예를 들어 어떤 동물권 활동가들은 동물을 사용한 연구를 더욱 인도적으로 만들거나 줄이려

노력하기보다는 모든 동물 실험과 연구를 즉시 중단해야 한다고 주장합니다. 대부분의 활동가는 불매 운동과 같이 전통적인 방식으로 목표를 달성하기 위해 노력합니다. 하지만 연구 실험실에 침입하여 동물을 풀어주는 등의 불법적인 행위를 직접 하거나 방조하는 사람들도 있습니다. 법을 어기는 사람들과는 절대 함께하지 마세요. 이 장에서 소개한 널리 인정받는 단체와 협력하여 동물에 대한 애정을 합법적이고 긍정적인 방식으로 실현하세요.

동물을 돕는 것은 다른 존재의 고통에 공감하고 그 고통을 해소하기 위해 직접적으로 행동하는 것입니다. 이는 자신을 스스로 대변할 수 없는 존재를 보호하는 일입니다. 이러한 활동은 특히 결과를 직접 확인할 수 있어 더 큰 보람을 느낄 수 있습니다. 예를 들어 강아지나 고양이가 좋은 가정을 찾도록 돕거나 서식지 파괴를 예방하는 과정에서 직접 결과를 목격할 수 있습니다. 무엇보다도, 동물을 사랑하고 보호하는 활동가로서, 사랑하는 동물들과 많은 시간을 보낼 수 있습니다.

책임감 있는 반려동물 주인 되기

반려동물을 현재 키우고 있거나 키울 계획이 있다면 반려동물을 건강하고 안전하게 키우는 데 필요한 모든 조치를 취하고 있는지 확인해 보세요.

보호소에서 입양하는 것을 고려해 보세요. 보호소에는 구조된 동물도 있고 버려진 동물도 있습니다. 주인이 이사하거나 사망하여 버려진 경우도 있습니다. 이 동물들은 따뜻한 가정이 필요합니다. 그들은 훌륭한 반려동물이 될 수 있는 충분한 잠재력을 가진 동물들입니다. 일반적으로 이 동물들은 이미 중성화 수술을 받았거나 입양 조건으로 중성화 수술을 받을 예정이며 모든 예방 접종을 완료한 동물들입니다. 대부분의 보호소에서는 입양 여부와 상관없이 모든 동물을 안락사하지 않고 보살피고 있습니다. 그러나 일부 보호소에서는 매년 절반 이상의 동물들이 입양할 곳이 없어 안락사될 위기에 처해지고 있습니다.

대부분의 보호소에서는 반려동물을 입양하기 전에 보호자의 상황을 이해하고자 몇 가지 질문을 하곤 합니다. 이것은 보호자와 반려동물이 서로 잘 어울릴지, 둘 다 행복할 수 있는 환경인지를 보호소에서 확인하기 위한 것입니다. 대부분의 보호소에서는 어떤 이유로든 입양 가정이 반려동물을 계속 키우기 어렵게 되었을 때 반려동물을 다시 보호소로 데려갈 것임을 입양 가정에 명확히 알립니다. 애완동물 가게에서 반려동물을 구매하고 싶은 유혹이 있을 수도 있습니다. 일반적으로 애완동물 가게에서 판매되는 동물은 가격이 비쌉니다. 더욱이 이윤을 추구하는 품종개량자들이 비윤리적인 방식으로 운영하는 강아지 공장에서 데려온다거나 다른 비윤리적인 출처에서 가져온 경우가 많습니다. 만약 특정 품종의 반려동물을 원한다면 지역 보호소에 입양 신청을 하거나 해당 품종을 중점으로 두는 구조 단체에 문의하는 것이 좋습니다.

　　반려동물을 중성화하고 예방 접종을 시켜주세요. 중성화 수술은 동물이 증가하는 것을 지연시키거나 막을 수 있는 유일한 방법입니다. 무분별한 번식으로 인해 보호소나 길거리에 수많은 동물이 버려지는 문제가 심각하게 증가하고 있습니다. 중성화되지 않은 한 마리의 고양이가 낳은 어린 고양이들은 칠년 안에 대략 42,000마리가 번식하는데 일조하게 됩니다. 보호소 내 모든 반려동물이 입양될 것 같지만, 현실은 그렇지 않습니다. 수많은 동물이 보호소에서 입양가족을 기다리는 처지에 놓이게 됩니다. 반려동물에게 예방 접종을 시켜 다른 동물과의 접촉 시 질병에 걸리지 않도록 하세요. 이러한 조치를 취하는 데 비용이 크게 들지 않습니다. 고양이 주인은 매년 약 백 달러 정도를 동물병원 진료에 지출하는 것으로 추정되며 강아지 주인은 그 두 배 정도를 지출할 것으로 예상됩니다.

반려동물에게 보호자의 이름과 전화번호가 기재된 인식표를 달아주세요. 분실 시 쉽게 보호자를 찾을 수 있도록, 반려동물의 몸에 보호자 정보가 기재된 마이크로칩을 이식하는 것도 고려해 볼 만합니다. 가까운 동물병원이나 보호소에서 이러한 마이크로칩을 심어줄 수 있습니다. 그러나 이웃들은 마이크로칩을 읽을 수 있는 스캐너를 가지고 있지 않은 경우가 많으므로 목걸이와 인식표를 함께 사용하는 것이 좋습니다.

아무리 책임감 있는 반려동물 보호자라도 재난 발생 시에 대한 대비는 놓칠 수 있습니다. 정전, 폭풍, 지진 및 기타 여러 비상사태가 발생했을 때 여러분과 여러분의 가족은 반려동물과 함께 안전하게 대비할 계획을 세워야 합니다. 반려동물을 위한 이동용 가방을 준비하는 것이 좋습니다. 재난 발생 시 며칠 동안 반려동물을 돌볼 수 있게 필수 약, 휴대용 물그릇과 사료 그릇, 약간의 물과 사료, 배변 봉투, 목줄, 그리고 휴대용 가방 등을 준비해 두는 것이 좋습니다. 재난 상황에 대비해 반려동물을 위한 비상 가방을 준비해 놓는다면 필요한 순간에 신속하게 대피할 수 있습니다. 또한 반려동물과 함께 비상시에 안전하게 대피하도록 가족 구성원 모두가 참여하는 가족 안전 훈련을 진행하는 것도 적극 추천해 드립니다.

반려동물을 함께 돌봐줄 수 있는 이웃이 있다면 서로에게 큰 위로와 도움이 됩니다. 특히 재난 상황에 대비하여 서로의 반려동물을 돌봐줄 수 있는 계획을 미리 세워두길 추천해 드립니다. 재난 발생 시 위급한 상황으로 인해 이웃이 집으로 돌아가 반려동물을 돌볼 수 없게 된다면, 여러분이 이웃의 반려동물을 대신 돌봐주기로 합니다. 반대의 경우에는 여러분의 이웃이 여러분의 반려견을 안전하게 잘 돌봐주기로 합니다. 물론, 이를 위해서는 각자 가족들의 안전이 충분히 확보되어야 합니다. 이때, 반려동물을 위한 이동용 가방이 각자의 집 어디에 보관되어 있는지도 미리 확인하는 것을 잊지 마세요.

반려동물을 키울 엄두가 나지 않는다면, 위탁 양육을 고려하는 것도 한 가지 방법입니다. 위탁 양육은 입양 가정을 찾을 때까지 반려동물을 임시로 돌보는 것을 의미합니다. 이를 위해 지역 동물 입양 센터와 연락하여 가능한 옵션을 살펴보세요. 다만, 위탁 양육의 가이드라인은 보통 엄격하게 적용된다는 점을 참고하세요. 또한, 위탁 양육을 하다 보면 위탁 동물과 강한 정서적 유대관계가 형성될 수 있다는 점을 염두에 두는 것이 중요합니다.

집을 동물 실험 금지 구역으로 만들기

동물 실험을 중단하거나 거부하는 기업들이 많아지고 있습니다. 특히 화장품이나 생활용품 기업들 중에서 더 많아지고 있습니다. 이러한 기업들의 제품을 구매하고 사용함으로써 그들의 결정을 응원해 주세요. 동물 실험에 대해 거부의 입장을 밝힌 회사들에 그들의 입장을 지지한다는 편지를 작성하여 보내보세요. 사용하는 화장품이 동물 실험을 거치지 않았는지 확인하려면, 제품 패키지에서 '화장품 소비자 정보 연합CCIC' 로고를 찾아보세요. 'CCIC 로고'는 해당 회사가 동물 실험 금지 정책을 따르고 있음을 나타냅니다. 이 표준을 준수하는 회사 목록은 'CCIC 핫라인1-888-546-CCIC'이나 'CCIC 웹사이트www.leapingbunny.org'에서 확인할 수 있습니다.

'CCIC 웹사이트'에서 당신이 선호하는 제품이 동물 실험 금지 정책을 채택하고 있는지 확인해 보세요. 또한, 당신이 애용하는 브랜드의 제품에 동물 실험을 진행한 성분이 사용되지는 않았는지 살펴보세요. 해당 정보를 찾을 수 없다면 해당 브랜드에 직접 편지를 써서 어떤 입장을 취하고 있는지 물어보세요. 만약 웹사이트나 제품에 해당 정보가 게시되어 있지 않다면 회사에 다음과 같이 당신의 생각을 전달해 보세요. "귀사의 제품을 사용하고 싶지만 제품 생산을 위해 동물을 위험하게 한다면 해당 제품을 사용할 수 없습니다."

해부 거부하기

개구리나 실험용 새끼 돼지를 해부하는 과학 수업에 참여해야 하는 것이 불편했다면 이 문제를 해결할 수 있는 방법이 있습니다. 일부 주(캘리포니아, 플로리다, 일리노이, 루이지애나, 메인, 메릴랜드, 뉴욕, 펜실베니아, 로드아일랜드)와 많은 지역 교육청에서는 해부 대신 다른 대안을 선택할 수 있도록 허용하고 있습니다. 해당 지역 교육지원청에 연락하여 학교의 정책과 가능한 대안을 자세히 알아보는 것이 좋습니다.

먼저 과학 선생님과 솔직하게 대화를 나누어 보세요. 동물을 해부하는 것에 대한 우려와 그 이유를 설명하세요. "동물을 해부하는 것은 제 가치관에 부합하지 않는 일이라고 생각합니다"와 같이 말할 수 있습니다. 이때, 중요한 점은 이것이 단순한 혐오나 불편함이 아니라 당신이 소중하게 생각하는 핵심 가치와 관련된 문제임을 분명히 전달해야 합니다.

그런 다음, 해당 지역에서 학생들에게 대안 프로그램을 허용하는 경우, 이 사실을 강조하고 선생님과 다시 한 번 상의를 해보세요. 학교나 학군에서 동물 해부 수업을 대체할 수 있는 대안을 제공하고 있는지 확인하고, 이에 대한 정보와 자료를 준비해 두어야 합니다. 여러분이 먼저 대안적인 아이디어를 제안할 수도 있습니다. 예를 들어 "휴메인소사이어티에서는 개구리 프로그램을 디지털 자료를 대여해 줍니다. 이 자료를 활용하며 학생들이 동물 해부에 참여하지 않아도 관련 내용을 배울 수 있습니다. 또한, 'NORINA 데이터베이스노르웨이 시청각 자료 목록 oslovet.veths.no/NORINA'를 사용하여 다른 아이디어를 찾아볼 수도 있습니다"와 같이 언급하면 도움이 될 것입니다.

과학 선생님이 동의하지 않을 경우에는 그다음 단계로 교장 선생님이나 교감 선생님에게 상담을 요청합니다. 이런 상황에서는 조금 더 신중한 준비가 필요합니다. 먼저 부모님에게 여러분의 결정을 지지하는 내용을 담은 편지를 부탁하고, 동물을 해부하지 않고도 같은 내용을 배울 수 있음을 보여주는 자료를 준비해야 합니다. 여러분의 대안이 실험용 새끼 돼지나 개구리를 사들이는 것보다 학교 예산을 훨씬 절약할 수 있다는 것도 강조하세요. 교장 선생님이 여전히 반대한다면, 학교 이사회에 어떻게 이 문제를 안건으로 상정할 수 있는지 물어보세요.

학교 이사회 회의에서 여러분의 의견을 효과적으로 전달하기 위해서는 여러분의 주장을 체계적으로 정리하는 것이 중요합니다.

이를 위해 과학 수업에서 동물 해부 실험을 대체할 수 있는 교육프로그램 개설의 당위성을 담은 청원서를 작성해 보세요. 그뿐만 아니라, 학교 내에서 이 대안 프로그램이 개설되었을 때 참여 의사가 있는지 파악하기 위해 학생들과 학부모들을 대상으로 전단을 배포하는 것도 효과적일 수 있습니다. 더불어, 학교 친구들에게 이메일을 보내 대안 프로그램에 참여 의사를 묻는 것도 유용한 방법 중 하나입니다.

수업을 듣는 학생들로부터 청원 서명을 모으고 그들의 부모님과 함께 교육 위원회 회의에 참석해 달라고 그들에게 요청하세요. 지역 동물복지 단체, 동물 보호 단체, 그리고 교육 개혁 단체에도 학교 이사회 회의에 참석해 달라고 요청하여. 이 문제에 대한 지지와 지원을 얻을 수 있도록 노력하세요. 이들이 지지 서한을 작성하거나 학부모를 대신하여 의견을 전달해 준다면 교육 위원회를 설득하는 데 정말 큰 힘이 될 것입니다.

마지막으로, 지역 언론과 연락해야 합니다. 어떤 언론사가 있는지 알고 있을 것이지만, 더 자세한 정보를 얻고 싶다면 인권 캠페인 웹사이트www.hrc.org를 방문하세요. 우편번호를 입력하면 지역 언론사 목록을 확인할 수 있습니다. 그 다음으로 왼쪽 메뉴란에 있는 '직접 행동하기'를 클릭하세요. 또 다른 웹사이트로는 www.congress.org이 있습니다. 홈페이지에 방문해서 '미디어 가이드'를 클릭하면 관련 정보를 찾을 수 있을 것입니다. 이제 지역 언론에 대한 정보를 확보했으므로 보도자료를 작성하여 해당 언론에 발송하세요. 문서 작성 도구는 자유롭게 선택할 수 있습니다. 보도 자료의 상단에는 연락처를 합니다. '지역 학생, 교육청의 해부 정책에 이의 제기'와 같이 강렬한 제목을 작성하세요. 바로 아래에 회의가 열릴 장소와 시간을 명시하세요. 보도자료의 본문은 뉴스 기사와 같이 작성되어야 하며, 가장 중요한 사실을 먼저 다루어야 합니다. 보도자료는 삼인칭을 사용하여 작성해야 합니다. 보도자료를 작성할 때 다음 내용이 명시되었는지 확인하세요.

⊙ 여러분의 이름, 현재 다니고 있는 학교 와 학년 정보.

⊙ 해부 수업 참여를 거부하는 이유를 구체적으로 설명.

⊙ 선생님 이름과 함께 요청을 거절한 이유를 기술.

⊙ 대안의 내용을 자세히 기술.

⊙ 지지하는 사람의 이름 명시. 이들은 학부모, 동료 학생, 특정 단체 등 누구든지 될 수 있습니다.

⊙ 동물 실험에 대해 타지역에서 제시하는 대안을 살펴보기.

⊙ 과학 수업이 졸업 이수 과목인지 확인하기.

⊙ 디지털 형대로 된 자료가 상세분석표보다 저렴할 수 있음.

제목을 중앙에 정렬하고 가독성이 좋은 글꼴을 사용하여서 한 눈에 보기 좋게 편집하세요. 보도자료를 발송하기 전에 맞춤법을 검사하고 다른 사람에게 검토를 부탁하세요. 보도자료를 배포하는 가장 효과적인 방법은 지금도 여전히 팩스나 우편으로 발송하는 것이지만 기자의 이메일 주소가 있는 경우 이메일로도 발송할 수 있습니다. 다만, 많은 기자가 첨부 파일을 열지 않는 경향이 있으므로 이메일 본문에도 내용을 함께 포함하세요.

이사회가 열리기 전에 보도자료를 보내고, 행사 전날에 '알림'이라는 단어를 제목에 추가하여 보도자료를 재발송하세요. 언론이 이 이벤트에 참석한다는 것은 여러분의 문제 제기가 큰 관심을 받을 수 있다는 것을 의미합니다.

학교 이사회에 여러분의 의견을 효과적으로 전달하기 위해서는 자료를 철저히 준비해야 합니다. 해부 수업 참여를 거부하는 이유를 담은 성명서를 작성하세요. 이 성명서는 열정적이면서도 가능한 한 명확하게 작성해야 합니다. 여러분이 해부 실험에 참여할 수 없는 구체적인 이유에 대해 자세히 설명하고 이에 대한 여러분의 신념과 가치관을 이사회 구성원들에게 적극적으로 전달하세요. 학교가 여러분의 의견에 귀 기울이지 않는다는 불만을 전달하는 것보다 학교 이사회가 해부 실험 수업 정책을 개선해야 하는 이유에 대한 여러분의 생각을 전달하는 것에 집중하세요. 여러분이 제안하는 대안 교육 방안에 대해 자세히 설명하고 지지자들의 목록을 언급하여 여러분의 주장을 뒷받침하세요. 마지막으로, 학교 이사회에서 생각을 나눌 기회를 얻게 되어 감사하다는 내용의 인사로 성명서를 마무리하는 것을 권장합니다. 이렇게 하면 이사회 구성원들도 여러분과의 만남을 더 기쁘고 소중하게 생각하게 될 것입니다.

이사회 구성원들을 위한 관련 자료집을 작성해야 합니다. 더불어, 언론 및 회의 참석자들을 대상으로 한 별도의 자료집도 작성해야 합니다. 각 자료집에는 연락처 정보와 함께 성명서 사본이 포함되어 있어야 합니다. 보도자료를 뒷받침할 근거와 이 과정의 시작일, 교장 선생님과의 회동 날짜 등을 담은 타임라인 정보도 포함하는 것이 좋습니다. 지지 서한과 청원서의 사본이 있는 경우 함께 첨부하세요. 여러분이 제안한 동물 해부 실험에 대한 대안 프로그램 정보 또한 자료집에 포함하세요.

회의 전에 여러분을 응원차 참석해 주신 분들에게 감사 인사를 전하세요. 언론이나 이 문제를 잘 모르시는 분들에게 관련 자료집을 제공하고 이사회 각 구성원에게도 하나씩 배포하세요. 언론이 여러분을 인터뷰하고자 할 때는 먼저 그들의 명함을 받고 부모님 중 한 분께 동행을 부탁드리는 것이 좋습니다. 인터뷰 시에는 명확하고 정직하게 답하여 여러분의 이야기를 효과적으로 전달할 수 있는 기회로 활용하세요. 동아리 구성원들은 중요하게 생각하고 있는 가치에 따라 행동하고 있으며 다른 사람들도 수용할 수 있는 교육적 대안을 제시하고 있다는 점을 반복해서 강조하세요. 여러분이 대안을 가지고 있다는 사실이 핵심 메시지가 되어야 합니다.

회의가 시작되면 안건 항목이 논의될 때까지 기다렸다가 차례가 되면 발표자가 연단에 오릅니다. 긴장되겠지만 프레젠테이션할 때 이사회 멤버들과 눈을 마주치도록 노력하세요. 가능하면 발표할 때 고개를 너무 숙이지 마세요.

교육 위원회마다 다르겠지만 발표 후 몇 가지 질문을 할 수도 있습니다. 최선을 다해 답변하고 필요한 경우 관련 자료집을 참조하세요. 모르는 질문을 받으면 "지금은 그 정보를 가지고 있지 않지만 확인해 보고 다음에 알려드리도록 하겠습니다."라고 말하세요. 그리고 회의가 끝난 후에 실제로 그렇게 하세요. '반대 측'이 있는 경우 그쪽 지지자들도 발언할 수 있게 기회를 부여하세요.

학교 이사회가 그 자리에서 투표하여 답을 내놓을 수도 있지만, 때에 따라 일주일 동안 기다려야 할 수도 있습니다. 피력했던 의견이 받아들여졌다면 정말 축하합니다. 도움을 준 모든 분에게 감사의 인사를 전하고 여러분의 의견이 반영되어 개선된 과학 수업에 참여하세요.

의견이 받아들여지지 않더라도 몇 가지 선택지가 있습니다. 불편함을 감수하고 해부 수업에 참여하거나 매일 수업에 출석하되 실험을 거부할 수 있습니다. 얼마나 엄격하게 교칙을 적용하는지에 따라 실험에 불참한 결과로 낙제 점수를 받을 수 있습니다. 그런 상황에 부닥치게 되면, 미국 시민 자유 연합 및 휴메인 소사이어티와 상의하여 법적 조치를 취할 수 있는지 검토해 보세요. 어떤 결과가 나오든, 여러분은 스스로가 옳다고 믿는 가치를 위해 용기를 냈습니다. 이제 여러분의 도전은 미래의 학생들이 조금 더 쉽게 그들이 가고자 하는 길을 갈 수 있는 안내서가 될 것입니다.

동물 연구 대학 가이드 만들기

진학을 앞두고 어느 대학에 지원해야 할지 깊이 고민하게 될 것입니다. 원하는 대학에서 어떤 종류의 연구가 이루어지고 있는지 알게 된다면 더욱 신중하고 현명한 결정을 내릴 수 있습니다. '동물 연구 대학 가이드 만들기' 프로젝트는 대학 실험실에서 일어나는 일을 학생들과 시민들에게 알리는 활동입니다. 이를 통해 미래에 대한 결정을 내릴 때 도움을 얻을 수 있습니다.

특정 캠퍼스의 동물 연구에 대한 정보를 얻으려면 조금만 더 깊게 파고들면 됩니다. 시작하기 좋은 방법은 교수진이나 캠퍼스 내 연구실 책임자에게 편지를 쓰는 것입니다. 그 편지에서 어떤 종류의 동물 연구가 이루어지는지 자세히 물어보세요. 가능한 한 구체적으로 질문하세요. 동물이 어떻게 사육되는지, 어디에서 왔는지, 어떤 유형의 실험이 진행되는지, 마지막으로 어떤 동물이 사용되는지 등을 자세히 알아보세요. 누가 연구 자금을 지원하고 있는지, 연구 목적은 무엇인지에 대해서도 꼼꼼하게 물어보는 것이 중요합니다.

미국 농무부 동식물 위생검사국에서는 지원하고자 하는 대학의 정책에 대해 알아볼 수 있는 웹사이트를 운영하고 있습니다. 주 정부 지원 학교의 정보를 얻는 것이 상대적으로 더 쉽지만 사립 학교들도 종종 정보 공개를 요구하는 연방 기금 프로그램에 참여하고 있습니다.

원하는 대학의 정보를 수집한 후, 다른 학생들도 활용할 수 있도록 만들어 주세요. 학교 이름과 해당 학교에서 진행 중인 연구 및 활동에 대한 정보를 담은 작은 안내서나 전단을 제작하는 것도 좋은 방법입니다. 이 자료는 '어느 학교로 진학해야 하는가'라는 메시지를 전달하기 위한 것이 아니라, '각 학교의 연구 시스템과 활동 내용에 대한 정보'를 통해 학교 선택에 도움을 주고자 함을 분명히 설명해 주세요. 정보를 수집한 방법과 이용할 수 있는 출처를 반드시 명시해 주어야 합니다.

보호소 자원봉사 하기

지역 내 동물 보호소나 구조 단체는 항상 도움이 필요합니다. 자원봉사를 통해 돌봄과 사랑이 필요한 동물들을 돕는 것이 가능합니다. 그러나 그 전에 케이지 청소부터 아픈 동물을 돌보는 것까지 어떤 자원봉사도 다 할 준비가 되었는지 스스로에게 확인하는 것이 중요합니다. 정기적인 방문을 약속하기 전에 참여 가능한 자원봉사 활동을 미리 파악해 두어야 합니다. 예를 들어, 브루클린 동물 자원 연합www.barcshelter.org과 같은 일부 동물 보호소에서는 산책 프로그램을 운영하고 있습니다. 자원봉사자로 선발이 되면 시간 날 때마다 센터에 들러서 강아지를 데리고 산책을 나갑니다. 이 활동을 통해 강아지와 함께 운동을 즐기고 교감을 나눌 수 있습니다. 자원봉사를 시작하기 전에 해당 보호소가 '노킬 정책'을 따르는지 확인하는 것을 잊지마세요.

지역 동물을 위한 적극적인 시민 되기

장시간 묶여있거나 쇠사슬에 묶여 있는 경우와 같이 학대받는 동물을 본다거나 서커스나 기타 쇼를 했던 동물들에게서처럼 방치된 흔적이 있는 동물을 발견하게 된다면 신고해 주세요. 길 잃은 강아지와 고양이도 여러분의 도움이 필요합니다. '노킬센터'와 연계된 동물 구조 단체에 연락하면 길 잃은 동물들에게 주인을 찾아주기 위해 노력할 것입니다. 잃어버린 동물이거나 야생동물인 경우 중성화 수술을 하거나 중성화 수술을 한 후 좋은 가정으로 보내는 등 다른 곳에서 돌볼 수 있게 조치를 합니다. 길 잃은 동물이나 야생동물을 직접 포획하기 보다 전문기관의 도움을 받으세요. 동물이 아프거나 다친 것처럼 보이면, 만지려고 시도하지 마세요. 낯선이가 다가오는 것에 대한 두려움과 고통 때문에 공격적으로 될 수 있습니다. 섣불리 구조하려다가 다칠 수 있으므로 먼저 동물구조 단체나 경찰에 신고하고 구조대가 도착할 때까지 동물을 계속 주시하세요.

"반려동물은 멋진 동반자입니다" 활동 시작

반려동물은 멋진 동반자입니다Pets Are Wonderful Support로 알려진 'PAWS'는 나이가 많거나 질병을 앓고 있어 반려동물을 제대로 돌보지 못하는 보호자를 대신해서 반려동물을 돕는 단체입니다. 'PAWS' 자원봉사자들은 해당 반려동물 보호자의 집을 방문하여 청소, 먹이 주기, 산책 등 반려동물에게 필요한 일상적인 돌봄을 제공합니다. 보호자와 반려동물이 헤어질 필요 없이 계속해서 함께 할 수 있도록 도움을 줍니다. 연구 결과에 따르면 사랑하는 반려동물과 함께 생활하는 것이 환자의 고통을 줄여주고 회복에 큰 도움을 준다는 사실이 입증되어 왔습니다. 그러므로 'PAWS'의 활동은 궁극적으로 보호자의 정서적 지원에도 일조하게 되는 셈입니다.

'PAWS'라는 약어를 사용하는 친 동물 단체가 많은 것은 놀라운 일이 아닙니다. 반려동물은 훌륭한 동반자입니다Pets Are Wonderful Support 외에도 공연 동물복지협회Performing Animal Welfare Society, 진보적인 동물복지협회Progressive Animal Welfare Society, 인생을 위한 발자국Paws for Life 등이 모두 'PAWS'라는 약자를 사용하고 있습니다.

'PAWS'는 원래 HIV·AIDS 감염인을 돕기 위해 시작되었지만, 지금은 다른 많은 유형의 사람들을 돕고 있습니다. 이 단체는 샌프란시스코에 본부를 두고 샌프란시스코에서만 활동을 진행하고 있습니다. 다른 지역에 활동을 전계하고 싶다면 웹사이트www.pawssf.org를 통해 'PAWS' 지부를 시작하는 방법을 확인 할 수 있습니다. 지부 개설을 위한 매뉴얼에는 이사회 구성과 비영리 단체를 설립하기 위한 법적 절차 안내 등 단체 설립을 위한 법적 행정 절차가 설명되어 있습니다. 이 모든 단계를 직접 처리할 여력이 없다면 지역사회에서 이미 활동을 하고 있는 단체의 협력자가 될 수 있습니다.

동물구조사이트
The Animal Rescue Site

2002년 두 명의 환경운동가가 시작한 동물 구조 사이트는 가장 잘 알려진 '클릭 기부' 웹사이트 중 하나입니다. 사용자가 클릭할 때마다 도움이 필요한 동물들에게 사료 한 그릇이 제공됩니다. 이 프로그램은 후원자의 지원을 받아 운영되며, '노스 쇼어 애니멀 리그 아메리카North Shore Animal League America'와 같은 야생동물 보호구역까지 포함하여 현장에 배포되고 있습니다. 여러분은 이 웹사이트를 매일 방문하여 클릭함을 통해 동물들에게 도움을 줄 수 있습니다.
www.theanimalrescuesite.com

케어2 Care2

이 웹사이트는 환경 분야 웹사이트로 분류되지만, 액션 센터에는 동물을 위해 클릭하여 기부할 수 있는 여러 가지 방법이 있습니다. 원숭이나 침팬지와 같은 영장류를 돕고 싶은 사람은 제인 구달 연구소에 기부금을 보낼 수 있으며 사자나 호랑이와 같은 야생동물들을 돕고 싶은 사람들은 야생동물 보호 협회를 통해 이들을 지원할 수 있습니다. 아픈 동물들은 휴메인 소사이어티를 통해 치료받게 할 수 있습니다. 매일 한 번 이 웹사이트를 방문하여 클릭함을 통해 동물들을 돕는 데 기여하세요. www.care2.com

미국동물학대방지협회

The American Society for the Prevention of Cruelty to Animals, ASPCA

1866년에 설립된 'ASPCA'는 미국에서 가장 오래된 인도주의 단체 중 하나입니다. 이 단체는 동물 독극물 관리부터 지역 보호소 지원, 어린이를 위한 도서 추천까지 다양한 분야에서 활동하고 있습니다. 애니멀 워치 잡지를 발행하고 있으며 동물 전문 방송국 애니멀 플래닛Animal Planet과 함께 뉴욕시의 인도주의 법 집행 요원을 다루는 TV 프로그램인 애니멀 프리싱트Animal Precint를 제작하고 있습니다. 이 웹사이트에는 다양한 정보가 기득하며 지주 묻는 말(FAQs) 섹션만으로도 방문할 가치가 있습니다. 또한, 동물 학대 방지 페이지에는 이 문제 해결을 위한 다양한 아이디어와 관련 자료들이 풍부하게 정리되어 있습니다. 이 웹사이트의 로비 활동 섹션도 확인해 보세요. www.aspca.org

농장 동물 개혁운동

Farm Animal Reform Movement, FARM

'FARM'은 사람들의 식습관을 개선하고 농장 동물의 처우를 개혁하는 것을 목표로 하는 전국적인 단체입니다. 이 단체는 식물성 식단을 지지하며 동시에 농장 동물에 대한 강화된 모니터링과 학대 방지를 위한 엄격한 법률 제정을 촉구하고 있습니다. 또한, 예비선거와 전당대회에서 후보자들에게 동물과 채식 문제를 제기하여 미국 정치 토론에서 이 주제가 더 활발히 다루어지게 노력하고 있습니다. www.farmusa.org

미국 휴메인소사이어티

The Humane Society of the United States

미국 휴메인소사이어티는 인간과 동물이 사랑과 배려를 토대로 공존하는 세상을 만들기 위해 노력하고 있습니다. 이 웹사이트에서는 반려동물, 야생동물, 농장 동물, 해양 포유류, 연구용 동물 등 다양한 동물에 관한 정보를 제공합니다. 반려동물 입양을 고려하시는 분들을 위한 제안과 새로운 가정에서 반려동물을 편안하게 돌보기 위한 가이드라인도 찾아볼 수 있습니다. 그뿐만 아니라, 희귀 동물의 적절한 돌봄 방법부터 적합한 수의사 선택에 이르기까지 다양한 주제의 동영상도 볼 수 있습니다. 웹사이트를 방문하여 자원봉사와 취업 기회 등 더 많은 정보를 확인해 보세요. www.humanesociety.org

샤키라의 이야기

샤키라 크로체는 조지아 주 게인즈빌에 있는 게인즈빌 고등학교를 다니고 있는 열일곱 살 학생입니다.

　동물을 사랑하는 마음으로 인해 채식주의자가 되어야겠다고 결심한 게 열두 살 때쯤이었던 것 같아요. 그때 처음으로 동물에 관한 저의 가치관을 밝혔던 것 같아요. 부모님 친구 중 채식주의자가 있긴 했지만 저에게 채식은 새로운 개념이었어요. 동물들이 어떻게 사육되고 도살되는지 알게 되기 전까지 저는 제가 먹는 음식에 대해 심각하게 생각해 보지 않았어요. 그런데 공장식 축사에서 동물들이 어떻게 사육되고 도살되는지 알게 되고 나서 정말 큰 충격을 받았어요. 마취조차 받지 못하고 도살되는 동물들을 조사해 보며 저는 저의 사랑하는 반려묘 스모키를 떠올렸어요. "내가 먹는 동물들과 스모키 간의 차이점은 무엇일까?" 생각해 보며 깨닫게 되었어요. 나에게 사랑과 애정을 주는 반려묘와 같은 이 동물들을 먹고 싶지 않다는 것을 알게 되었어요.

그래서 채식주의자가 되었어요. 중학교 2학년이었을 때 제가 다니던 중학교에서는 일주일에 한 번 정도만 점심에 채식 메뉴를 먹을 수 있었어요. 심지어 양상추도 조금 밖에 없었어요. 저는 식당 책임자에게 가서 "채식 메뉴는 없나요? 혹시 즉석에서 만들어 줄 수 있나요?"라고 물었어요. 식당 책임자는 "일주일에 한 번 정도 채소 요리를 해주고 있어요."라고 말했어요. 저는 "요리한 채소를 반찬으로 내는 것과 채식을 하는 것은 다른 거예요."라고 말했어요.

채식을 원하는 친구들이 없다는 식당 책임자의 말을 듣고 저는 반 친구들과 선생님들에게 청원서를 돌려야겠다고 생각하게 되었어요. 식당에 채식 메뉴가 있었으면 좋겠다는 내용의 청원서였는데 1~2주 만에 거의 이백 명 정도가 서명에 동참해 주었어요. 그 청원서를 가지고 식당 책임자를 찾아갔더니 "이렇게 많은 사람들이 채식을 원하는지 몰랐다."라며 "어떻게 할 수 있는 방법을 찾아보겠다."라고 했어요.

이렇게 청원서에 서명을 받아 본 건 정말 좋은 경험이었어요. 새로운 사람들을 만나서 제 신념에 관해 이야기하고 생각을 나눌 수 있어 좋았어요. 대부분의 사람들이 열린 태도로 제 생각을 들어 주었어요. 그렇지 않더라도 제가 왜 채식주의자가 되었는지, 채식주의에 관해 어떤 것들을 배웠는지 이야기하면 대개 설득할 수 있었어요. 저는 채식주의자가 차별받아서는 안 된다고 말했어요. 그러면서 채식주의자가 아니더라도 청원서에 담긴 내용이 학교 당국에 의해 받아들여진다면, 우리 모두가 더 좋은 음식을 먹을 수 있을 것이라고 말해주었어요.

마침내 우리는 구운 감자와 같은 채소가 가득 담긴 샐러드 바를 제공받을 수 있었어요. 정말 좋았어요. 중학교에 다니는 아이들 모두가 채식주의자는 아니었지만, 매일 먹는 정체불명의 고기 대신 모두가 샐러드 바를 원했기 때문에 더 좋았던 것 같아요.

이 문제에 더 관심을 가지면서 동물권을 위한 동아리가 있다면 정말 멋질 것 같았어요. 당시에 동물권 동아리가 없어서 고등학교 1학년 때 동물 권리에 대한 인식을 증진하는 모임 'SPAAR^{Students Promoting Awareness of Animal Rights}'을 만들었어요. 만드는 데 거의 1년이 걸렸어요.

저는 동물권에 관해 저 혼자만 생각하는 게 아니라 관심을 두고 있는 친구들이 많다는 걸 보여주고 싶었어요. 나 혼자만의 힘으로 행동하는 것보다는 청원서를 통해서든 친구들과 동행하는 것을 통해서든, 많은 사람들이 함께하고 있다는 걸 보여주는 게 중요하다고 생각했어요. 그래서 스물다섯 명 정도가 모여 교장실로 찾아갔어요.

우리 모두 신청서를 들고 갔지만, 교장 선생님은 그저 감탄사만 내며 승인해 주지 않았어요. 이후 육 개월 동안 교장 선생님은 우리를 만나주지 않았어요. "동아리 활동 계획서 필요해."라며 승인해 주지 않아서 제가 계획서를 전달하면 또 이제는 "후원자가 필요한데…"라고 말하는 식으로 계속 승인해 주지 않았어요.

육 개월 후 교장 선생님은 "고기를 얻기 위해 닭과 오리를 키우는 이 시대에서, 동물권 동아리를 시작하는 것은 사회 통념상 받아들이기 어렵다."라며 승인해 주지 않았어요. 저는 교장 선생님의 이 말이 정말 옳지 않다고 생각했어요. 그래서 그 주말 친구들과 연방법에 관해 인터넷 검색을 해보았고, 학교에서는 동아리를 만들고 싶은 학생에게 동아리를 만들 수 있도록 허용해야 한다는 평등 접근법 제20장 52절 4,071조 조항을 발견할 수 있었어요.

저는 관련 내용을 인쇄하여 교장 선생님께 전달했어요. 제 기억으로 하루나 이틀 정도 지났던 것 같아요. 교장 선생님이 저를 불러 동아리를 만들 장소와 시간을 알아보라며 승인해 주었어요. 정말 기분 좋았어요. 그렇게 동아리를 시작하게 되었고 사람들에게 이 동아리가 어떻게 시작하게 되었는지를 알리며 홍보했어요. 그 해 연말에 열 명 정도 있었는데 이 년째로 접어든 지금은 스무 명이 넘는 친구들과 함께하고 있어요.

우리는 세계 농장의 날과 전국 고기 추방의 날에 채식 음식 샘플과 전단을 나눠주는 이벤트를 열었어요. 또한, 해부 수업을 대체할 수 있는 CD-ROM을 학교에 기증했는데 그 결과 올해에는 동물 해부를 전혀 하지 않았어요. 우리가 기부했던 CD-ROM에 담긴 해부 프로그램은 내용도 훌륭한데 비용도 저렴하여 정말 좋았던 것 같아요.

계절별로 다양한 캠페인을 진행하는데 얼마 전에는 학교 미디어센터에서 모피 반대 캠페인을 진행했었어요. '증인'이라는 모피 산업과 관련한 다큐멘터리 영상을 전교생을 대상으로 상영했었어요.

미국 동물보호협회에서 자원봉사를 하는 등 학교 밖에서도 다양한 활동을 하고 있어요. 동물권 관련 법안이 통과될 때마다 상원 의원과 하원 의원에게 전화도 걸어요.

저를 비롯한 'SPAAR' 멤버들은 특히 편지를 자주 써요. 학교 신문뿐만 아니라 지역 신문에도 편지를 쓰는데, 이는 지역 사회 전체를 대상으로 할 수 있어서 정말 좋은 일인 것 같아요. 예를 들어 사냥에 관한 기사가 나오면 "사냥을 스포츠맨십이라고 부르지 마세요. 사냥은 스포츠가 아닙니다."와 같은 사냥에 반대하는 의견을 담은 편지를 써서 보내요. 서커스와 사냥에 관한 편지를 썼고, 이 지역의 큰 이슈인 양계와 가금류 산업에 대한 편지도 많이 썼어요.

편지가 게시되려면 몇 가지 주의해야 할 사항이 있어요. 너무 감정적이면 안 돼요. 사실에 충실해야 하고 너무 길어지지 않도록 요점을 간결하게 정리해야 해요. 가장 중요한 것은 모든 사실의 출처를 확인하고 또 확인해야 한다는 거예요. 편지 전체에서 한 문장의 사실관계만 틀리더라도 상대방은 틀린 부분에만 주목할 것이기 때문에 특히 주의해야 해요. 처음 편지를 쓰기 시작했을 때는 편지를 보내고 일주일 후 전화나 이메일을 통해 제 편지가 반영되었는지 확인하곤 했었는데, 지금은 편지를 너무 많이 써서 그럴 필요가 없어졌어요. 제 편지에 대한 답장도 많이 받아요. 제가 쓴 편지에 답장이 네 통이나 온 적도 있었어요. 저는 "예수님이 사냥꾼이었나요?", "반자동 소총으로 사슴을 쏘는 것이 자비와 연민에 대한 예수님의 가르침에 부합하는 건가요?"와 같이 질문을 던지는 편지를 썼는데, 이 질문에 화가 난 사람들이 많았던 것 같아요.

　가끔은 부정적인 피드백이 너무 많아 힘들 때도 있어요. 하지만 "와! 마지막 편지가 정말 마음에 들었어요. 누군가가 목소리를 내 줘서 정말 기뻐요."라고 말하는 사람들을 보면 이 모든 일이 정말 가치 있는 일이라는 걸 느끼게 돼요. 저는 맹목적인 비난에 대해서는 귀담아듣거나 마음에 새기지 않아요. 어머니는 부정적인 반응이 나오면 아무래도 제가 자녀이다 보니 약간 방어적으로 되시기도 하지만, 그래도 저를 정말 지지해 주세요. 제가 쓴 편지가 신문에 게시되면 너무 좋아하시죠. 제가 신경 쓰지 않기 때문에 부모님도 그 반응들에 크게 신경 쓰지 않으세요.

　저는 언제나 활동가일 거예요. 무언가에 관여하고 있지 않은 저의 모습은 상상할 수 없어요. 무언가 잘못되었다는 것을 알면 그에 대해 조치를 취해야만 해요. 아무것도 하지 않고 있을 수 없어요. 저는 활동가가 되고자 하는 사람들에게 자신의 힘을 과소평가하지 말라고 이야기 해주고 싶어요. 누군가 "넌 할 수 없어."라고 말할 때, 그 말이 틀렸음을 증명하는 걸 목표로 삼았으면 해요. 끈기있게 행동한다면 효과가 있을 거예요. 저는 직접 행동함을 통해 누구나 변화를 만들 수 있다는 것을 배웠어요. 자비로운 사람이 되고, 자신의 신념에 편안함을 느끼는 사람이 되는 게 중요해요. 그리고 서로 다른 견해를 받아들이는 것이 중요한 것 같아요. 평등 접근법 전문은 다음 링크에서 확인할 수 있습니다. www4.law.cornell.edu/uscode/20/4071.html

엠마의 이야기

엠마 바넷은 뉴욕 바드 고등학교 2학년에 재학 중입니다.

열두 살 때 맨해튼 유니언 스퀘어에 있는 대형 반려동물 매장인 '펫코'를 방문했었어요. '펫코'에서 고양이를 보고 있는데 입양센터를 운영하는 마를린이라는 분이 저에게 다가와 자원봉사를 하고 싶지 않냐고 물었어요.

저는 동물을 좋아했지만 그 분야에서 일을 해본 적은 없었어요. 그렇기 때문에 그녀의 제안이 너무 흥미로워서 바로 다음 날부터 자원봉사 활동을 시작했어요. 무엇을 해야 할지 잘 몰랐지만 입양센터에서 저의 할 일을 알려주었어요. 처음에는 케이지 청소 같은 것부터 시작해 고양이 돌보는 일까지 정말 열정적으로 일했던 것 같아요. 그러다 보니 시간이 흐르면서 더 많은 책임을 지게 되었고, 사람들의 질문에 답하는 일과 새로운 자원봉사자들 교육하는 일까지도 할 수 있게 되었어요.

'키티카인드'는 '펫코'에서 입양 프로그램을 운영하고 있는 단체에요. '키티카인드'는 비영리로 운영되고 있으며 뉴욕에서 고양이 구조와 입양 활동을 하고 있어요. 지금까지 각지에서 발견된 수천 마리의 고양이를 구했는데, 이 고양이들은 길거리와 버려진 건물에서 발견되기도 하고 동물 병원과 보호소에서 데려오기도 해요. 때로는 사람들이 그냥 버리기도 해요. 고양이를 상자에 넣어 두고

매장을 몰래 빠져나가는 사람들을 수없이 많이 봤어요.

고양이가 들어오면 동물병원에 데려가서 먼저 검사받아요. 우리에게는 할인 혜택을 제공하고 있는 협력 수의사분들이 있어요. 고양이가 매우 아프거나 사회화가 필요한 경우에는 입양할 준비가 될 때까지 자원봉사자나 다른 사람에게 위탁을 맡겨 보살피게 돼요. 그런 다음 키티카인드에 들어와 누군가가 집으로 데려갈 때까지 계속 돌봐줘요.

고양이 입양을 원하는 사람이 오면 입양 담당자와 상담하면서 이전에 고양이를 키운 적이 있는지, 중성화 수술을 한 적이 있는지 등 다양한 질문을 해요. 참고로 '키티카인드'는 발톱 제거는 지원하지 않아요. 고양이에게 매우 좋지 않으니까요. 기존에 키우던 고양이는 어떻게 되었는지, 안락사시켰는지 분양했는지 등 다양한 질문을 통해 그 사람이 고양이를 키우기에 적합한 사람인지 입양 담당자가 판단하여 입양을 진행하게 돼요. 입양되지 않고 가장 오래 머물렀던 고양이가 있었는데 이름이 샤나였어요. 샤나는 육 개월 정도 '키티카인드'에 있었는데 마스코트 같은 존재였어요. 사람들은 대개 새끼 고양이나 어린 고양이를 원하지 통통하거나 뚱뚱한 삼색 고양이는 원하지 않거든요. 그래서 저는 '이 고양이에게 꼭 집을 찾아 줄 거야!'라고 마음먹었던 것 같아요. 샤나는 조금 흔한 고양이 같아 보였지만, 항상 베개 위에 앉아있는 가장 사랑스러운 고양이였어요. 샤나가 마침내 입양되었을 때 저는 정말 행복했었어요.

제 고양이도 '키티카인드'에서 왔어요. 주황색과 흰색의 고양이로 이름은 새미에요. 저의 어머니는 고양이를 정말 키우고 싶지 않아 하셨는데, 9.11 테러 이후 제가 고양이를 키우는 걸 허락하셨어요. 제 기분이 좋아질 거로 생각하셨나 봐요. 새미는 집에 와서 어머니를 정말 힘들게 했었지만, 이제는 어머니도 아버지도 모두 새미와 사랑에 빠져 버렸어요. 너무 버릇이 없어 새미가 집주인인 것처럼 행동할 정도예요. 저는 자원봉사를 통해 고양이에 대해 많은 것들을 배울 수 있었어요. 고양이를 어떻게 돌봐야 하는지 알게 되었고, 고양이가 먹어야 할 음식과 먹지 말아야 할 음식, 어떤 종류의 약으로 어떻게 치료해야 하는지 등 여러 가지를 알게 되었어요. 어렸을 때는 수의사가 되는 것에 관심이 있었지만 지금은 잘 모르겠어요. 하지만 평생 동물과 함께 일하고 싶다는 건 확실해요.

이 자원봉사 활동은 정말 멋진 경험인 것 같아요. 집 없이 떠돌아다녀 빼빼 마른 고양이가 이곳에 들어와 점점 나아지는 것을 보고, 입양되는 것을 본다는 건 정말 멋진 일인 것 같아요. '키티카인드'에 대한 자세한 정보와 유기 동물 발견 시 대처 방법에 대한 안내는 www.kittykind.org 에서 확인하세요.

브레인 스토밍

◑ 반려동물을 잘 양육하고 지키기 위한 적절한 교육이나 교육 자료는 어떤 것이 있을까요?

◑ 동물권과 관련된 청소년들의 참여를 높이기 위한 이벤트나 프로젝트가 어떤 것이 있을까요?

◑ 지역사회에서 동물을 보호하고 지원하는 봉사활동을 통해 어떻게 기여할 수 있을까요?

◑ 동물과 함께 할 수 있는 친환경적인 활동이나 이벤트를 개최하는 방법은 어떤 것이 있을까요?

◑ 동물과의 상호 작용을 통해 인간-동물 유대감을 증진시키는 활동이나 프로그램은 어떤 것이 있을까요?

◑ 동물 보호 단체나 병원에서 자원봉사자로 참여하면 어떤 경험이 도움이 될까요?

◑ 청소년 대상의 적절한 반려동물 돌봄과 동물보호 인식을 향상시키기 위해 학교 교육 프로그램이나 강연이 필요한 이유는 무엇이라고 생각하시나요?

직접 행동

◗ 반려동물을 키우고 있나요? 키우고 있다면 어떻게 키우고 있는지 한 번 정리해 보세요.

◗ 키우고 있지 않지만 키울 계획이 있다면 어떻게 키우고 싶은지 정리해 보세요.

◗ 보호소에서의 입양을 생각해 보았다면 주변 동물 보호소가 어디에 있는지 검색해 보세요.

◗ 지금 쓰고 있는 화장품 회사의 홈페이지에 들어가 동물 실험과 관련한 회사 내 정책에 대해 알아보세요. 없다면 게시판에 문의를 남겨보세요.

◗ 우리 학교의 해부 수업은 어떻게 진행되는지 알아보세요.

◗ 동물 실험을 진행하고 있는 대학 연구 기관에 대해 조사해보세요. 살고 있는 인근에 대학교가 있다면 동물 실험에 관한 문의를 남겨 보세요.

◗ 자원봉사 할 수 있는 동물 보호소나 단체를 찾아보세요.

◗ 내가 기부할 수 있는 금액을 정해보고 기부처를 찾아보세요.

미국의 평등 접근법 Equal Access Act

1984년 제정된 법률로, 공립 고등학교에서 종교, 정치, 철학적, 또는 기타 연설 내용을 이유로 학생 단체의 동등한 접근을 거부하는 것을 금지하고 있습니다. 평등 접근법은 공립 고등학교에서 학생 단체의 표현의 자유를 보호하는 데 중요한 역할을 하고 있습니다. 이 법을 통해, 학생은 종교, 정치, 철학적, 또는 기타 연설 내용에 관계없이 학교에서 자신의 의견을 자유롭게 표현할 수 있게 되었습니다. 평등 접근법은 미국의 공교육에서 표현의 자유를 보호하는 중요한 역할을 하고 있습니다. 이 법을 통해, 학생들은 다양한 의견을 접하고, 자신의 의견을 자유롭게 표현할 수 있는 기회를 얻게 되었습니다.

동물권

동물 역시 인간과 같이 인권에 비견되는 생명권을 지니며 고통을 피하고 학대당하지 않을 권리 등을 지니고 있다는 개념입니다. 동물권은 크게 두 가지 관점으로 나눌 수 있습니다. 첫 번째는 동등권주의입니다. 동등권주의는 동물도 인간과 마찬가지로 생명권, 고통으로부터의 자유, 자유로운 이동권, 자기 결정권 등 인간과 동등한 권리를 가지고 있다는 입장입니다. 두 번째는 차별적 권리주의입니다. 차별적 권리주의는 동물도 인간과 동등한 권리는 없지만, 일정한 범위의 권리를 가지고 있다는 입장입니다. 차별적 권리주의자들은 동물은 고통을 느끼는 존재이기 때문에, 고통으로부터의 자유와 존엄한 생명의 권리 등 최소한의 권리를 가지고 있다고 주장합니다.

노킬 센터 No Kill Center

유기 동물 보호를 위해 설립된 시설로써 유기 동물의 안락사를 최소화하고, 가능한 모든 유기 동물에게 영구 보호소나 새로운 가정을 찾을 수 있도록 돕는 활동을 하고 있습니다. 동물의 생명과 복지를 지키기 위한 노력과 함께 동물 보호 문화 확산을 위한 폭넓은 활동을 하고 있습니다.

화장품 소비자 정보 연합

Consumer Information on Cosmetics, CCIC

화장품에 대한 정보를 소비자에게 제공하는 비영리 단체입니다. 이 단체는 주로 화장품 산업에서 시행되고 있는 동물 실험을 없애기 위해 노력하고 있습니다. 원료에서부터 완성된 제품에 이르기까지 동물 실험을 하지 않았음을 증명하는 제품에만 그 로고를 부여하는 리핑버니Leaping Bunny 프로그램을 운영하고 있습니다. 이 리핑버니 프로그램은 전 세계 40개국 이상에서 시행되고 있으며 일만 개 이상의 브랜드가 그 로고를 사용하고 있습니다.

필립 쿠스토 재단 Philip K. Hsieh Foundation

대만 출신의 IT 기업가인 필립 쿠스토Philip K. Hsieh에 의해 설립된 비영리 재단입니다. 이 재단은 해양의 환경을 보호하고 복원하는 데 주력하고 있습니다. 하와이 해양 쓰레기 제거 프로젝트, 인도네시아 해양 보호구역 설립 프로젝트 등 전 세계 20여 개국 100여 개 이상의 프로젝트를 지원하고 있습니다.

Violence & Bullying

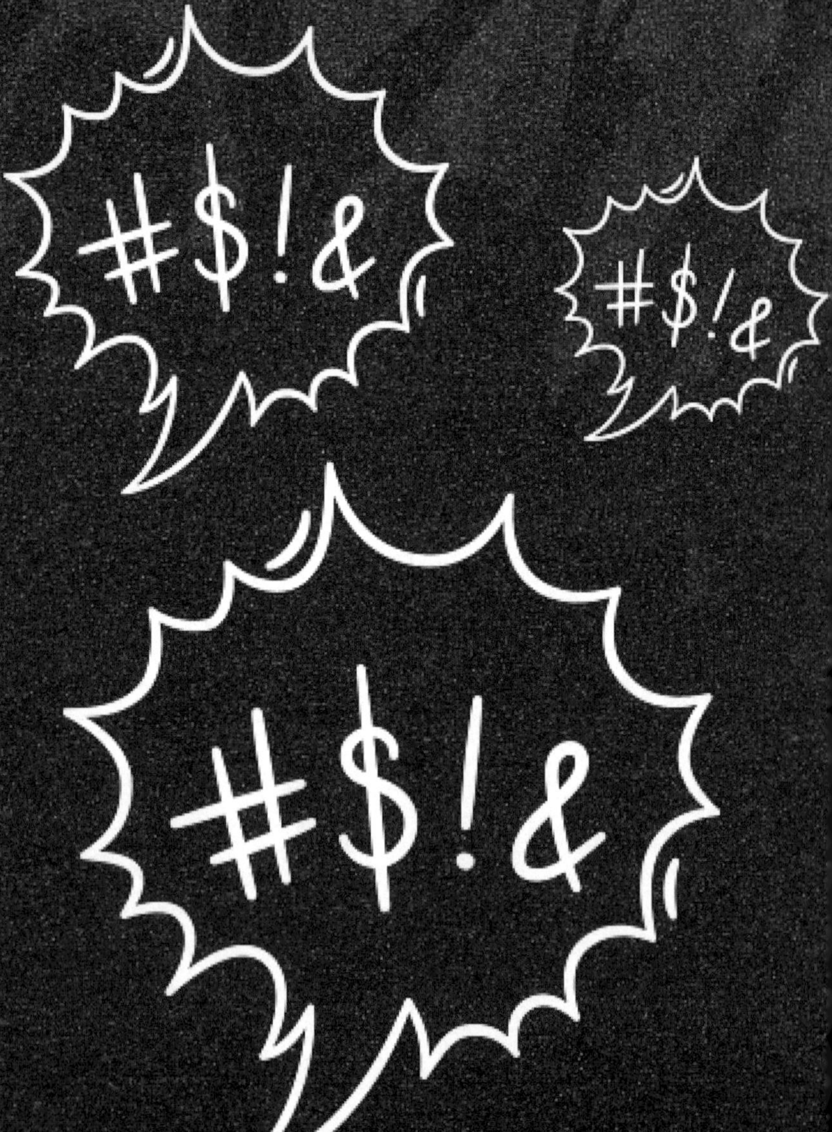

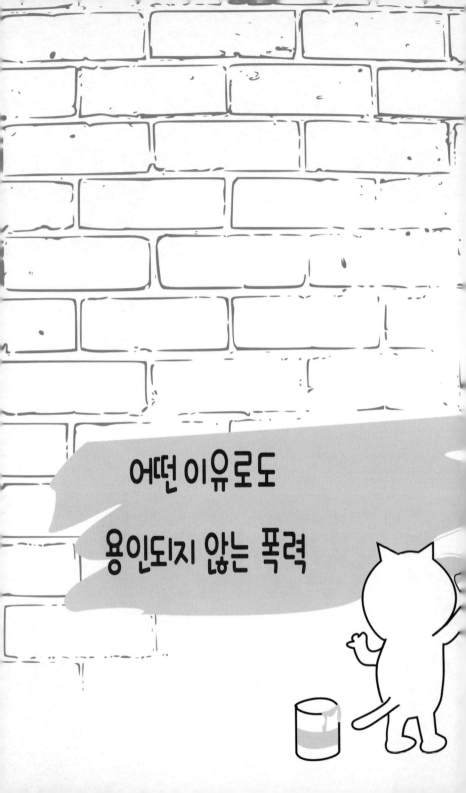

개념 장착

　많은 학생들이 학교에서 폭력 사건이 발생할까 걱정합니다. 학교에서 괴롭힘을 당할까 전전긍긍합니다. 심지어는 같은 반 친구에게 총을 맞을지도 모른다는 공포에 휩싸입니다. 그럼에도 불구하고 학교 폭력과 폭력 가해자에 대해 이야기하기를 주저하는 경우가 많습니다. 자신이 학교 폭력의 피해자가 될까 봐, 학교 폭력을 당했을 때 자신들의 이야기가 심각하게 받아들여지지 않을까 두렵기 때문입니다.

　이는 거의 모든 사람에게 영향을 끼치는 문제입니다. 매년 고등학생 열두 명 중 한 명이 총·칼 등의 흉기로 위협을 당하거나 부상을 입습니다. 남학생의 16%, 여학생의 11%가 매주 학교에서 괴롭힘을 당한다는 보고서가 있습니다. 괴롭힘은 학교 전체에 영향을 미칩니다. 연구에 따르면 괴롭힘을 목격한 학생들은 괴롭힘을 당한 피해자와 비슷한 무력감, 좌절감, 분노를 경험한다고 합니다. 학교가 폭력과 두려움으로 가득한 장소가 된다면 학업은 뒷전으로 밀려나고 하루를 무사히 넘기기를 바라며 무기력한 삶을 이어가게 됩니다. 괴롭힘은 멈추지 않고 계속 반복됩니다. 학폭 피해자가 학폭 가해자가 되는 경우도 많습니다.

끔찍한 학교 총격 사건 이후로 작은 학내 괴롭힘이 더 큰 비극의 전조일 수 있다는 것을 알게 되었습니다. 작은 갈등이 평화롭게 해결되지 못했을 때 큰 갈등으로 이어질 수 있습니다. 특히, 흉기를 사용할 수 있다면 그 가능성은 더욱 커집니다. 미국에서는 매일 수천 개의 총기가 학교에 반입되는 것으로 추정됩니다. 어떤 학생들은 더 안전하다고 느끼기 위해 또는 스스로를 위협적으로 보이기 위해 총기를 학교에 가져옵니다.

학교 폭력에 대해 알아야 할 가장 중요한 점은 학교 폭력 대부분이 예방될 수 있다는 점입니다. 학생들이 이 문제를 지적하며 목소리를 높인다면 생명을 구할 수 있고 다른 사람을 도울 수 있다는 것을 알아야 합니다. 청소년 인권 운동 활동가들은 같은 반 친구들의 이야기에 귀를 기울여야 함을 강조합니다. 누군가가 자기나 다른 사람을 해치려 계획하고 있다고 의심할 만한 이유가 있다면 즉시 책임 있는 어른에게 알려야 합니다. 여기서 책임 있는 어른이란 부모, 교사, 상담사 등 문제가 있는 상황에서 벗어나 다른 길을 찾을 수 있도록 도와줄 수 있는 사람을 의미합니다.

학교 폭력 예방 활동가들은 학생들이 도움을 요청하거나 폭력 사건이 발생할 것 같은 상황에 대한 우려를 전달하기에 편안한 환경을 조성해야 합니다. 이들은 학생이 도움을 요청했을 때 교사와 학부모가 어떻게 대응해야 하는지에 대한 교육을 제공해야 하며 갈등 관리 프로그램을 개발하고 괴롭힘 방지 워크숍을 주최하여 학생들을 괴롭힘으로부터 보호합니다. 더불어, 미성년자가 총기에 접근하지 못하도록 성인들이 총기를 책임감 있게 소유할 것을 당부하는 역할도 담당합니다.

학교 폭력 예방에 있어 핵심은 교육입니다. 많은 십 대 청소년들은 다른 사람들이 다치는 것을 방지하기 위해 자신들이 무엇을 할 수 있는지 알지 못하고 있습니다. 다만 학교 폭력의 위험성을 인지함과 동시에 지나치게 걱정하지 말아야 합니다. 활동가의 역할은 소란스럽게 일을 처리하는 것이 아니라 사람들을 안심시키면서 상황을 정확하게 전달해야 하는 것임을 잊지 말아야 합니다.

타인을 위험에서 보호하고 자신을 스스로 지키는 것은 사회적으로 책임감 있고 배려심 있는 행동입니다. 학교 폭력을 줄이기 위한 동아리 활동을 결심했다면 여러분은 학급 친구들과 지역사회에 계속해서 긍정적인 영향을 미칠 수 있을 것입니다. 폭력은 결코 해답이 될 수 없으며 우리 모두가 폭력을 예방할 힘을 가지고 있다는 메시지를 전달해 주세요.

부모님과 폭력 방지 약정 맺기

부모님도 여러분만큼이나 학교 폭력에 대해 걱정할 것입니다. 이러한 불안을 해소하는 가장 좋은 방법은 문제가 발생했을 때 가족이 취해야 할 행동에 대해 미리 논의해 놓는 것입니다. 정직하게 서로를 대하고 지지할 것임을 약속하는 내용을 약식 문서로 작성해 봅시다. 어떤 상황이 벌어지더라도 최선의 방법으로 상황을 해결할 것이라는 확신이 필요할 때가 있습니다. 상호 협의서는 부모님과 신뢰를 공고히 다질 수 있는 방법 중 하나입니다.

부모님께 학교 폭력에 대해 대화를 나눌 수 있는지 물어보세요. 먼저 학교의 현재 상황을 간략히 설명하고 가장 걱정되는 상황을 언급하며 그 이유를 설명해 주세요. 당신의 이야기를 듣고 부모님께 무엇이 가장 걱정되는지 여쭤보세요. 관련해서 학교 폭력과 괴롭힘 관련 통계나 정보를 보여줄 수 있다면 도움이 될 것입니다.

마지막으로 부모님에게 여러분이 학교 내 괴롭힘과 폭력에 대해 걱정하고 있다는 사실을 분명하게 전하고 그들이 여러분의 이야기를 들을 준비가 되어 있으며 즉각적인 조치를 취할 의지가 있는지 확인하고 싶다고 말해주세요. 서로에 대한 약속의 내용을 담아 약정서를 만들어 보세요.

학교에서 늦게 나와 집으로 걸어가는 것이 불안할 때, 부모님에게 데리러 와달라 부탁하세요. 부모님에게 여러분의 친구 중 총기를 집에 보관하는 사람이 있는지, 그 총기가 제대로 보관되어 있는지 확인해달라고 요청할 수도 있습니다. 이런 조치들은 학교 내에서의 안전을 높일 수 있는 방법의 하나입니다.

여러분의 요구만을 담아 최후통첩하듯 대화를 마무리하지 말고 부모님과 함께 걱정되는 부분에 대한 해결책을 함께 고민해 보세요. 부모님의 우려 사항을 경청하고 그에 대처할 방법을 제안해 보세요.

모든 약속을 문서에 정리한 후 함께 서명하세요. 이러한 과정이 다소 유치해 보일 수 있지만 이는 잠재적인 학교 폭력에 대처하기 위해 여러분과 부모님이 한 팀이 되기로 결정했음을 의미합니다. 부모님은 여러분이 옳은 일을 할 것이며 심각한 문제가 발생했을 때 계속 소통할 것을 알고 있습니다. 여러분이 학교 폭력을 예방하기 위해 행동할 때 부모님이 지지해 줄 것이라는 믿음을 갖고 있습니다.

〈약정서〉

⊙ 위험할 수 있는 상황은 책임지고 피할 것을 약속합니다.

⊙ 나의 안전이나 다른 사람의 안전이 걱정된다면 알려줄 것을 약속합니다.

⊙ 만약 내 자녀가 학우 중 누군가가 폭력적인 행동을 계획하고 있다고 얘기한다면 나는 그 이야기를 진지하게 듣고 비극적인 상황을 예방하기 위해 모든 노력을 다해 도울 것을 약속합니다.

⊙ 나는 내 자녀를 믿습니다. 나의 우려로 인해 자녀가 학교생활을 통해 누릴 수 있는 다양한 경험을 방해하지 않을 것을 약속합니다.

학교 폭력 징후를 식별하는 데 도움이 되는 소식지 배포하기

학교 폭력의 징후를 발견하면 책임 있는 성인이나 익명 제보 라인에 연락해야 한다는 것을 알고 있습니다. 하지만 학생들은 그것이 폭력의 징후인지 확신하지 못해 신고하지 못하는 경우가 많습니다. 이러한 이유로 학교 폭력 예방 교육이 중요한 역할을 합니다. 학생들에게 어떤 것이 학교 폭력의 징후인지 구체적으로 설명해주면 학생들은 훨씬 빨리 징후를 인지하게 될 것입니다. 이러한 인식 변화는 신고로 이어져 실제 폭력을 예방하는 데 큰 도움이 될 것입니다. 자신의 신고로 학교 폭력이 줄어들 수 있다는 것을 알게 되면 학생들은 학교 폭력을 두려워하기보다는 해결할 수 있는 과제로 여기게 될 것입니다. 언제 말해야 하는지를 알고 있는 것은 말해야 한다는 것을 알고 있는 것만큼이나 중요합니다.

학교 폭력 징후를 식별하는 데 도움이 되는 안내 책자나 소식지를 만들어 친구들에게 전달해 보세요. 다시 필요할 때를 대비해 학교 사물함에 넣거나 집에 보관해 두세요. 단 한 번 읽어도 일부 내용은 기억에 남아 징후를 발견하는 데 도움이 될 것입니다. 소식지 작성을 위한 정보 수집부터 시작해 보세요.

미국심리학회American Psychological Association, APA는 다음 징후에 주목할 것을 권장하고 있습니다. 다음은 폭력 발생 가능성이 높은 징후들입니다.

⊙ 매일 화를 내는 것.
⊙ 중대한 기물을 파손하거나 재산상의 피해를 주는 것.
⊙ 위험을 감수하는 행동이 많아지는 것.
⊙ 동물을 괴롭히며 즐거워하는 것.
⊙ 흉기를 소지하는 것.
⊙ 약물을 복용하거나 술을 많이 마시는 것.
⊙ 상해를 가하려고 위협하거나 그 계획을 발표하는 것.
⊙ 기타 잦은 몸싸움.
⊙ 폭력을 실행하기 위해 세심하게 계획을 세우는 것.

미국심리학회APA는 즉각적으로 알아차리기 어려우며 오랜 시간 동안 관찰해야만 발견할 수 있는 미묘한 징후들에 관해서도 설명하고 있습니다. 이러한 징후들은 특히 근본적인 문제를 해결하지 않을 때 폭력적인 행동으로 나타날 수 있습니다.

⊙ 폭력적이거나 공격적인 행동 이력.

⊙ 심각한 약물 또는 알코올 남용.

⊙ 폭력조직의 일원이거나 일원이 되고 싶은 마음.

⊙ 무기, 특히 총에 대한 유혹과 접근 가능성.

⊙ 정기적으로 다른 사람을 위협하는 것.

⊙ 분노와 같은 감정을 조절하기 어려운 것.

⊙ 일상에서 벗어나 친구와 멀어지는 것.

⊙ 거부당하는 느낌을 받거나 외로움을 느끼는 것.

⊙ 괴롭힘의 피해자가 되는 것.

⊙ 학교 성적이 형편없는 것.

⊙ 학교 규율 위반 또는 학교와의 빈번한 충돌 이력.

⊙ 끊임없이 무시당함을 느끼는 것.

⊙ 타인의 감정이나 권리를 인정하지 않는 것.

소식지에는 이러한 징후를 발견하였을 때 어떻게 대처해야 하는지에 대한 정보가 반드시 포함되어야 합니다. 이미 폭력적인 행동이 나타났을 때는 학우가 직접 개입해서는 안 되고 대신 책임 있는 성인의 중재가 필요합니다. 상황이 급박하지 않다면 갈등을 해결하기 위해 대화를 시도해보거나 해당 기관에 도움을 요청할 수 있습니다. 국가 범죄예방위원회는 청소년을 대상으로 한 평화로운 갈등 관리 방법에 대한 유용한 정보를 제공하고 있습니다. 학교 폭력이 발생했을 때 도움을 요청할 수 있는 기관들을 소식지에 꼭 포함하시길 권장합니다. '학교 폭력 지원기관 목록'에는 상담센터, 익명 제보 전화, 학교 안전 담당자들의 연락처와 주소를 비롯하여 도움을 요청하는 방법에 대한 상세한 안내도 포함할 것을 추천합니다.

여러분이 학교 폭력을 예방하기 위해 이 책자들을 제작하고 활동을 하고 있습니다. 무분별한 정보로 학우들을 겁에 질리게 하지 말아야 합니다. 학교 폭력 유형 중 괴롭힘은 일상적으로 발생하지만 살인 사건은 극히 드문 경우입니다. 소식지를 제작하는 과정에서 문제를 과장하지 않도록 동아리 구성원들 사이에 충분한 논의와 학교 폭력 통계와 같은 객관적인 자료를 포함할 것을 권장합니다. 소식지에 들어갈 자료를 정리한 후 무료 디자인 툴을 활용하여 깔끔하고 가독성 좋게 디자인해 보세요. 자료를 세부적으로 나눠 정리하고 소제목을 사용하여 중요한 부분을 찾기 쉽게 강조해 주세요. 맞춤법 검사도 잊지 마세요. 독자가 편안하게 읽을 수 있도록 클립 아트나 그림을 활용하는 것도 효과적일 수 있습니다. 디자인 작업이 완료되면 저렴한 인쇄소에 의뢰하거나 학교에서 인쇄가 가능하면 비용을 절감할 수 있습니다. 소식지를 배포하는 방법은 학교마다 다양합니다. 어떤 학교는 배포 전에 행정실의 승인을 받아야 하지만 어떤 학교에서는 학교와 관련된 전단이나 유인물이라면 승인을 얻지 않아도 무방한 경우도 있습니다. 특정 구역에서만 소식지를 배포할 수 있는 학교도 있으며 배포가 전면 금지된 학교도 있습니다. 따라서 여러분 학교의 정책을 파악하고 준수하는 것이 중요합니다. 실행하기 전에 학교의 정책을 먼저 알아보세요.

학교 관리자가 소식지 배포를 허용하지 않을 경우에는 시민의 권리 챕터에 언급된 표현의 자유 부분을 참조하여 이의를 제기할 수 있습니다. 학교 외부에서 소식지를 배포하는 방법도 고려할 수 있습니다. 먼저 도서관, 커피숍 등에서 소식지를 배포할 수 있는지 확인하고 가능하다면 해당 장소에서부터 시작해 봅니다. 학생들이 주차한 차량에 소식지를 놓고 올 수도 있습니다. 학부모·교사연합회Parent-Teacher Association, PTA 회의에 참석하여 소식지 배포를 대해 도움을 받을 수 있는지 상의하는 것도 한 가지 방법일 수 있습니다.

학교에서 배포할 수 있다면 이는 더할 나위 없이 좋은 기회입니다. 소식지를 학교에 가져가서 붙이고 나눠주기 시작하세요. 이 과정에서 다른 사람들의 시간을 존중해야 합니다. 수업 중에 나눠주거나 사람들이 지나다니는 출입구에서 소식지를 나눠주어 타인에게 불편을 끼치지 않도록 주의하세요. 소식지를 한 곳에 쌓아

두고 관심 있는 사람들이 스스로 가져가는 방법을 사용하고 싶을 수 있지만 이 방식은 메시지를 효과적으로 전달하는 방법이 아닙니다. 사람들의 얼굴을 보며 소식지를 나눠주는 과정 자체가 사람들과 학교 폭력에 대해 대화할 수 있는 소중한 기회임을 꼭 기억하세요.

사람들에게 다가가서 친절하게 말을 건네보세요. "안녕하세요, 제 이름은 트리니입니다. 학교 폭력을 막을 수 있는 방법에 대한 소식지를 나눠드리려고 해요. 학교 폭력 예상 징후와 이를 발견했을 때 어떻게 대처해야 하는지에 대한 정보가 담겨 있습니다." 이 때 눈을 마주치고 미소를 지으며 소식지를 나눠주는 것을 잊지마세요. 대부분 사람들이 소식지를 받아 갈 가능성이 큽니다. 그럴 때마다 감사의 인사를 표현하세요. 이따금씩 낯선 사람이 나눠주는 소식지를 받거나 그런 일에 마음을 쓰는 것이 어딘가 모르게 모자라 보인다고 생각하는 학생들이 있습니다. "가져가도 괜찮을 거 같은데. 혹시 알아? 나중에 보게 될지?" 툭하고 말을 건네 보세요. 그렇다고 너무 상대방에게 부담을 주면 안됩니다. 다른 사람의 말에 귀를 기울이지 않는 사람들로 인해 불쾌해지고 싶지 않다면 적정선에서 물러야 합니다. 그래야 시간 낭비도 피할 수 있습니다. 소식지를 나눠주는 것이 쉽지 않겠지만, 최대한 즐겁게 나눌 수 있도록 노력하세요. 소식지를 받아 가는 사람에게는 감사의 마음을 거절하는 사람에게는 존중의 마음을 가진다면 모든 일이 훨씬 쉬울 것입니다.

소식지를 건성으로 보고 버리거나 아예 보지도 않고 바로 버리는 사람들이 있습니다. 그런 사람들을 보면 의욕이 사라질 수 있습니다. 전혀 신경 쓰지 마세요. 그들의 행동과 관계없이 여러분은 학교 폭력에 대한 사회적 인식을 높이기 위해 열심히 노력했습니다. 사람들이 소식지를 읽었다면 적어도 이전보다 학교 폭력 문제에 대해 더 많이 알게 되었을 것입니다. 여러분은 이미 변화를 만들어 냈습니다. 배포가 끝나면 남은 소식지를 직접 재활용 쓰레기통에 버려주세요. 아무 곳에나 남겨진 소식지를 다른 사람이 대신 청소한다면 정말 부끄러운 일입니다.

괴롭힘 신고함 만들기

특히 고학년의 괴롭힘 피해자일수록 피해 사실 드러내기를 꺼리는 경우가 많습니다. 이는 사람들에게 약한 존재로 인식되고 싶지 않거나 피해 사실을 드러낸 후 주목받는 불편한 상황을 피하고자 하는 마음에서 비롯됩니다. 이 문제를 해결하기 위한 한 가지 방안으로 학교 내에 '학교 폭력 방지함' 또는 '괴롭힘 신고함'을 마련하는 것을 제안할 수 있습니다. 이렇게 명칭을 정함으로써 사람들은 이 상자를 단순 장난이 아닌 실질적인 도움을 제공하기 위한 상자로 인식하게 될 것입니다.

괴롭힘 신고함은 상단에 구멍이 뚫린 상자로 학생들이 익명으로 괴롭힘 사례를 신고할 수 있게 보안을 유지합니다. 이 상자를 학교 내 여러 지점에 산발적으로 설치하여 사람들이 다른 사람의 눈을 피해 자유롭게 이용 할 수 있도록 하는 것이 좋습니다. 먼저 학교 측에서 괴롭힘 신고함의 익명성을 보장할 수 있는지 확인하세요. 익명성 보장에 대해 교장 선생님이나 지도 교사로부터 서면 동의를 받을 수 있다면 가장 좋은 경우의 수가 될 것입니다. 만약 자신의 신상이 노출될지 걱정되어 아무도 괴롭힘 신고함을 사용하지 않는다면 무용지물이 된다는 점을 강조해 주세요. 중요한 것은 누가 누구에 대해 어떤 말을 했는지 아는 것이 아니라, 잠재적 폭력에 대한 정보를 확보하는 것입니다. 학교에서 신고함을 사용하는 학생의 신원을 보호할 수 없을 것 같다면 익명 제보 라인에 대해 널리 알리는 등 다른 방법을 고려하는 것이 좋습니다.

학교가 신고함 설치와 익명성 보장에 동의하면 큰 준비는 끝났습니다. 신발 상자 등을 이용해 신고함을 만드세요. 상자 앞에 '신고함의 사용 목적, 신고자 익명 보장, 신고함 운영 시기'를 설명하는 표지판을 부착하세요. 상자 옆에 종이와 필기도구를 놓아두어도 좋습니다. 학교 신문에 광고를 싣거나 아침 안내 방송 등 가능한 모든 방법을 활용하여 학생들에게 괴롭힘 신고함에 대해 알려주세요. 교내 상담사나 교장선생님이 지정한 담당자는 적어도 일주일에 한 번은 신고함을 살펴보고 내용을 파악해야하며 필요한 경우 조치를 취해야 합니다. 제대로 보고되고 있고 모든 것이 계획대로 진행되고 있는지, 상자는 잘 작동하는지, 담당자에게 확인하는 것이 좋습니다.

괴롭힘 신고함은 학교 폭력 피해를 줄일 수 있는 가장 기본적인 방법입니다. 학교 폭력 피해자가 신원 노출에 대한 두려움 없이 괴롭힘당하는 것을 쉽게 신고할 수 있기 때문입니다. 물론 익명성이 보장된다는 전제하에서입니다. 이렇게 보복에 대한 두려움 없이, 친구를 배신한 밀고자라라는 오명에 대한 염려도 없이 교내에서 편하게 신고할 수 있기 때문에 더 많은 학생들이 신고에 동참할 수 있습니다. 괴롭힘 신고함은 설치만으로도 학교 폭력에 대한 학교의 단호한 태도도 명확하게 보여주는 시각적 효과를 발휘합니다.

위험에 처한 청소년의 멘토가 되기

청소년들 중에서 아동 학대를 경험했거나 범죄율이 높고 약물에 쉽게 노출되는 지역에 거주하거나 경제적으로 취약한 청소년들은 폭력적인 행동을 할 위험이 더 큽니다. 이러한 요인들 중 어떤 것도 누군가의 폭력성을 단정 지을 만한 근거가 될 수 없습니다. 당연히 그렇게 생각해서도 안됩니다. 하지만 이러한 배경을 가진 아이들이 자신을 표현하고 다른 사람들과 소통하는 방법을 배우는 데 더 많은 도움이 필요하다는 사실을 부인할 수 없습니다. 도움이 필요한 누군가에게 멘토가 되어주는 것은 멘토와 멘티 모두에게 이로울 뿐만 아니라 미래의 폭력을 줄일 가능성을 높여 지역 사회에도 큰 도움이 될 것입니다.

위험에 처한 청소년들을 도울 수 있는 가장 보편적인 방법은 '빅 브라더' 또는 '빅 시스터'에서 자원 봉사를 시작하는 것입니다. 이 단체는 1904년 설립된 이래로 의회 헌장을 비롯하여 미국 자선 기관 평가에서 가장 높은 등급인 A+를 받은 검증된 기관입니다. 책임감 있는 어른들이 위험에 처한 아이들의 멘토가 되어 아이들이 자기 파괴적인 행동을 피하고 더 나아가 자존감을 향상시킬 수 있게 조력자 역할을 해왔습니다. 심리적인 지지를 받은 아이들은 학교 성적도 동반 상승하는 효과를 냈습니다.

어른들과 아이들을 멘토-멘티로 이어주는 프로그램이 주를 이루지만 고등학생들과 초등학생들을 연결하는 '빅스'와 '리틀스'도 운영하고 있습니다. 말그대로 동네 언니와 오빠 관계로 생각하면 됩니다. 정해진 프로그램 없이 일주일에 한 번씩 만나서 함께 독서나 운동을 하거나 학교, 친구, 가족과 생활하면서 생긴 소소한 이야기들을 나누며 시간을 보냅니다. 그곳에서 만난 동생들에게 여러분이 그들의 말을 경청하고 자신의 진솔한 경험을 공유하고 있다는 사실을 꼭 알려주어야 합니다. 그 나이 때 여러분이 어땠는지 허물없이 말하다 보면 아이들이 마음을 여는데 도움이 될 것입니다.

자세한 내용은 BBBS 웹사이트www.bbbs.org를 참고해 주세요. 프로그램에 대해 읽어 보고 참가를 희망하면 자원봉사 링크를 클릭하세요. 우편번호를 입력하고 나면 화면에 뜨는 지원서에 이름, 연락처, 이메일을 기입하여 제출하면 됩니다. BBBS 담당자와 전화로 짧은 인터뷰를 진행한 뒤에 '범죄 경력 증명서'를 제출해야 합니다.

증명서 발급 비용은 담당자에게 영수증을 제출하면 돌려 받을 수 있습니다.

　BBBS가 가장 체계적으로 운영되는 단체이지만 아이들의 멘토나 조력자가 되기 위한 유일한 통로는 아닙니다. 학교나 지역 주민 센터에서도 유사한 프로그램을 운영하고 있습니다. 모두 정부 기관에 속해져 있거나 관리 감독하에 있는 단체들로 행여나 자원봉사자가 불순한 마음으로 아이들에게 접근한다면 상상 이상의 법적 책임이 동반된다는 점을 잊지 말아야 합니다. 아이들에게 다가가기 위해 어떤 프로그램을 선택하는지는 그리 중요하지 않습니다. 다만 위험에 처한 청소년의 멘토가 되어 그들이 잠재력을 꽃피우고 평화로운 삶을 영위할 수 있도록 도움을 줄 수 있다면 그보다 더 의미 있는 일은 없을 것입니다.

브래디 캠페인 The Brady Campaign

로널드 레이건 대통령의 전 공보 비서관인 짐 브래디는 대통령 암살 시도를 막는 과정에서 머리에 총을 맞는 심각한 부상을 입었습니다. 부상에서 회복한 후, 그와 그의 아내는 총기 난사 사건을 방지하고 해결하는 일에 열정적으로 헌신했습니다. 브래디 캠페인 웹사이트의 액션 센터를 통해 피해자의 권리문제나 총기 전시회에서의 신원 조회와 같은 최근의 총기 규제 관련 정보를 신속하게 얻을 수 있습니다. 이 정보를 확인한 후 '클릭하여 이메일 보내기' 페이지로 이동하여 관련 문제에 대한 의견을 의회 담당자에게 전달할 수도 있습니다. www.bradycampaign.org

전국 청소년 폭력 예방 National Youth Violence Prevention

이 사이트는 질병 예방 센터 산하에 있는 기관으로 아동, 청소년, 노인을 대상으로 자행되고 있는 폭력과 학대에 대한 기본적인 개념 및 다채로운 교육 프로그램을 제공하고 있습니다. 폭력과 관련된 사망자 수를 오십 개 주별로 정리한 자료를 비롯하여 지역 사회의 다양한 프로그램에 대한 정보를 공유하고 있습니다. www.cdc.gov/violenceprevention

학교 안전 유지 Keep Schools Safe, KSS

KSS는 학생, 부모와 학교를 대상으로 하는 새로운 웹사이트입니다. KSS의 웹사이트 내 학생 섹션은 비중은 작지만, 싸움을 피하는 방법과 '긍정적인 구경꾼'이 되어 폭력적인 상황을 진정시키는 방법 등 학교 폭력과 관련된 훌륭한 정보를 제공하고 있습니다. www.keepschoolssafe.org

폭력 없는 미래 Futures Without Violence

이 단체는 삼십 년 이상 전 세계의 여성과 아동에 대한 폭력을 종식시키기 위해 획기적인 프로그램을 운영하고 있습니다. 동시에 정책 입안자 및 전문가들과의 협업을 통해 폭력 없는 미래를 현실화하기 위해 힘써 왔습니다. 샌프란시스코, 보스턴, 워싱턴 D.C.에 있는 사무실에서 폭력과 학대에 대한 대응을 개선하기 위해 전문가를 훈련시키고 지속 가능한 지역 사회 리더십을 구축해 왔습니다. 또한, 사람을 존중하고 바람직한 관계를 유지해야 하는 중요성에 대해 교육하고 있습니다. www.futureswithoutviolence.org

국립 학교 안전 센터 National Center for School Safety, NCSS

학교 안전을 개선하고 학교 폭력을 예방하는 데 초점을 맞추고 있습니다. 우리는 미시간 대학교 공중 보건 학교와 총기 부상 예방 연구소의 제휴 프로젝트에 기반을 두고 있습니다. 우리는 사법 지원국 학생, 교사 및 경찰관 예방STOP 학교 폭력 국가 교육 및 기술 지원 센터입니다. 종합적인 다기관 센터인 NCSS는 학교 안전 문제를 해결하기 위해 전문가 주도 교육, 기술 지원 및 추가 리소스 데이터베이스를 제공합니다. www.nc2s.org

총기 폭력에 반대하는 학생의 서약

Student Pledge Against Gun Violence

매년 진행되는 청소년 총기폭력 방지주간National Youth Violence Prevention Week 동안 수백만 명의 학생들이 총기 사건을 일으키지 않을 것을, 다른 이들의 총기 사용을 방지하기 위해 노력할 것을 서약합니다. 이 서약에 참여하는 학생들을 위한 캠페인 운영 방법, 이벤트, 그리고 지원 활동에 대한 아이디어뿐만 아니라, 총기 사건, 총기 규제 등 총기 폭력 문제와 관련된 다양한 자료를 찾아볼 수 있습니다. www.pledge.org

미시의 이야기

스물두 살의 미시 젠킨스는 켄터키주 머레이에 위치한 머레이 주립대학교 2학년에 재학 중입니다.

제가 열다섯 살이던 1997년 12월 1일, 고등학교 기도 모임에 앉아 있을 때였어요. 반 친구 한 명이 들어와 배낭에서 22구경 권총을 꺼내 총을 쏘기 시작했어요. 그날 세 명이 죽고 다섯 명이 다쳤어요. 저도 중상을 입은 사람 중 한 명이었죠. 총알이 제 어깨와 목을 관통한 후 폐와 척수를 지나 등 오른쪽을 뚫고 나왔어요. 그 총알이 제 가슴부터 아래까지 마비시켜 하반신 마비가 되어 버렸어요.

제가 병원에 있을 때 많은 언론이 저에게 인터뷰를 요청했어요. 1998년 3월 '존스보로 총격 사건'이 발생하기 전까지는 인터뷰를 해도 제 상태를 설명하는 정도에 그쳤어요. 그러나 '존스보로 총격 사건' 이후에는 언론이 사건에 관련된 제 의견을 물어보는 일이

늘어났고, 그때부터 총기 폭력이 어떤 영향을 미치는지에 대한 이야기가 중요하다는 것을 깨달았죠. 처음에는 주변 지역의 작은 교회에서 강연을 시작하고, 그다음에는 학교로, 그리고 더 큰 학교로 강연의 규모가 확대되어 현재까지도 여전히 강연을 이어가고 있어요.

저는 그냥 일어나 제 이야기를 들려줘요. 모든 것을 다 말해주죠. 제가 본 그대로를 이야기하고 제가 느낀 그대로를 이야기해 줘요. 제게는 정말 큰 사건이었기 때문에 별일 아닌 것처럼 보이게 하고 싶지 않아요. 저는 죽은 소녀들과 다친 사람들에 대해 이야기하고 우리를 쏜 소년에 대해 이야기해요. 그가 지금 어디에 있는지, 왜 그런 행동을 해야만 했다고 생각하는지도 이야기해요. 그는 괴롭힘을 당했지만 동시에 사람들을 괴롭히기도 했어요. 총을 쏘는 게 유일한 해답이라고 생각했었던 것 같지만, 그것은 해답이 아니었어요.

학교 내에서 총기를 소유한 친구를 보거나, 총기 폭력 사건이 발생할 가능성이 있는 경우, 주변 사람들에게 즉각 알리는 것이 정말 중요해요. 이 점을 사람들에게 꼭 알려줘요. 학교 총격 사건을 살펴보면, 범인이 사전에 자기 행동에 대해 암시한 경우가 많았어요. 계속해서 주변에 신호를 보냈던 셈이죠. 우리 학교에서 일어난 비극의 경우도 마찬가지였어요. 저와 저 친구들에게 총을 쏘았던 친구 역시 여러 가지 암시를 보냈었어요. 그러나 당시에는 다들 그것을 농담으로 여겨 대수롭지 않게 넘겼어요. 그 결과, 우리 학교는 너무나도 큰 상처를 입게 되었어요. 우리의 무관심한 반응이 우리 공동체 전체에게 너무 아픈 결과를 가져온 것이에요.

생각해 보면 학교 폭력의 심각성에 대해 알리는 사람으로서, 저는 여러 측면에서 참 적합한 사람인 것 같아요. 우선, 제가 휠체어를 타고 있기 때문에 학교 폭력이 어떤 결과를 초래할 수 있는지 시각적으로 명확하게 보여줄 수 있어요. 사람들은 종종 학교 폭력을 남의 일로만 생각하여 그 위협을 제대로 받아들이지 않는 경우가 많아요. 그러나 휠체어에 앉아 있는 제 모습을 보며 학교 폭력의 심각성에 대해 더욱 현실적으로 실감하게 되는 것 같아요. 자기 또한 나와 같이 될 수 있다고 생각하는 것 같아요. 또한, 학교 총격 사건이 저에게 어떤 일이었는지, 그 사건이 제 삶에 어떤 영향을 끼쳤는지 직접 눈으로 확인할 수 있어서, 제가 전하고자 하는 메시지가 더욱 강력하게 전달되는 게 아닌가 싶어요.

학교에서 아이들과 대화하는 것을 정말 좋아해요. 그 이유는 아이들이 내 이야기에 귀 기울여 주기 때문이에요. 아이들의 관심을 끄는 데에 제가 어떤 재능이 있다고 느껴져요. 그들과 공감하며, 각 개인의 수준에 맞춰 이야기를 전달하는 것이 정말 즐거워요.

아이들에게 무서운 소문을 들으면 '별일 없겠지. 그냥 장난이겠지'라고 무시하는 것보다는 과잉 반응하는 것이 더 낫다고 이야기해 주는 것이 좋다고 생각해요. 제 학교에서 큰일이 일어날 것이라는 소문을 들었을 때, 설마 하고 믿지 않아 그 일에 대해 아무 말도 하지 않은 친구가 있었어요. 만약 그 친구가 누군가에게 말했다면,

아마도 숨진 세 명의 소녀는 여전히 살아있을지도 모르겠어요. 어쩌면 우리 모두가 이런 비극을 겪지 않아도 되었을지도 모르겠어요. 그 사건이 일어날 징조를 미리 알았던 사람으로서, 그리고 그것을 대수롭지 않게 넘겼던 사람으로서, 그 친구는 아직도 마음에 짐을 가지고 살고 있어요.

저는 아이들에게 어른들을 신뢰하는 게 중요하다고 이야기해요. 어른들이 여러분을 잡으러 올 것이라는 생각을 버리는 게 중요하다고 이야기해 줘요. 어떤 일이 벌어질 것 같으면 선생님을 믿고 이야기하면 돼요. 학교 행정 당국에는 학내 익명 제보 라인이나 아이들이 안심하고 신고할 수 있는 장소를 마련할 것도 제안하죠. 저는 PAX 핫라인 번호인 1-866-SPEAK-UP에 대해 알려줘요.

저는 총기 사용을 반대하지는 않아요. 저에게는 정말 친한 사촌이 있는데, 그 사촌은 총 쏘는 걸 좋아해요. 저는 총을 부정적으로 생각하지 않아요. 다만, 우리 학교의 총기 난사범의 총은 사냥용 총이 아니었어요. 사람을 쏠 때만 사용할 수 있는 22구경 총을 가지고 있었어요. 그 총으로 우리들을 쏜 거였어요.

저는 사실 수줍음이 많은 편이에요. 대중 앞에 서서 이야기하는 것은 큰 도전이었어요. 그러나 지금은 어느 정도 극복하여 강연하는 것을 정말 즐기고 있어요. 제가 이 땅에 남게 된 이유가 있다고 생각해요. 그날 죽을 뻔했지만 어떤 이유에서인지 아직도 여기에 있어요. 여러분에게 내 이야기를 전하는 것이 그 이유가 아닐까 싶어요. 제 인생의 방향과 목적이 여기에서 비롯된 것 같아요. 열여섯 살에 인생의 목적을 찾은 사람은 많지 않지만, 매일 가서 강연할 때마다 제 인생의 목적을 달성하고 있다고 생각해요. 휠체어를 탄다는 사실이 이 목적을 위한 것으로 생각하기 때문에 이제는 모든 게 편해졌어요. 학교에서 총기 폭력을 예방하는 방법에 대해 자세히 알아보려면 PAX 웹사이트ᵂww.pax.com를 확인하세요.

브릿의 이야기

브릿 힌치클리프는 캘리포니아 포웨이에 있는 포웨이 고등학교에 재학 중인 열일곱 살의 학생입니다.

중학교 2학년 때 이곳 포웨이 중·고등학교로 전학을 왔어요. 전학해 와서 아이들이 선생님에게 얼마나 무례하게 대하는지, 그리고 전학생인 저를 얼마나 함부로 대하는지 보고 충격을 받았었어요. 어느 날은 기초 교육 교실에서 아이들과 선생님 간에 벌어진 과제 마감일에 관한 논쟁을 지켜봤어요. 아이들이 과제 마감일을 미뤄달라고 요청하는데, 문제는 선생님이 2주 전에 이미 과제를 내주셨다는 것이었어요. 이런 상황에서 선생님이 어떻게 대처해야 할까요? 문제를 제기한 아이들 모두에게 벌을 주어야 할까요? 아니면 모두 교무실로 보내버려야 할까요?

저는 괴롭힘도 많이 당했어요. 학교 친구들은 자기들과 조금이라도 다른 아이들에게 말을 걸지 않았고 괴롭혔어요.

포웨이 중·고등학교는 백인 80%, 라틴계 10%, 아프리카계 미국인 5%, 아시아계 미국인 5%로 구성되어 있어 인종적으로 매우 혼합된 상태예요. 경제적으로도 매우 달라요. 어떤 아이들은 트레일러에 살고 있는데, 어떤 아이들은 200만 달러짜리 집에 살고 있죠.

전학 온 다음 해였어요. 제 친구 코트니는 다른 학교 친구로부터 어디서나 폭력에 반대하는 학생들(Students Against Violence Everywhere, SAVE)에 관해 전해 듣고는 이 동아리를 우리 학교에서 만들기로 결심했어요. 저는 좋은 아이디어라 생각하여 바로 가입했죠. 교장선생님의 승인을 받아 시작하게 되었는데 'SAVE' 사무소에서 많은 자료와 정보를 전해주었어요.

아이들이 두려움에 떨며 등교하는 학교가 아닌 교육하는 학교로 되살리는 것이 우리의 미션이에요. 아이들은 '오늘도 맞지 않을까?', '어떤 애가 나를 괴롭히지 않을까?'와 같은 생각을 해서는 안 돼요. 학교는 그런 곳이 아니라 인생을 살아가며 배워가는 곳이에요. 'SAVE'는 또래 간의 커뮤니케이션을 통해 운영돼요. 저는 이점을 정말 중요하게 생각해요. 또래는 또래의 말에 귀를 기울이기 때문에 어른보다 또래 집단이 학교를 훨씬 쉽게 변화시켜요. 어른이 무엇인가 하지 말라고 하는 것에 비해 같은 또래가 하지 말라고 하는 것이 훨씬 영향력이 커요. 'SAVE 동아리'를 만들고 가장 먼저 한 일은 주민 센터에서 밴드 배틀을 개최한 것이었어요. 지역 라디오 방송국의 DJ가 진행을 맡았고 지역의 밴드들이 참여했어요. 정말 멋진 행사였어요. 'SAVE'가 무엇인지 친구들에게 알릴 수 있어 좋았어요. 마약을 하거나 기물을 파손하는 등의 나쁜 행동으로 몰려다니는 것 대신 건전하고 즐거운 활동에 참여할 수 있는 계기를 만들어 준 것 같아요. 학교와 지역에 전단과 포스터를 붙이고 입소문을 내는 방식으로 홍보했어요.

우리는 일 년 내내 워크숍을 개최해요. 주로 중학생들을 대상으로 하지만 가끔은 고등학생들도 참여해요. 중학교는 실제로 집단 괴롭힘과 같은 일들이 시작되는 시기이기 때문에 중학생 친구들과 대화하는 것이 중요해요. 그래서 중학교 친구들을 찾아가 학교 폭력 예방 교육을 하려고 노력해요. 우리는 학교 폭력과 괴롭힘을 극복할 수 있는 방법에 대해서 이야기해줘요. 괴롭힘을 당했을 때 대처 방법, 자신의 분노를 누군가를 때리는 것이 아닌 다른 생산적인 방법으로 푸는 방법 등에 관해 이야기해줘요. 교육과 예방에서부터 시작하는 거죠.

중학교 워크숍에서 중점을 두는 또 다른 부분은 '말해도 괜찮다'는 것이에요. 어떤 학생이 학교에 칼을 가져왔다면 신고해야 한다고 말해줘요. 친구를 고자질했다는 죄책감에 시달리기보다는 생명을 구하는 게 더 나은 일이라는 점을 강조해 줘요. 범죄를 예방하는 것은 고자질한 것이 아니라 시민으로서 책임을 다한 것이라고 설명해 줘요. 선생님이나 신뢰할 수 있는 성인, 또는 학교 관리자에게 위험한 상황을 알려야 한다고 상기시켜 줘요.

고등학생의 경우에는 조금 다르게 다가가요. 갈등을 평화롭게 해결하는 방법에 관해 이야기하고, 자신만의 안전지대에서 조금씩 벗어나 다양성을 받아들이고 다른 사람들을 알아가도록 격려하죠. 서로 다른 측면을 이해하고 존중하는 것이 중요해요. 일단 학생들이 그것을 깨닫게 되면 많은 문제가 사라져요.

우리 학교의 한 무슬림 학생을 알고 있어요. 이 학생은 제가 만난 사람 중 가장 좋은 사람 중 한 명이에요. 그러나 9.11 테러 이후 사람들이 이 친구를 다르게 보기 시작했어요. 그래서 우리는 사람들에게 고정관념이 옳지 않다는 것을 알리기 위해 노력해 왔어요. 한 사람 한 사람을 살펴봐야 해요. 모든 미국인이 뚱뚱하고 맥도날드만 먹는다고 다른 나라 사람들이 생각할 수 있지만, 그건 사실이 아니잖아요. 무슬림 친구도 마찬가지예요. 9.11 테러를 한 사람들이 무슬림이었다고 해서 그 친구가 테러리스트가 아닌 것처럼 말이에요. 우리는 각 개인을 살펴봐야 해요. 'SAVE' 활동에 참여하게 되어 정말 기뻐요. 저는 지금 'SAVE'의 전국 이사로도 활동하고 있어요.

저는 제 안의 열정을 발견하고 그 열정을 따라갔어요. 이게 핵심인 것 같아요. 정말로 흥미를 느끼는 일을 찾아보세요. 그리고 그다음 단계로 나아가보세요. 본인이 흥미를 느끼는 일에 몰두하다 보면, 그 일에서 즐거움을 발견하게 되고, 더 나아가서는 그 일에서 성취감을 느끼게 될 거예요. 이 과정에서 정말 놀라운 일들이 펼쳐질 거라고 믿어요. 요즘 청소년들은 정말 놀라운 일들을 할 수 있어요. 지역 사회 봉사, 캠퍼스 내 클럽 참여 등 자신이 선택한 활동으로 지역 사회를 변화시킬 수 있어요. 지역 사회에 참여할 기회도 많아요. 누구나 변화를 만들어 낼 수 있어요.

브레인 스토밍

◐ 가해자가 되지 않기 위해서 어떤 행동을 취할 수 있을까요?

◐ 학교 폭력이 발생하는 이유에 대해 어떤 생각이 있나요?

◐ 또래 그룹 간의 상호 지원과 협력을 통해 학교 폭력 예방을 위한 효과적인 방법은 무엇인가요?

◐ 학교 폭력 문제를 예방하고 대응하기 위해 학생들 간의 팀워크가 어떤 역할을 할 수 있을까요?

◐ 학생들이 학교에서 자신의 의견을 자유롭게 표현하고 공유할 수 있는 환경을 조성하기 위한 방법은 무엇인가요?

◐ 학부모와 선생님이 학생들 간의 갈등을 예방하고 조절하는 데 협력할 수 있는 방안이 무엇인가요?

◐ 학교 폭력 문제를 다루는데 학생들이 어떻게 어른들과 협력할 수 있을까요?

직접 행동

◗ 우리 지역의 학교 폭력 예방 활동에 대해 알아보고 동참할 수 있는 방법을 찾아보세요.

◗ 우리 지역의 자치단체나 교육청 홈페이지에 들어가, 우리 지역의 학교 폭력 대응 정책을 파악해 보세요.

◗ 지금까지 경험했던 학교 폭력에 관해 이야기 보고, 부모님의 경험에 대해서도 이야기 들어보세요.

◗ 부모님과 학교 폭력이 발생했을 시 어떻게 대응할지 미리 논의해 보세요.

◗ 학교 폭력을 예방할 수 있는 캠페인을 친구나 선생님과 상의해 진행해 보세요.

◗ 학교 폭력 예방 SNS 챌린지를 알아보고 동참해 보세요.

◗ 우리 학교에 무기명 신고 상자가 있는지 확인해 보고 없다면 학교에 건의해 보세요. 온라인 신고 방법이나 전화를 통해서 가능한 방법은 없는지도 알아보세요.

◗ 학교 폭력을 당하고 있거나 주변에 학교 폭력을 당하고 있는 친구가 있다면 그 내용을 정리해 학교에 신고해 보세요.

◗ 자신의 생각을 정리해 홈페이지 내 건의하기를 통해 관련 기관에 전달해 보세요.

◗ 학교 폭력 관련 입법 사항을 검색해 담당 국회의원에게 응원의 메시지를 보내보세요.

미국심리학회 American Psychological Association, APA

1892년 설립된 전문 단체로써 과학자, 교육자, 임상의, 컨설턴트 및 학생을 포함한 118,000명 이상의 회원을 보유하고 있습니다. 심리학 연구, 교육, 실천, 정책에 관한 다양한 활동을 수행하고 있으며 국제심리학회IUPsyS의 창립 회원으로서 미국뿐만 아니라 전 세계의 심리학 발전에도 중요한 역할을 하고 있습니다.

존스보로 총격 사건

1998년 3월 24일, 미국 아칸소주 존스보로의 웨스트모어랜드 고등학교에서 발생한 사건입니다. 이 학교에 다니던 열세 살의 학생인 에릭 해리스와 딜런 클레볼드가 학교에 총을 난사하여 열세 명의 학생과 교사를 살해하고, 스물네 명을 다치게 했습니다. 존스보로 총격 사건은 미국 역사상 최악의 학교 총격 사건 중 하나로 꼽힙니다. 이 사건은 미국 사회에 큰 충격을 주었고, 총기 규제 강화에 대한 논의를 불러일으켰습니다.

학부모·교사연합회 Parent-Teacher Association, PTA

학부모와 교사, 학생들이 함께 협력하여 교육 환경을 향상하기 위해 결성된 비영리 단체입니다. 'PTA'는 학교의 교육 프로그램을 지원하고 학교 커뮤니티와의 연결을 강화하는 활동을 하고 있으며, 학부모들이 교육 환경에 더욱 적극적으로 참여할 수 있도록 지원합니다. 'PTA'는 학교 내부에서는 학생들의 학습 경험을 향상하는 역할을 하며, 학교 외부에서는 학부모들이 학교 환경과 교육 시스템에 적극적으로 참여할 수 있도록 돕는 활동을 하고 있습니다.

긍정적인 구경꾼 positive bystander

사회에서 부정적인 행동이나 사건이 벌어질 때 적극적으로 개입하여 상황을 개선하고 충돌을 예방하는 역할을 하는 사람을 가리킵니다. 이들은 폭력 예방, 괴롭힘 방지, 차별 극복, 유해한 행동 방지 등 다양한 사회 문제에 대한 민감성을 가지고 있으며 이를 해결하기 위해 적극적으로 행동합니다. 또한, 이들은 대화, 개인적인 지지, 상황 개선을 위한 조치, 관련 단체나 기관에의 보고 등 다양한 방법을 사용하여 우리 사회를 보다 안전하고 따뜻한 곳으로 만드는 데 기여합니다.

Women's Rights

투표권을 포함하여 많은 부분에서 미국의 여성 인권 운동은 중요한 승리를 거두었습니다. 하지만 사회 전반에 있어 남녀 평등한 사회를 이루기에는 아직도 가야 할 길이 많이 남아 있습니다. 미국에서 남성 풀타임 노동자가 1달러 벌 때, 여성 풀타임 노동자는 73센트밖에 벌지 못합니다. 미국 여성의 30%가 파트너로부터 학대당한다고 합니다. 매일 세 명의 여성이 남편이나 남자 친구에게 살해당하고 있습니다. 임신중지를 합법화한 기념비적인 결정이었던 '로 대 웨이드 판결'이 공격받고 있습니다. 여성이 남성보다 직장 내 괴롭힘을 더 많이 당한다고 합니다. 여성은 남성보다 더 열악한 의료 서비스를 받고 있으며, 경제적으로도 더 어렵게 살 가능성이 큽니다. 젊은 여성은 젊은 남성에 비해 HIV·AIDS에 걸릴 위험이 더 크고, 임신과 출산을 포함한 여성의 재생산 권리 역시 축소되고 있습니다. 여자 고등학생 83%가 학교에서 성희롱을 당한 적이 있다고 답했습니다.

여성의 권리와 삶이 전 세계적으로 위태로운 상황에 처해있습니다. 전 세계 빈곤층 인구 십삼억 명 중 약 70%가 여성인 것으로 추정됩니다. 여성이 남성보다 문맹일 가능성은 두 배나 높습니다. 선진국과 개발도상국 모두에서 여성은 동일한 노동에 대해 남성 월급의 약 4분의 3에 해당하는 급여만을 받고 있습니다. 전 세계적으로 20~50%의 여성이 결혼 생활 중 한 번 이상의 가정 폭력을 경험합니다. 그리고 오늘날 전쟁의 주요 피해자는 군인이 아닌 민간인 여성과 그들의 자녀입니다.

페미니스트 운동이라 불리는 여성 인권 운동은 이러한 여성에 대한 정치적, 사회적, 경제적 불평등을 없애기 위해 노력하고 있습니다. 페미니스트가 된다는 것이 무엇을 의미하는지 오해하는 사람들이 있지만 사실 정말 간단합니다. 페미니스트는 모든 사람에게 평등한 기회와 존중이 보장되는 사회를 꿈꾸는 사람들입니다. 이 생각에 공감하는 사람들은 누구나 다 페미니스트가 될 수 있습니다. 다양한 의견과 생각을 가진 여러 유형의 남녀 페미니스트가 있습니다. 하지만 모두 동일한 신념을 공유하고 있습니다.

역사를 통틀어 보면 사회가 강요하는 고정된 성 역할을 거부하고 해적, 전사, 시인, 정치인이 된 멋진 여성들이 있습니다. 하지만 여성의 권리를 높이기 위한 조직적인 여성 인권 운동의 역사는 백여 년에 불과합니다. 서구, 특히 미국에서는 페미니즘을 '물결 wave'에 비유합니다. 여기서 '물결'은 페미니즘 운동이 활발히 일어났거나 사회적으로 주목받았던 시기를 말합니다. 페미니즘의 물결이 강하게 일어난 시기도 있고, 그렇지 못한 시기들도 있었지만, 그크기와 정도에 상관없이 계속 멈추지 않고 시대를 지나 흘러왔습니다.

페미니스트 운동 제1의 물결은 1800년대 후반과 1900년대 초반에 일어난 여성 참정권 운동이었습니다. 엘리자베스 캐디 스탠튼, 수잔 B. 앤서니, 루크레티아 모트 등의 여성 참정권 활동가들은 백인 여성의 투표권을 위해 싸웠습니다. 이들 중 대다수는 다양한 활동을 경험했으며, 노예 폐지 운동과 금주 운동에도 적극적으로 참여했습니다. 이들은 대중적인 캠페인이 정부를 압박할 수 있음을 알고 있었습니다. 때때로 그들은 시민 불복종 운동을 벌이기도 했습니다. 여성 활동가들은 투표에 참여했다가 체포되는 과정에서 부상당해 절뚝거리며 끌려 나가기도 했습니다. 감옥에 갇히었던 동안은 단식 투쟁도 벌였습니다. 이 과정들을 통해 많은 사람들이 여성 참정권 운동에 관심을 가지게 되었습니다. 그리고 마침내 1920년 수정헌법 제19조가 통과되면서 여성도 투표권을 얻게 되었습니다.

페미니스트 운동 제2의 물결은 1960년대와 1970년대에 일어났습니다. 첫 번째 물결과 마찬가지로 두 번째 물결의 페미니스트 리더 대부분이 교육받은 중산층 백인 여성이었습니다.

두 번째 물결의 페미니스트들은 임금 평등, 교육 접근성, 의료 및 여성 재생산 권리, 가정 폭력, 성폭행, 직장 문제, 시민권, 심지어 치마 대신 바지를 입을 권리까지 광범위한 의제를 다루었습니다. 베티 프리단, 글로리아 스타이넘, 제레미 그리어, 마가렛 슬론, 로빈 모건, 슐라미스 파이어스톤, 수잔 브라운밀러, 마릴린 웹, 캐시 사라칠드, 리타 메이 브라운 등 미국의 두 번째 페미니즘 물결을 주도했던 여성 활동가들은 스스로 여성을 억압에서 해방하기 위해 싸우고 있다고 말했습니다. 이에 사람들이 그들을 '여성 해방자'라고 부르기도 했습니다.

이 시기는 미국 문화가 격동하던 시기였고, 제2의 물결이 바로 그 최전선에 있었습니다. 일부 여성들은 '블랙 팬서스Black Panthers'나 '민주사회를 위한 학생회Students for Democratic Society' 같은 급진적인 단체와 동맹을 맺었습니다. 또 다른 여성 그룹들은 보다 전통적인 방식으로 여성 해방을 위해 싸웠습니다. 이들은 법적 소송을 제기하고, 단체를 결성하고, 선언문을 발표하고, 행진하고, 시위하고, 글을 발표하고, 발언하는 등 사회 곳곳에서 일어나는 성차별을 폭로하며 이를 끝내기 위해 그들이 할 수 있는 모든 것을 다 했습니다. 오늘날 페미니스트 제2의 물결은 일부 비판을 받기도 합니다. 하지만, 페미니스트 활동가들의 노력 덕분에 지금의 미국 여성 대다수는 물론 전 세계 많은 여성들이 더 풍요롭고 더 나은 삶을 살고 있다는 사실에는 의심의 여지가 없습니다.

오늘날의 여성 운동은 이른바 제3의 물결이라 불립니다.

제3의 물결은 이전의 운동에 비해 개성을 중시하는 경향은 훨씬 덜 하지만, 에이미 리차드, 오피라, 탈리 에두트, 캐슬린 한나, 제니퍼 바움가드너, 마르셀 카프, 레베카 워커, 파라이 치데야, 데비 스톨 러, 소니아 샤 등 주목할 만한 목소리를 낸 사람들이 있습니다.

제3의 물결은 제2의 물결과 엄마와 딸의 관계로 묘사됩니다. 제 2의 페미니즘 물결이 만들어 놓은 업적과 혜택을 이어받아 페미니 스트 활동가들이 제3의 물결을 이어가고 있지만, 동시에 낡았다고 여기는 가치에 대해서는 가차없이 도전장을 던지고 있습니다. 제3 의 물결이 정치적으로 중요한 의미를 가지는 것은 페미니즘 운동 에 다양성을 더했다는 점입니다. 제3의 물결을 통해 미국 페미니즘 은 기존의 교육받은 백인 중산층 여성을 대변하던 것에서 벗어나 마침내 다양한 계층, 인종, 성적 지향을 가진 여성들의 목소리를 대 변하게 되었습니다.

페미니스트들은 이제 여성 할례와 같은 악습을 종속시키기 위 한 활동을 비롯하여 모든 여성의 인권과 시민권 증진을 위한 글로 벌 네트워크를 가지고 있습니다. 여성 운동은 미국 사회 전 분야에 서 활발히 일어나고 있습니다. 법 제도와 쇼핑몰에서, 정부와 학교 에서, 대중잡지와 독립잡지에서, 카페와 록 클럽에서, 가정과 거리 에서 활발하게 이루어지고 있습니다. 페미니스트들은 무료 진료소 를 운영하고, 여성 스포츠를 후원하고, 여성 기업가가 운영하는 중 소기업을 도우며, 여성 혐오적인 콘텐츠를 만들어 내는 미디어를 비판하고 감시합니다. 출산 및 가족 휴가를 지지하고, 선거 이슈 중 임신중지에 관하여 여성의 자기 결정권을 존중하는 후보를 지지하는 정치활동도 하고 있습니다. 이렇듯 페미니스트들은 따로 또 함께 변화를 만들어 내고 있습니다.

여성 인권운동가가 되기로 결정했다면 다양한 선택지가 있습니다. 이미 잘 알려진 페미니스트 단체에서 일할 수도 있고, 보다 급진적인 활동을 하는 신생 단체에서 일할 수도 있습니다. 학교나 지역 커뮤니티 안에서 여성들의 목소리가 잘 반영되지 않는다는 생각이 들면, 여러분 스스로가 직접 페미니즘 동아리를 만들어 이 문제를 해결할 수도 있습니다. 페미니스트 활동에 동참하는 것은 여러분에게도, 여러분 주위의 사람들에게도, 또 다음 세대에게도 유익을 안겨 줍니다. 여러분 자신이 페미니스트임을 자랑스럽게 생각하세요.

워밍업
@재택 활동

페미니스트의 역사 알아보기

미국 역사에서 현대 페미니스트 운동은 중요한 부분을 차지하고 있음에도 불구하고, 대부분의 역사 수업에서는 여성이 투표권을 획득한 시기 정도만 언급하며 그 이상에 대해서는 잘 가르쳐주지 않습니다. 하지만 페미니즘의 역사는 그보다 훨씬 더 풍부하고 깊습니다. 우리 문화의 모든 영역에 영향을 미쳤을 뿐만 아니라 전 세계에서 여성 운동이 일어날 수 있도록 돕고, 그들의 운동에 힘을 실어주기도 하였습니다. 페미니즘 운동이 어떻게 성장하고, 인종, 계급, 문학, 결혼의 역할, 포르노의 정치 등과 관련하여 페미니즘 운동 내에서 얼마나 격렬한 내부 토론과 갈등이 있었는지 읽어보면 여성 인권과 여성 인권 운동의 중요한 역사적 교훈에 대해 알게 될 것입니다.

아래 추천 도서는 페미니스트 역사 교육을 시작하는 데 도움을 줄 수 있는 책들입니다. 소개된 책을 가지고 역사 수업이나 관련 수업에서 페미니스트의 역사에 대해 함께 공부할 수도 있고, 책을 읽고 해당 주제에 대해 함께 글을 써볼 수도 있습니다. 혹은 북클럽을 만들어 매달 한 권의 책을 읽고 토론하는 시간을 가질 수도 있습니다. 혼자 책 읽는 것을 더 좋아하면 물론 그렇게 해도 됩니다.

특별한 순서를 정할 필요도, 모든 책을 다 읽을 필요도 없습니다. 마음에 드는 책만 골라 읽으면 됩니다. 페미니스트들이 한 말과 행동 모두를 다 지지할 수는 없을 것입니다. 그러나 그들의 열정과 헌신은 높이 평가할 수 있을 것입니다. 책을 읽으면서 여성 운동의 목표와 운동 전략이 어떻게 변화했는지 살펴보세요. 또 페미니즘 운동을 주도한 사람들의 구성이 어떻게 변화했는지도 살펴보세요. 백인 이성애자이자 중산층 여성에서부터 시작된 여성 운동은 이제는 모든 여성을 포용하기 위해 노력하며 성장하고 있음을 살펴보세요. '전국여성기구'나 '전국임신중지권리행동연맹'과 같은 페미니스트 기관이 어떻게 형성되었는지, 이들이 여성들을 어떻게 지원해 왔는지 살펴보는 것도 흥미로울 것입니다.

추천 도서

임신중지 전쟁 : 반세기에 걸친 투쟁
Abortion Wars: A Half Century of Struggle, 1950-2000

성적 자기결정권과 임신중지권은 현대 여성운동사에서 가장 논쟁이 되고 있는 이슈일 것입니다. 이 책은 임신중지권 지지자들이 쓴 열여덟 편의 에세이 모음집입니다. 책에서는 임신중지 시술이 합법화되기 전부터 여성들을 도왔던 전문직 종사자들의 이야기를 비롯하여 가난한 유색인 여성의 임신중지권이 날로 증가하고 있는 임신중지 반대 운동의 과격함 등 임신중지권에 관한 이슈들을 다양한 측면에서 이야기하고 있습니다.

일상의 반란 Outrageous Acts and Everyday Rebellions

글로리아 스타이넘은 1960년대부터 현재까지 활동하고 있는 여성운동의 아이콘입니다. 그녀는 조직가이자 작가로 활동하며 남녀차별에 대한 여성들의 문제의식을 전달하는 역할을 해오고 있습니다. 이 책은 1963년부터 1983년까지 그녀가 쓴, 때로는 유쾌하고 때로는 분노에 찬 에세이와 글을 모은 것입니다. 플레이보이 바니걸로 위장하여 잠입했을 때의 긴장된 순간부터 미스 매거진을 창간한 경험까지, 그녀의 모험 정신과 문제의식이 이 책에 잘 녹아 있어 독자들이 여성 운동에 쉽게 공감할 수 있도록 도와줍니다.

친애하는 자매 여러분 :
여성 해방 운동에서 파견된 사람들

Dear Sisters : Dispatches from the Women's Liberation Movement

1968년부터 1977년까지 페미니스트 운동 제2의 물결 시기 쓰인 만화, 에세이, 신문 사설 및 기타 여러 유형의 글 모음집입니다. 이 책은 평등을 위한 함께 싸웠던 여성들의 기쁨과 희망에 대한 통찰력을 제공합니다.

페미니즘 : 필수 역사 저작물

Feminism : The Essential Historical Writings

슈나이르는 미국 여성 운동의 기원을 밝히기 위해 1700년대까지 거슬러 올라가 1940년대까지 내려오며 놀라운 범위의 문서들을 정리하여 이 책에 담았습니다. 그녀는 나중에 제2차 세계대전부터 현재까지의 내용을 정리한 책도 편집하였습니다. 이 책에는 편지, 책, 연설문에서 발췌한 역사책에서는 접할 수 없는 당시 여성들의 실제 목소리가 담겨 있습니다. '모든 인간은 평등하게 창조되었다'라는 건국 정신 위에 세워진 미국이라는 나라가 어떻게 여성과 흑인의 시민권과 기본권을 인정하지 않았는지, 이 책에 담긴 미국 여성 운동의 초기 문서들을 통해 알아볼 수 있습니다.

자매애는 강력하다 : 여성 해방 운동 글 모음집

Sisterhood Is Powerful

1970년에 출간된 이 책은 급진적인 운동가이자 시인이었고, 잡지 《미즈》 편집장이었던 모건의 영향력 있는 작품들을 다루고 있기 때문에 특히 도움이 될 것입니다. 이 책에는 성 정치학을 저술한 케이트 밀렛, 졸업 무도회 여왕의 회고록을 쓴 알렉스 케이트 슐먼, 1968년 앤디 워홀을 습격한 사건으로 유명한 발레리 솔라나스 등의 작품이 포함되어 있습니다.

세네카 폭포의 여인들 : 여성 인권 운동의 탄생

The Ladies of Seneca Falls : The Birth of the Woman's Rights Movement

1848년 7월, 수잔 B. 앤서니, 엘리자베스 캐디 스탠튼, 루크레티아 모트 등 이백여 명의 여성 참정권 활동가들이 뉴욕 세네카 폴스에 모여, 여성이 시민으로서 가지는 권리에 대한 선언을 했습니다. 또한, 사회적으로 여성을 열등한 지위에 강제로 머무르게 하는 법을 개정할 것을 요구했습니다. 선언문을 살펴보면 미국 독립선언서를 모델로 삼았음을 명확히 알 수 있습니다. 구르코는 세네카 폴스 협약부터 여성에게 투표권을 부여하는 수정헌법 제19조가 통과되기까지의 여성 운동을 세밀하게 추적하여 이 책에 담았습니다. 정부와 사회 전반에서 발생한 강력한 저항 속에서도 목표를 달성해낸 여성 활동가들의 캠페인이 이 책에 정리되어 있습니다.

불평등한 자매들: 미국 여성사 속 다문화 독자
Unequal Sisters : A Multicultural Reader in U.S. Women's History

'불평등한 자매들'은 인종, 계급, 특권, 성별, 성 정체성, 민족성 등 다양한 측면을 고려하여 선정한 삼십 편 이상의 에세이를 담고 있습니다. 이 에세이들을 통해 미국 역사와 여성사를 다시 한번 생각해 볼 수 있을 것입니다. 여성 운동은 오랫동안 중산층 출신에 백인 이성애자이자 중산층 적이이라는 비판을 받아왔습니다. 이 책은 이러한 비판을 종합적으로 다루고 있습니다. 이 책을 통해 미국 페미니즘의 역사를 살펴볼 수 있을 뿐만 아니라 미래의 여성 운동이 더 포용적이고 열린 방향으로 나아갈 수 있게 하는 아이디어를 탐색할 수 있을 것입니다.

페미니즘 예술의 힘 The Power of Feminist Art

페미니즘과 시각 문화는 다양한 방식으로 서로 대립하고 도전하며 서로를 풍요롭게 해왔습니다. 페미니스트 미술사학자들은 남성 중심의 관습을 비판하고 여성 혐오적인 표현 관행을 지적해 왔습니다. 페미니스트 예술가들도 자신의 작품을 통해 비슷한 지적을 했으며 박물관과 갤러리에서 거의 볼 수 없었던 여성의 삶을 표현하기 위해 노력해 왔습니다. 이백 칠십여 점의 작품에 대한 해석과 함께 이 작품들이 어떻게 예술과 여성 운동에 기여했는지, 어떻게 서로 상호 협력할 수 있었는지 살펴볼 수 있는 훌륭한 책입니다.

다른 세대와 페미니즘에 관해 토론하기

당신이 매일 함께 시간을 보내는 여성들의 삶에 페미니즘이 어떤 변화를 가져왔는지 알게 된다면 아마 깜짝 놀랄 것입니다. 1974년만 하더라도 일부 지역에 거주하는 여성들은 전화번호부에 자신의 이름을 올릴 수 없었다는 사실을 알고 있었나요? 집 전화번호부에 남편의 이름만 등록될 수 있었습니다. 여러분의 어머니, 할머니, 선생님 또는 친구와 페미니즘이 자신들의 삶에 어떤 영향을 끼쳤는지 이야기해 보세요. 대중 운동이 개인의 삶에 어떤 영향을 미쳤는지 알 수 있는 좋은 방법이 될 것입니다. 이들과의 대화는 여러분이 계속해서 여성의 권리를 위해 목소리를 낼 수 있게 힘과 영감을 줄 것입니다.

인터뷰이에게 어린 시절의 경험에 관해 물어보세요. 어릴 때 결혼을 하고 싶어 했는지, 직업을 가지고 싶어 했는지, 혹은 둘 다 가지고 싶어 했는지 물어보세요. 남성과 비교하여 직업을 선택하는 데 어떤 선택지들이 제공되었는지, 교육을 받는 데 어떤 기회들이 제공되었는지 물어보세요. 학교와 직장에서 동등한 대우를 받았다고 생각하는지 물어보세요. 피임, 성매개감염병, 임신중지에 관련해 어떤 보건 교육을 받았는지 물어보세요. 다른 계급이나 다른 인종의 여성들과 얼마나 교류했는지에 대해서도 물어보세요. 어릴 때 페미니즘에 대해 알고 있었는지, 페미니즘이 자기 삶에 어떤 영향을 미쳤다고 생각하는지 물어보세요.

만약 페미니즘이 실패했다고 생각한다면 어떤 면에서 또 무엇 때문에 실패했다고 생각하는지 물어보세요. 위의 이야기들을 당사자들에게 직접 듣는 것이 중요합니다. 위의 대화들은 여러분이 여성 인권 증진을 위해 앞으로 어떻게 활동할지 계획을 세우는 데 도움이 될 것입니다.

No More Silence

적용
@교내 활동

데이트 폭력에 대해 말하기

　데이트 폭력은 청소년들 사이에서 점점 더 큰 문제가 되고 있습니다. 여러분도 폭력적인 관계에 있는 사람을 알고 있거나 알게 될 가능성이 큽니다. 데이트 폭력은 젊은 남성과 젊은 여성 모두에게 영향을 미치지만, 젊은 여성이 학대의 피해자가 될 가능성이 더 크고, 젊은 남성에 비해 더 폭력적인 형태의 학대를 경험합니다. 여고생 다섯 명 중 한 명은 데이트 관계에서 신체적인 폭력이나 성폭력을 경험한 적이 있다고 답했으며, 거의 절반은 폭력적인 관계에 있는 사람을 알고 있다고 답했습니다. 젊은 여성들이 이야기하는 폭력 행위에는 주먹질, 밀치기, 절단하기, 자신의 의지에 반하는 성적인 행위를 강요당하는 것 등이 있었습니다. 젊은 남성은 파트너에게 꼬집히거나 뺨을 맞았다고 신고할 가능성이 크며, 남성의 질투나 부적절한 성 접촉이 데이트 폭력이 원인이 될 수도 있음을 말해 주었습니다.

안타깝게도 이 주제와 관련한 문제가 생겼을 때, 청소년들 사이에서는 의료 보건 전문가나 책임감 있는 성인, 또는 다른 누군가에게 이 문제에 대해 솔직하게 털어놓고 도움을 구하는 친구들이 거의 없습니다. 이 말은 곧 데이트 폭력이 얼마나 흔하게 일어나는 문제인지 아는 청소년들이 별로 없다는 것을 의미하며, 다시 말해 자신이 그러한 상황에 처했을 때 어떻게 해야 폭력적인 관계에서 벗어날 수 있는지를 잘 아는 청소년들 역시 별로 없다는 것을 의미합니다. 데이트 폭력에 피해를 입은 청소년이 필요할 때 적절한 도움을 받지 못한다면 약물을 남용하고 자살을 시도하며 학대받는 성인으로 성장할 가능성이 그렇지 않은 청소년보다 훨씬 높습니다. 학교 내 데이트 폭력에 대한 침묵을 깨는 것이 폭력적인 관계에 있는 사람들의 삶을 변화시키는 첫걸음이 될 수 있습니다.

이 문제에 대해 발언함으로써 교내 커뮤니티 이 문제에 대해 학습할 수 있습니다. 학급 친구들이 데이트 폭력의 징후에 민감하게 반응하여 자신과 친구들을 나쁜 상황에서 벗어날 수 있도록 도와줄 수 있습니다. 데이트 폭력 사건의 절반 가까이가 캠퍼스에서 발생하는 것으로 추정되므로 캠퍼스는 이러한 종류의 '구전 활동'을 펼치기에 최적의 장소입니다.

데이트 폭력에 대해 말하기로 결심한다는 것은 더 이상 이 주제를 금기시하지 않겠다는 의미입니다. 사실 관계를 평소 알아놓는다면 필요한 경우 주변 사람들에게 알려줄 수 있으며, 학대의 징후를 발견하게 되거나 학대받고 있는 사람을 목격했을 때 중요한 것들을 알려줄 수 있을 것입니다. TV 프로그램이나 영화에 등장하는 인물이 데이트 폭력의 피해자라는 이유로 데이트 폭력이라는 주제가 등장한다면, 이 문제가 매우 현실적인 문제라는 점을 지적하며 친구들과 이 문제에 관해 토론해 볼 수도 있을 것입니다. 데이트에 관련한 보건 수업이나 성교육 수업은 데이트 폭력에 대해 논의하기 적합한 시간이 될 수도 있습니다.

잠재적으로 '학대받는 관계'에 놓여있을 수 있는 징후들

◑ 갑자기 자신감을 잃고 의사 결정에 어려움을 겪는 경우.

◑ 새로운 만남을 가진 이후로 위험한 행동(폭음 또는 안전하지 않은
   성적 행위 등)을 하는 경우.

◑ 학교 성적이 떨어지고 운동이나 동아리 활동에 빠지는 경우
   친구들과 점점 멀어지게 되는 경우.

◑ 파트너의 나쁜 행동에 대해 계속 변명하게 되는 경우.

누군가를 '학대하는 사람'은 다음의 성향

◑ 질투심이 많거나 소유욕이 강한 경우.

◑ 관계를 빠르게 발전시키기 위해 상대방을 압박하는 경우.

◑ 고함, 욕설, 화풀이 등으로 상대방을 정서적으로 학대하는 경우.

◑ 관계를 유지하는 데 모든 의사 결정을 자신이 내리려고 하는
   경우.

◑ 연인을 다른 관계, 심지어 오랜 우정 관계로부터 분리하려는
   경우.

친구나 파트너에게서 이러한 징후가 하나 이상 발견된다면 데이트 폭력에 대한 문제를 제기하는 것이 좋습니다. 친밀한 관계에 있는 사람이 주는 언어적 괴롭힘이나 굴욕감을 주는 행동들에 대해서 큰일 아니라며 무시하고 넘기고 싶을 수도 있습니다. 그러나 여러분의 직감을 믿으세요. 누군가가 친구와 함께 있다는 이유만으로 파트너로부터 '나쁜 년'이라는 말을 듣거나 고함을 듣게 된다면, 그리고 그 상황을 계속해서 방치하게 되면, 그녀의 자존감은 점차 무너지고, 결국 파트너에게 정신적으로 통제당하게 될 가능성이 큽니다. 언어적 폭력은 신체적 폭력으로 확대될 수 있습니다.

친구에게 데이트 폭력에 관해 이야기하기로 마음먹은 경우, 친구를 존중하는 마음으로 신중하게 다가가야 합니다. "몇 가지 이유로 네가 좀 걱정이 돼."라고 대화를 시작해 보세요. 친구와 일대일로 개인적인 대화를 나누는 것이 좋습니다. 이때 구체적인 사례들을 언급하여 친구가 상황을 이해할 수 있도록 도와줄 수 있습니다. 많은 사람들이 자신이 학대받고 있다는 사실을 깨닫지 못하거나 인정하지 않는다는 것을 설명해 줘야 합니다. 그래서 친구를 돕고 싶다는 의지를 강조하는 것이 중요합니다. 또한, 친구와 그녀의 파트너 사이에 문제가 있다는 사실을 친구에게 알리는 것이 중요하며, 여러분이 그들 곁에 있다는 것을 알려주는 것이 중요합니다. 더불어 그 상황을 정리하고 관계에서 벗어날 방법이 있다는 사실을 친구에게 알려주는 것이 필요합니다. 상담센터 직통 전화번호를 알려주거나 관련 자료를 준비해 두는 것이 도움 될 수 있습니다.

최후통첩하듯 친구에게 자신과 파트너 중 한 명을 선택하도록 강요하는 행동은 오히려 친구를 위축시키거나 소외시킬 수 있으니 피하는 게 좋습니다. 만약 그 사람이 여러분과 친하지 않다면 상황은 약간 더 복잡할 수 있지만, 그 사람을 도울 방법은 여전히 있습니다. 다가갈 때 스토커로 오해받지 않도록 정중하게 접근하고 학교나 다른 주제로 대화를 시작하세요. 그런 다음 "네 파트너가 너에게 자주 소리를 지르는 걸 봤는데, 그런 일이 자주 있어?"와 같이 물어보세요. 그 사람은 현재 자신이 어떤 상황에 놓여있는지, 누구에게 도움을 청할 수 있는지에 대한 궁금증을 품고 있을 수 있습니다. 가해자는 피해자를 주변 사람들로부터 고립시키는 경향이 있습니다. 그러므로 이 사람과 친구가 되는 것은 고립된 피해자에게 하나의 생명줄이 될 수도 있습니다.

때로는 친구가 여러분의 얘기에 반발할지도 모릅니다. 그러나 놀라지 마세요. 많은 경우 데이트 폭력 피해자들은 자신이 잘못해서 그런 일이 발생했다고 생각하여 오히려 수치심과 죄책감을 느끼는 경우가 많기 때문입니다. 데이트 폭력의 경우, 원래는 로맨틱한 관계였기 때문에 파트너가 자신에게 한 행동들이 사실은 정서적 학대였다는 것을 인정하기 어려울 수 있습니다. 배신감으로 힘들어할 수도 있습니다. 앞서 언급한 대로 가해자가 피해자를 정서적으로 억압하고 통제한 상황이라면 이러한 상황을 제대로 평가하고 인정하기 더욱더 어려울 수 있습니다.

만약 친구가 이 문제로 대화하기를 원하지 않는다면 인내심을 가지고 기다리세요. 친구와 계속 연락하며 영화 보기, 카페 가기, 운동하기 등 두 사람이 함께할 수 있는 활동을 제안해 보세요. 이 상황은 친구의 잘못 때문이 아니라는 점과 여러분이 친구와 계속 함께 있을 것이라는 점을 상기시켜 주세요. 그러나 만약 여러분이 사건의 목격자이거나, 친구가 자주 다쳐온다거나, 이전에 없던 멍이 친구의 몸에 계속 생긴다면, 데이트 폭력이 물리적 폭력까지 갔다는 징후입니다. 그럴 경우 데이트 폭력 핫라인에 전화하세요. 친구를 도와줄 수 있는 지역 내 다양한 자원과 문제 해결을 지원해 줄 수 있는 책임감 있는 성인을 찾는 데 도움을 받을 수 있습니다.

그렇게 계속 데이트 폭력에 대해 목소리를 내다보면 여러분 스스로가 데이트 폭력 피해자들을 도울 수 있는 플랫폼이 되어 있을 수 있습니다. 친구들이 질문과 걱정을 가지고 여러분을 찾아올 수도 있습니다. 이 시점에서 여러분의 행동을 한 단계 발전시켜 볼 수도 있습니다. 학교 내에서 전단을 만들어 배포하거나, 교육용 포스터를 제작하여 게시하거나, 연사를 초청하여 학생들과 함께 이 문제에 관한 토론을 진행할 수도 있습니다.

데이트 폭력 관련 자료

사랑에 빠졌을 때와 위험에 빠졌을 때 : 학대 관계에서 벗어나기 위한 청소년 가이드

In Love & In Danger : A Teen's Guide to Breaking Free of Abusive

Relationships

이 책은 학대 관계에 처한 사람들이나 그런 관계에 있는 사람을 돕고 있는 사람들에게 유용한 자료입니다. 이 책은 세 가지 개인적인 이야기로 시작하지만, 관계가 학대 관계인지 아닌지 판단할 수 있는 체크리스트, 행동과 용어 설명, 대처 방안, 나쁜 상황을 벗어나는 방법 등이 포함된 워크북 형식의 책입니다. 건강한 사랑과 중독적인 사랑의 차이점을 알고 싶다면, 이 책을 통해 확인해 보세요.

전국 가정 폭력 핫라인

The National Domestic Violence Hotline

공중보건 관점에서 데이트 폭력은 아동 학대, 배우자 학대 및 기타 가정 내 폭력과 관련이 있으며, 가정 폭력 범주에 속합니다. 이 핫라인은 위기 상황에 대한 상담을 제공하고, 상담소, 쉼터와 같은 지역사회 자원을 찾는 데 도움을 줍니다. 특정 상황에서 어떻게 대응해야 할지 불확실할 때 지침을 제공해 줍니다. 1-800-799-SAFE

학교가 타이틀 나인Title IX을 준수하는지 알아보기

만약 여러분이 여성이고 학교에서 운동하고 있다면, '타이틀 나인'에 감사해야 할 것입니다. 사실 셰릴 스웁스, 미아 햄 등 세계적으로 유명한 여성 운동선수들 상당수는 '타이틀 나인'이 없었다면 지금의 그 자리에 오르지 못했을 것입니다.

'타이틀 나인'은 1972년에 제정된 연방법으로 모든 방과 후 프로그램이나 활동에서 성차별을 금지하는 법률입니다. 이 법은 모든 공립학교와 연방 기금을 받는 모든 사립학교에 적용됩니다.

법이 제정되어 적용되기 전까지 대다수 학교에서는 여학생을 위한 스포츠 프로그램이 없거나, 있더라도 규모가 아주 작고 금전적인 지원이 거의 없는 경우가 많았습니다. 그래서 '타이틀 나인'은 그 당시에는 매우 혁신적인 정책이었습니다. 법안이 통과됨에 따라 연방 정부로부터 보조금을 받는 모든 학교들이 '타이틀 나인'에 명시된 사항들을 준수해야 했습니다. '타이틀 나인'에는 학교 스포츠 활동과 관련하여 여성들도 남성들과 동일한 수준의 지원을 받아야 한다는 내용을 담고 있었습니다. 예를 들어, 학교에 남자 주니어 농구 대표님이 있다면 여자 주니어 농구 대표팀도 마련되어야 했습니다. 남자 육상 선수들을 위한 버스 운행이 있을 경우, 여자 육상 선수들을 위한 버스도 마련되어야 했습니다. 여기서 잠깐 확인하고 가야 할 점이 있습니다. 많은 사람들은 '타이틀 나인'으로 인해 학교가 남녀 스포츠에 동일한 '재정'을 지출하고 있는 것이라고 생각합니다. 장학금을 제외한 나머지는 경우에는 그렇지 않습니다. 오히려 '타이틀 나인'은 불평등한 대우를 개선하고 동등한 혜택을 요구할 때 자주 등장하는 단어로 활용되고 있습니다.

'타이틀 나인'은 여성을 위한 스포츠 문화를 조성하고 여성 운동선수들에게 롤모델을 제공하는 데 큰 역할을 하였습니다. 이 법은 고등학교와 대학의 여자 스포츠 프로그램부터 '미국 여자 프로 농구 리그'까지 포함하고 있습니다. 이 모든 선수들은 어디서 운동을 배웠을까요? 타이틀 나인이 통과되지 않았다면 결코 가질 수 없었을 기회를 현재 수백만 명의 젊은 여성들이 누리고 있습니다. 1970년대에는 여학생 중 약 3%만이 학교 대표팀 스포츠에서 활약했지만, 현재는 이 수치가 40%까지 늘어났습니다. 고등학교 시절 스포츠에 참여하면 체력 향상뿐만 아니라 참여자들의 삶도 개선된다는 연구 결과가 있습니다. 여성 고등학생 운동선수들은 스포츠에 참여하지 않는 또래에 비해 졸업 확률이 높으며, 자존감이 더 높다는 경향을 보입니다.

안타깝게도 많은 고등학교와 대부분의 대학이 여전히 '타이틀 나인'을 준수하지 않고 있습니다. 현재 백십만 명의 젊은 여성들이 젊은 남성들보다 운동을 즐길 수 있는 기회를 여전히 제한적으로 누리고 있습니다. 학교가 타이틀 나인을 충실히 준수하고 있는지 확인하는 것은 젊은 여성이 남성과 동등하게 스포츠에 참여할 수 있는 권리를 지키는 좋은 방법입니다.

학교가 '타이틀 나인'의 의무를 준수하고 있는지 확인하려면 주변 환경을 면밀히 살펴보는 것부터 시작해 보세요. 먼저 학교의 여학생들이 동등한 운동 지원과 참여 기회를 받고 있는지 확인해 보세요. 이를 위해 남학생과 여학생의 운동 참여 인원을 비교해 보는 것이 도움이 됩니다. 예를 들어, 학교 스포츠팀에 참여하는 남학생 수가 각각 농구 주니어 대표팀 열다섯 명, 농구 대표팀 열다섯 명, 축구 주니어 대표팀 삼십 명, 축구 대표팀 삼십 명 이렇게 참여한다고 파악된다면, 각 팀의 여학생 운동선수 수를 세어 이와 비교해 보세요. 각 스포츠팀에서 뛰고 있는 남학생과 여학생의 수가 같거나 비슷한가요? 그다음으로 지원 측면에서 학교의 운동 프로그램을 검토해 보세요. 남녀 팀에 동일한 수의 코치가 지원되고 있는지 확인하고, 동일한 종류의 운동 장비와 유니폼을 사용하고 있는지도 살펴보세요. 남녀 운동팀 간에 불평등한 부분이 많이 발견된다면, 학교가 성별에 관계없이 공평한 지원하기 위해 충분한 노력을 기울이지 않고 있는 것일 수 있습니다. 이러한 조사는 '타이틀 나인'을 준수하는지 여부를 판단하는 데 있어 중요한 출발점이 될 것입니다.

좀 더 정확한 정보를 얻기 위해 온라인에서 공식 체크리스트를 내려받아 확인해 볼 수도 있습니다. 여성 스포츠재단과 전국여성법률센터에서 체크리스트를 확인해 보세요.

작성한 체크리스트에 따라 여러분의 학교가 '타이틀 나인'을 준수하지 않는다고 판단되면, 학교의 담당자와 면담을 요청하세요. 모든 학교는 '타이틀 나인' 담당자를 지정해야 하므로, 학교 웹사이트를 확인하거나 학교 사무실로 전화하여 담당자의 연락처를 확인할 수 있습니다. 만약 여러분의 학교에 담당자가 지정되어 있지 않다면, 교육부 민권 부서에 신고할 수 있습니다. 학교에 '타이틀 나인' 담당자와 면담을 할 때 필요한 경우 여러분이 조사한 자료와 메모를 지참하세요. 면담에 친구들과 함께 참석하거나 학교의 스포츠 스타 선수가 함께하면 더 좋습니다. 이렇게 함으로써 여러분뿐만 아니라 다수의 학생이 이 문제에 관심을 가지고 있고 지지하고 있다는 메시지를 학교 당국에 보여줄 수 있기 때문입니다.

　'타이틀 나인' 코디네이터에게 학교가 규정을 준수하고 있는지 물어보세요. 만약 학교가 규정을 준수하고 있다고 그들이 대답한다면, 그 근거가 무엇인지 물어보세요. 학교가 규정을 준수하는 것을 확인할 수 있는 연간 보고서나 다른 자료가 있다면 확인해 보고 여러분의 조사 자료와 비교해 보세요. 보고서를 확인한 후 추가 미팅을 요청하거나, 코디네이터와 함께 보고서를 자세히 검토할 수도 있습니다. 이때 보고서가 불완전하거나 부정확할 수도 있으며, 코디네이터가 '타이틀 나인'의 요건을 잘못 이해하고 있을 수도 있습니다.

만약 보고서가 없다고 한다면, 코디네이터에게 여러분이 자체적으로 조사를 시행했음을 언급하고, 여러분이 준비한 체크리스트 자료를 전달하세요. 그러나 단순히 자료를 전달하는 데 그치지 말고 다음 내용으로 대화를 이어 나가 보세요.

"저희가 조사한 바로는 학교 스포츠팀에서 활동하는 남학생은 이백 사십오 명인데 여학생은 그보다 적은 백 명뿐이어서 학교가 타이틀 나인에 명시된 규정을 준수하지 않는 것 같습니다." 또는 "남학생 팀은 연습 시간대를 우선적으로 배정받지만 여학생 팀은 늦은 오후나 밤에만 연습해야 합니다. 이는 공평하지 않은 것 같습니다."와 같은 내용을 전달할 수 있습니다. 이때, 공격적이거나 조롱하는 태도를 취하지 말고, 상대방을 존중하며 사실을 기반으로 정보를 전달하는 것이 중요합니다.

이 시점에서 '타이틀 나인' 담당자가 방어적인 태도를 보일 수 있으므로 긍정적인 제안을 통해 상황을 풀어보세요. "우리 학교가 법을 준수할 수 있도록 코디네이터님과 함께 일하고 싶습니다."라고 말하여, 제안 목록을 작성해 보는 것도 좋습니다. 제안 목록에는 다음과 같은 내용이 포함될 수 있습니다.

◑ 모든 여자 스포츠에 대표팀 도입하기.

◑ 비가 오면 물이 새서 사용할 수 없는 여자 라커룸 정비하기.

◑ 모든 팀에게 동등한 기회가 돌아갈 수 있도록 연습장 예약 추첨제 시행하기.

담당자가 여러분의 제안의 긍정적인 태도를 보인다면 검토 후 다시 만나자고 할 것입니다. 약 일주일 후로 다음 미팅 날짜를 정하고, 회의 참석자를 미리 확인하세요. 이 회의에 교장 선생님, 코치 등 관련 담당자들이 참석할 예정인지 물어보세요. 회의가 끝난 후에는 회의 결과와 제안서 사본을 교장 선생님과 운동부 감독에게 보내세요. 코디네이터와의 회의가 매우 의미 있었다고 이야기하고, 다음 회의에서 이 주제에 대해 더 자세히 논의할 수 있기를 기대한다고 말하세요. 이제부터는 여러분의 제안이 실현될 때까지 계속 밀어붙이세요.

담당자가 여러분의 연구와 제안을 무시하거나, 약속하고도 이행하지 않는다면 학부모회나 학교의 다른 영향력 있는 그룹을 찾아가 보는 것도 좋습니다. 해당 그룹의 임원과 만나 상황을 설명하고, 다음 공식 회의 안건으로 이 주제를 올려도 되겠는지 물어보세요. 다음 회의가 열렸을 때, 참석자들에게 여러분의 조사 내용과 제안 사안에 대해 한 번 더 설명하세요. 여러분들 또한 모든 학교 학생들이 성별과 무관하게 동등한 체육 활동 기회를 가질 수 있기를 희망하고 있으며, 학교가 연방법을 어기지 않길 바라고 있을 거로 생각한다고 말하세요. 학교가 연방법을 준수할 수 있도록 여러분이 가진 영향력을 발휘해달라고 요청하세요.

그래도 해결되지 않는다면 법적 조치를 취할 수 있습니다. 미국 시민자유연맹www.aclu.org이나 여성 스포츠재단에 문의해 보세요.

교육부에 문제를 제기하는 데 필요한 자료를 얻을 수 있게 도와줄 것입니다. 이것은 큰 싸움이 될 수도 있습니다. 하지만 '타이틀 나인'이 무엇을 의미하며, 왜 이것이 중요한지를 생각해 보세요. 학교가 '타이틀 나인'을 준수하도록 돕는 것은 여러분을 포함한 학교 내 모든 여성 운동선수에게 도움이 되는 일이 될 것입니다.

이뿐만 아니라 이 법안 통과를 위해 처음 싸웠던 사람들에 대한 존중을 표하는 일이 될 것입니다. 모든 운동선수들은 공정한 경쟁의 기회를 가질 자격이 있다는 이상을 기리는 일이 될 것입니다.

여성의 재생산권을 위한 편지쓰기 파티

임신과 출산을 포함한 여성의 재생산권이 위험에 처해 있습니다. 특히 빈곤층에 거주하는 청소년들의 경우에는 매우 심각한 수준입니다. 불가능한 것은 아니지만 최근의 여러 법안에 의해 청소년들이 성과 관련된 교육과 의료 서비스에 접근하기가 어려워졌습니다. 자유를 소중히 여기는 나라에서 기본적인 의료와 교육을 제한하는 것은 잘못된 일입니다. 이러한 상황을 보여주는 두 가지 예가 있습니다.

미국 학생의 10%만이 포괄적인 성교육을 받고 있습니다. 많은 학교는 연방 기금을 받기 위해 피임, 질병 예방, 동성애에 대한 언급을 금지하는 '금욕주의적 성교육'을 실시해야만 합니다. 미국인 10명 중 7명이 '금욕주의적 성교육'을 반대하고 있습니다. 금욕과 피임 모두에 대해 가르쳐주는 성교육 프로그램이 청소년들에게 실질적인 도움이 된다는 것을 잘 알고 있기 때문입니다.

미국에서 서른 개 주는 미성년자의 임신중지에 영향을 미치는

'부모 동의법'을 시행하고 있습니다. '부모 동의법'에 따르면, 미성년자(나이가 열여덟 살 이하로 정의되기도 하며, 열여섯 살 이하로 정의되기도 합니다)는 임신중지를 결정하기 전에 부모 중 한 명 또는 양쪽의 동의를 얻어야 합니다.

일부 주의 법무장관은 미성년자가 피임을 원하는 경우에도 부모에게 사전에 고지하고 동의를 받아야 한다고 주장합니다. 한 연구에 따르면 미성년자 중 거의 절반이 성적 행위를 할 때 피임 여부를 부모에게 알려야 한다면 피임약 사용을 중단하겠다고 대답했습니다.

부모 동의 및 통지법은 청소년의 재생산 건강 관리에 심각한 제약을 가지고 있습니다. 이 법에 의해 청소년의 임신 사실이 부모에게 알려질 경우, 청소년을 가정에서 쫓겨나거나 벌을 받을 위험에 노출될 수 있습니다. 또한, 원치 않는 임신을 유지하도록 강요받거나 불법적으로 임신중지를 시도하게 만들 수도 있습니다. 원치 않는 출산을 한 청소년들은 고등학교 중퇴 위험이 증가하며, 약물 남용 문제를 초래할 가능성도 커집니다. 게다가, 정부의 지원금이 필요한 취약한 계층에 속하게 될 가능성도 큽니다.

여러분의 주에서 어떤 법이 적용되는지 알아보려면 전국 임신중지 권리행동연맹National Abortion and Reproductive Rights Action League, NARAL 웹사이트www.naral.org를 확인해 보세요. 이 단체는 '누가 결정하는가? 여성의 재생산권에 관한 50개 주 보고서'를 매년 발간하며, 이 보고서에는 각 주에서의 여성 재생산권에 적용되는 규제에 대한 설명이 포함되어 있습니다. 재생산권 센터 웹사이트 www.reproductiverights.org에서도 유용한 정보를 얻을 수 있습니다.

이 주제에 대한 사람들의 목소리를 모을 수 있는 가장 좋은 방법은 편지 쓰기 파티를 열어보는 것입니다. 이 파티는 음식, 음료, 음악, 친구들과 함께하는 다른 파티와 큰 차이가 없습니다. 파티를 즐기면서 여러분은 편지를 작성할 수 있습니다. 여러분의 권리 회복 및 보호를 요청하는 내용을 담은 편지를 교육 관계자, 정부 대표나 여러분이 의견을 전하고 싶은 사람들에게 보낼 수 있습니다.

첫 번째 단계는 장소를 결정하는 것입니다. 누군가의 집, 지역 커피숍, 또는 필기를 할 수 있는 공간이 풍부한 피자집과 같은 장소가 좋습니다. 필요하면 클립보드를 사용할 수도 있습니다. 어떤 곳에서 파티를 열지 결정하고 그다음에는 날짜와 시간을 확정하세요. 장소의 수용 인원을 고려하여 친구들을 초대하고, 다른 친구들과 함께 오도록 권유하세요. 함께 유의미한 시간을 보내고 즐거운 순간을 만들 수 있을 것이라고 알려주세요. 친구들과 즐거운 시간을 보냄과 동시에 여러분이 옳다고 믿는 바를 위해 좋은 일을 할 수 있을 거라고 이야기해 주세요. 필요하다면 편리하게 편지를 작성할 수 있도록, 노트북을 가지고 올 수 있는 친구들에게 노트북을 가져오도록 부탁하세요.

파티 전에는 편지 보낼 사람들의 목록과 주소를 준비해 두세요. 지역 교육청, 모든 지역 고등학교 교장 선생님, 주 정부 대표, 하원 및 상원의원 등이 좋은 대상입니다. www.congress.org 에서 대부분의 주소를 얻을 수 있습니다. 모든 준비물을 마련해 두세요. 펜, 우표, 편지지와 편지 봉투가 많이 필요할 것입니다. 우표를 붙이고 주소 목록을 인쇄하세요. 파티 참석자들이 어떤 문제로 편지를 작성해야 하는지 이해할 수 있도록 관련 자료를 준비하여 파티장에 배치하고, 참석자들에게도 나눠주세요.

샘플 편지도 여러 장 인쇄하세요. 파티 당일에는 파티 장소에 일찍 도착하여 준비하세요. 참석자 한 명당 나눠줄 편지지와 편지 봉투, 안내문, 샘플 편지, 주소 목록이 담긴 편지 패키지를 준비해 두면 좋습니다. 음식을 사 먹을 수 있는 경우가 아니라면 간식과 음료도 잊지 마세요. 음악을 틀 수 있다면 파티를 더욱 축제 분위기로 만들 수 있습니다.

사람들이 도착하면 편지 패키지를 나눠주며 무엇을 해야 하는지 설명해 주세요. 여러분이 찾은 관련 자료와 샘플 편지를 읽은 후 직접 편지를 작성하도록 하세요. 가능한 "우리 학교는 피임에 대해 가르치지 않습니다."와 같은 자신의 이야기를 담은 편지를 쓸 것을 추천해 주세요. "학교에서 피임에 대해 가르쳐 주지 않은 결과 많은 친구들이 안전한 성행위에 대해 잘 모릅니다. 친구들이 임신하거나 질병에 걸릴까 걱정됩니다. 우리가 피임과 안전한 성행위에 대해서 알려주는 포괄적인 성교육을 받았다면 이런 일은 일어나지 않았을 거예요." 또는 "제 여동생이 임신중지를 하고 싶어 했지만 아버지의 허락을 받아야 했어요. 아버지는 화를 내며 여동생을 쫓아냈어요. 여동생은 현재 자립 능력이 없어 정부 보조금을 받으며 살고 있어요. 이 법 때문에 원치 않는 아기를 낳을 위기에 처해 있어요."와 같은 이야기는 이 문제에 대한 해결이 얼마나 중요한지를 생생하게 전달해 줄 것입니다. 또한, 이 문제에 대한 해결책이 왜 그렇게 필요한지 상기시켜 줄 것입니다.

모두가 편지를 쓰는 동안 좋은 호스트가 되어주세요. 어떻게 해야 할지 모르거나 어려움을 겪는 사람이 있다면, 도움이 필요한지 묻고 도와주세요. 편지를 쓰는 것도 중요하지만, 파티임을 잊지 마세요. 음악을 듣고 수다를 나누는 등 친구들과 즐거운 시간을 보내세요.

편지를 쓰는 것이 실제 변화를 불러오는지 의문을 가질 수 있습니다. 그런데 효과가 있습니다. 편지 쓰기는 중요하고 효과적인 직접행동 중 하나입니다. 자신을 뽑아준 시민을 대변하는 것이 모든 선출직 공무원의 임무입니다. 편지를 통해 선출직 공무원을 교육할 수도 있고 특정 문제에 대한 유권자의 생각을 알릴 수도 있습니다. 이메일을 보내는 것이 더 쉬울 수도 있지만, 연구에 따르면 실제 우편으로 보낸 편지가 국회의원 및 기타 공무원들에게 더 큰 부담을 줄 수 있다고 합니다.

편지를 완성하고 서명한 후 주소가 적힌 봉투에 넣어 모아서 우편으로 발송하세요. 서로의 노고를 칭찬하고, 남은 시간 즐겁게 파티를 이어 나가세요. 파티가 마무리되면 참석한 모든 사람에게 감사의 말을 전하세요. 여성의 재생산권을 지지해 준 데 대한 감사의 인사를 전하세요. 모든 일이 순조롭게 진행되었다면 이런 파티를

<h2 align="center">〈편지 샘플〉</h2>

벤더 상원의원님께

저는 네브래스카주 데이비스 파크에 있는 데이비스 파크 고등학교에 재학 중인 학생입니다. 저는 여성의 권리가 이 나라의 자유와 평등이라는 가치에 포함되어 있다고 생각합니다. 따라서 저는 우리 주에서 시행 중인 부모 통지법과 금욕주의적인 성교육에 단호히 반대합니다. 이러한 법은 저와 다른 사람들의 삶에 직접적인 영향을 미치며 청소년 임신과 청소년 성병 감염자 수를 증가시킬 수 있습니다.

오늘날 미국 인구의 4분의 1이 열여덟 살 미만입니다. 우리는 투표할 수 없습니다. 하지만 누가 우리의 권리를 보호하고, 누가 우리를 위해 싸우고 있고, 또 그렇지 않은지 주의 깊게 지켜보고 있습니다. 우리의 활동은 부모님의 투표 결정에 영향을 미칩니다. 우리가 직접 투표할 수 있는 경우, 이러한 종류의 법안을 지지하거나 이 법을 바꾸기 위해 싸우지 않은 사람에게 투표하지 않을 것입니다.

제가 이 편지를 쓰는 이유는 이 문제를 포함하여 사회 전반에 걸쳐 젊은이들의 불만이 커지고 있음을 알리기 위해서입니다. 우리의 권리를 존중하지 않는 시스템에 왜 우리가 참여해야 할까요? 당신은 여성의 재생산권을 옹호함으로써 우리에게 영감을 줄 수 있는 힘을 가지고 있습니다. 우리는 우리 정부와 국가가 우리의 것이라 믿고 싶습니다. 우리는 이것이 사실임을 당신이 증명해 주길 원하고 있습니다.

시간 내주셔서 감사합니다. 이 문제에 대한 당신의 답을 듣고 싶습니다.

진심을 담아서,
마이크 길레르모-베가

정기적으로 열어보는 것도 한번 생각해 보세요. 매번 다른 중요한 주제를 선택하여 편지 보내기 캠페인을 진행하는 것도 좋은 방법입니다. 편지를 쓰는 것은 참여 민주주의에서 중요한 역할을 하며, 정기적으로 편지를 쓰는 것은 정부가 여러분의 의견을 경청하도록 만드는 좋은 방법입니다.

페미니스트 캠퍼스

페미니스트 캠퍼스는 임신중지 지지 학생 네트워크로, 주요 정치인에게 팩스나 이메일을 보내어 평등을 실현하도록 촉구하는 활동을 하고 있습니다. 이 그룹에서 다루는 주제는 임신중지 찬성 판사 지명과 인가에서부터 응급 피임, 아프가니스탄 및 이라크 여성 보호까지 다양합니다. 웹사이트 내에는 쉽게 참여할 수 있는 다양한 캠페인들이 있습니다. www.feministcampus.org

유방암 사이트

유방암 사이트는 유방암 환자 지원과 연구를 위한 비영리 웹사이트입니다. 유방 촬영술은 유방암을 조기에 발견하는 가장 좋은 방법 중 하나입니다. 그러나 많은 여성이 비용의 문제로 정기적으로 유방 촬영 검사를 받지 못하고 있습니다. 웹사이트 방문자들은 '클릭하여 기부하기Click to Give' 버튼을 눌러서 매일 무료로 기부할 수 있습니다. 이렇게 모인 기부금은 국립 유방암 재단이 제공하는 소외 계층 여성을 위한 무료 유방 촬영 비용을 지원하는 데 사용됩니다. www.thebreastcancersite.com

청소년을 위한 옹호자 Advocates for Youth

청소년들이 자신의 재생산권과 성 건강에 관한 결정을 내릴 때, 올바른 정보를 기반으로 결정할 수 있도록 프로그램과 정책을 지원하는 청소년 지원 단체입니다. 이 단체의 웹사이트는 또래 교육 프로그램 시작 방법, 더 나은 성교육을 위한 청원서 서명과 같은 공동 행동 및 다른 청소년 활동가와의 교류 방법 등 유용한 정보를 제공합니다. 이 단체는 국제적인 활동과 응급 피임과 관련된 다양한 프로젝트도 수행합니다. www.advocatesforyouth.org

앨런 구트마허 연구소 The Alan Guttmacher Institute

앨런 구트마허 연구소AGI는 재생산 건강 연구와 권리를 증진하기 위한 비영리 단체로, 공공 정책 보고서를 발행하는 연구 기관입니다. 이 기관은 성이나 성 건강과 관련된 사실과 통계에 대한 광범위한 정보를 제공하며, 특히 청소년 관련 자료 섹션이 별도로 마련되어 있습니다. 테이블 매이커를 통해 AGI 데이터베이스의 정보를 활용하여 자신만의 보고서를 작성할 수도 있습니다. www.guttmacher.org

페미니스트 다수 재단 Feminist Majority Foundation

미국 여성 중 56% 이상, 특히 젊은 여성 중 약 70%가 자신을 페미니스트라고 인식하고 있습니다. 페미니스트 다수 재단FMF은 이러한 페미니스트들을 대변하며 모든 여성의 권리 증진을 위해 노력하고 있습니다. 이 사이트는 인터넷에서 가장 큰 페미니스트 포털로, 여성문제와 평등에 관심 있는 모든 사람에게 귀중한 정보를 제공하고 있습니다. 또한, 정보와 뉴스뿐만 아니라 여성문제에 대한 전문 기관, 가정 폭력 쉼터, 대학 캠퍼스 활동가 그룹과 연결할 수 있는 다양한 방법을 제공합니다. www.feminist.org

미국 가족계획협회

Planned Parenthood Federation of America, PPFA

미국 가족계획협회PPFA는 자신의 재생산 권리를 자유롭게 행사할 수 있다는 원칙을 기반으로 활동합니다. 'PPFA'는 태교 및 출산 교실, 임신중지 및 피임 서비스, 연구 및 교육 프로그램, 그리고 공공 정책 입안 활동과 같은 다양한 분야에서 재생산 권리를 옹호하며 미션을 실현하고 있습니다. 이 웹사이트는 'PPFA'가 추진하는 다양한 프로그램에 대한 정보를 제공하고 지역 병원에 연락하는 방법을 알려줍니다. 핫라인 번호인 1-800-772-9100을 통해 직접 연락할 수도 있습니다. 재생산 건강과 권리 증진하기 위한 활동에 참여하는 방법도 제공하고 있습니다. www.plannedparenthood.org

국가 공정임금 위원회
National Committee on Pay Equity, NCPE

교육과 경력을 고려해 보더라도 여전히 여성의 임금이 남성보다 현저히 적습니다. 유색인종 여성의 경우에는 그 격차가 훨씬 큽니다. 국가공정임금위원회NCPE는 남녀 임금 격차 해소를 위해 헌신하는 노동조합, 직장 단체 및 개인들의 연합체입니다. 이 사이트에는 임금 형평성에 관한 정보와 통계, 개인과 기업이 이 문제에 참여할 수 있는 방법이 있습니다. https://pay-equity.org

십 대 임신 방지를 위한 전국 캠페인
The National Campaign to Prevent Teen Pregnancy, NCPTP

최근 청소년들의 임신율이 감소하고 있음에도 불구하고 미국은 여전히 높은 청소년 임신율을 나타내고 있습니다. 임신한 청소년은 고등학교를 졸업하지 못하거나 직업을 가지지 못할 가능성이 큽니다. 임신한 청소년은 학교 성적도 좋지 않은 경우가 많습니다. 십 대 임신 방지를 위한 전국 캠페인NCPTP은 청소년 임신율을 줄이기 위해 교육과 학교 프로그램을 진행하고 있습니다. 이를 위해 종교 단체를 포함한 다양한 유형의 단체와도 협력하고 있습니다. 이 사이트의 청소년 섹션에는 임신을 피하는 방법, 성행위를 거절하는 방법, 지식 테스트, 설문 조사, 실제 청소년들의 이야기, 그리고 청소년 활동가 지원 프로그램에 관한 정보 등 유용한 정보가 많습니다. www.teenpregnancy.org

국립 여성 가족 파트너십

National Partnership for Women & Families, NPWF

국립 여성 가족 파트너십NPWF은 건강 관리, 직장 내 공정성, 그리고 일·가족 양립정책(예를 들어, 자녀가 아플 때 부모가 병가를 사용할 수 있는 규정 등)이라는 세 가지 주요 관심 분야를 다루는 비영리 단체입니다. 이 사이트의 입법 센터에서는 가정 내 영유아 돌봄, 적극적 우대 조치, 유전자 검사, 성희롱 법 및 다른 단체의 사명과 관련된 문제에 대한 정보를 제공하며, 필요한 조치를 취할 수 있도록 지원합니다. www.nationalpartnership.org

재생산 권리와 자기 결정권을 지지하는 종교연합

Religious Coalition for Reproductive Choice, RCRC

여성의 재생산 권리와 성적 자기결정권을 지지하는 종교연합RCRC은 기독교와 유대교를 믿는 이천만 명 이상의 회원을 보유하고 있습니다. 'RCRC'는 여성이 자신의 신앙과 재생산 권리 중 어느 하나를 선택해야 하는 것이 아니라고 이야기합니다. 이 사이트에서는 여러 사람이 임신중지에 대한 자신의 선택을 존중하면서도, 어떻게 자신의 신앙을 지켜가는지에 대한 다양한 이야기를 접할 수 있습니다. 또한, 'RCRC'에 소속된 회원 교회 및 단체와 연결될 수도 있고 자기 결정권을 지지하는 청소년 종교연합에도 가입할 수도 있습니다. www.rcrc.org

유엔여성개발기금

United Nations Development Fund for Women, UNIFEM

전 세계적으로 폭력이 발생하면 여성은 살해, 강간, 신체 절단, 난민, 납치, 고문을 당합니다. 'UNIFEM'은 무력 분쟁에 휘말린 여성을 보호하기 위한 활동을 하고 있으며, 분쟁 후 국가 건설 과정에서 남녀평등 정책을 실현함으로써 여성의 권익을 증진하기 위한 활동을 하고 있습니다. 2010년에 'UN Women'으로 개편되었으며, 유엔 차원에서 여성의 권리와 평등을 지원하기 위한 활동을 계속 이어가고 있습니다. www.unwomen.org/en

개발도상국 여성권리협회

Association for Women's Rights in Development, AWID

개발도상국 여성권리협회AWID는 개발도상국이 지속 가능하고 성평등한 개발 정책을 펼칠 수 있게 노력하고 있는 국제단체입니다. 개발 과정에서 여성의 권리가 간과되지 않을 수 있도록 하는 다양한 활동도 펼치고 있습니다. 개발도상국 현지에서 활동하고 있는 회원들은 여성의 기술 접근성을 높이고 페미니스트 그룹 형성을 지원하며, 국제 이슈에 익숙하지 않은 페미니스트 단체와 협력합니다. 개발도상국에서 페미니스트 활동가가 되는 것이 어떤 일인지 궁금하다면 'AWID'의 '젊은 여성 리더십 프로그램'을 통해 시작해 보세요. www.awid.org

미국 임신중지 연맹

National Abortion Federation

미국 여성의 43%가 일생 동안 임신 중지를 경험한다는 사실을 알고 있나요? 여성 스스로가 임신중지와 관련해 자기 결정권을 가지는 것은 여성의 삶에서 매우 중요한 일입니다. 미국 임신중지 연맹의 사명은 임신중지를 안전하고, 저렴하며, 합법적으로 가능하게 하는 것입니다. 이 웹사이트에는 일상생활에서 임신중지를 할 수 있는 방법을 찾는 데 도움이 되는 정보와 임신중지 찬성과 관련된 온라인 자료를 제공하고 있습니다. 또한, 임신중지에 대한 종합적인 정보와 통계, 임신중지 시술을 제공한 의사와 병원에 가해진 공격에 대한 정보, 임신중지를 둘러싼 법적 문제에 대한 설명도 포함되어 있습니다. 이 웹사이트는 스페인어와 영어로 제공되며 핫라인 1-800-772-9100이 있습니다. www.prochoice.org

사라의 이야기

사라 아메드는 칼리지파크에 있는 우드워드 아카데미 졸업반입니다. 열일곱 살이며 조지아주 스톤 마운틴에 살고 있습니다.

저는 약 1년 반 동안 락샤Raksha와 함께 일해 왔어요. 락샤는 남아시아의 여러 언어로 '보호'를 의미해요, 락샤는 애틀랜타를 중심으로 활동하는 남아시아 커뮤니티 내 여성과 가족 발전을 위한 비영리 단체에요. 애틀랜타 지역에는 최근 도착한 이민자들과 자산을 가진 가족들로 구성된 남아시아 커뮤니티가 있는데 저는 부모님이 삼십 년 전 이곳으로 이주한 1세대 이민자라 할 수 있어요.

락샤는 가정 폭력이나 성폭력과 같이 우리 커뮤니티에서 쉽게 언급되지 않는 문제를 조명하려 노력하고 있어요. 남아시아 커뮤니티의 여성들은 가정에서 학대받는 것이 당연한 일로 여겨져 왔어요. 그래서 이러한 문제들이 잘 언급되지 않고 수면 위로 드러나지 않고 있어요. 락샤는 성폭력과 가정폭력을 당한 사람들이 피해 사실을 밝히지 못하고 침묵을 강요당하는 일이 우리 사회에서 당연시되지 않도록 힘쓰고 있어요. 피해자들이 각 가정뿐만 아니라 지역 커뮤니티 안에서도 자신이 당한 어려움을 말하고 도움을 요청할 수 있는 환경을 만들기 위해 노력하고 있어요. 우리들은 여성들이 자신의 상황을 편안하게 이야기함으로써 서로를 도울 수 있기를 진심으로 희망해요.

락샤 내에서 예술과 행동주의 그룹과 함께 활동하고 있어요. 우리는 예술을 통해 가정 폭력과 성폭력에 대한 인식을 변화시키기 위해 노력하고 있어요. 특히 성폭력은 낯선 사람에게 당하는 일이라는 편견을 깨고자 했어요. 이를 위해 가정 내에서 발생하는 친밀한 관계에 의한 성폭행과 가정 폭력에 관한 글을 작성했어요. 제 글을 통해 이러한 일들이 실은 가족 관계 안에서 더 자주 일어난다는 것을 알리고자 했어요. 좀 더 많은 사람들과 함께 저의 글을 읽기 시작했어요. 카페에서 사람들과 함께 글을 읽는 것뿐만 아니라, 더 조직적인 행사에서도 발표했어요. 또한, 애틀랜타에서 개최된 '국제 여성의 날' 행사에서도 이 글들을 공유했어요.

성폭행에서 살아남은 여성들의 이야기는 듣는 이에게 정말 큰 힘을 주는 것 같아요. 왜냐하면 그런 상황에 처하게 된다면 큰 절망감을 느껴 매우 위험한 결정을 내릴 수 있기 때문이에요. 현재의 어려운 상황에서 벗어날 수 있는 방법이 있다는 것을 사람들이 알아야 한다고 생각해요. 탈출구는 항상 존재해요. 고통 중에 있는 이들을 기꺼이 도와주고 그들의 이야기를 들어줄 사람들이 우리 곁에 분명 있어요. 락샤는 어려움을 당한 사람들이 의지할 수 있는 커뮤니티가 되기 위해, 그들에게 안전하고 따뜻한 환경을 제공하기 위해 정말 노력하고 있어요.

락샤는 다양한 공익 활동도 많이 하고 있어요. 애틀랜타 주변에는 인도인들이 모이는 장소도 많고 인도인을 위한 쇼핑 프라자가 많기 때문에 우리는 핫라인 번호가 적힌 포스터를 그곳에 붙이고 있어요. 인도 TV 채널도 있어 그곳에 공익 광고를 내보내기도 해요. 또한, 피플지와 같은 인도인 잡지에도 광고를 게재하고 있어요.

락샤가 훌륭한 일을 하고 있음에도 불구하고, 여성들의 삶을 실질적으로 변화시키는 데는 예상보다 훨씬 더 오랜 시간이 걸릴 것 같아요. 수십 년, 수백 년 동안 내려온 문화 속에 배어있는 잘못된 관습을 깨기에는, 우리 활동에 대한 반응이 그렇게 폭발적이지 않기 때문이에요. 그래도 변화는 있어요. 가정 폭력에 관해 이야기하는 소녀를 보고 남성들의 태도가 조금씩 바뀌는 것을 볼 수 있었어요. 락샤에 전화가 많이 걸려 오고 있고, 락샤를 필요로 하는 여성들도 많아지고 있어요.

사람들을 도울 수 있는 능력이 있다면, 그것을 사람들을 돕는 데 써야 한다고 생각해요. 개인적으로는 어려움을 겪고 있는 여성들에 대한 글을 가장 잘 쓰는 것 같아요. 직접 그런 상황에 처한 적은 많지 않지만, 어려움을 겪고 있는 여성들을 많이 만나봤기 때문이 아닐까 싶어요. 다양한 곳에서 일하고 자원봉사를 하며 참 많은 사람들을 만나고 경험했어요. 이런 경험들을 토대로 다른 사람들이 읽고 공감할 수 있는 글을 세상에 내놓기 위해 노력하고 있어요. 제가 만났던 사람들에 관한 글들이 다른 이들에게 공감을 불러일으켜 변화를 만들어내는 것 같아요. 이런 작은 노력이 다른 이들에게 조금이라도 힘이 되고 변화를 가져다줄 수 있다면 좋겠어요.

새로운 변화를 만들어내기 위해 진심을 다해 노력하는 이를 만나기가 참 쉽지 않아요. 만약 여러분이 그런 사람이라면 밖으로 나가 변화를 이끌어내야 해요. 사람들의 이야기를 듣고, 새로운 무엇인가를 만들어내고, 행사에 참여하고, 전단을 나누어주고 그 어떤 것도 좋아요. 단 한 사람을 돕더라도 여러분은 변화를 일으킨 것이에요. 여러분에게 도움을 받았던 사람들이 이제 또 다른 사람들에게 도움의 손길이 되어줄 거에요. 저는 활동가로서의 저를 정말 사랑해요. 다른 일을 하는 것은 상상할 수 없어요. 변화를 만들기 위해 노력하는 활동가, 그 모습이 바로 저이기 때문이에요. 락샤에 대한 자세한 내용은 www.raksha.org 에서 확인하세요.

에리카의 이야기

에리카 오브라이언은 캘리포니아 에메랄드힐스에 살고 있는 열여섯 살의 우드사이드 고등학교 2학년 학생입니다.

제가 속한 캘리포니아의 세쿼이아 유니온 고등학교에서는 성교육과 관련하여 문제가 많았어요. 기본적으로 성교육이 필수가 아니었기 때문에 담임 선생님이 "우리 반에서는 성교육을 하지 않을 예정이에요"라고 해버리면 그만이었어요. 또는 선생님이 자체적으로 성교육을 진행할 수도 있었어요. 이런 이유로 학급별로 각자 다른 내용의 성교육을 받기도 하고, 성교육을 전혀 받지 못한 친구들도 있었어요. 어떤 학생들은 고학년이 되어서야 겨우 성교육을 받을 수 있었어요.

적절한 성교육을 받지 못하는 것은 학생들에게 상당히 부정적인 영향을 끼칠 수 있어요. 어떤 종류의 피임법을 사용해야 하는지, 어떻게 자신을 보호해야 하는지에 대한 적절한 교육이 이루어지지 않으면, 십 대의 나이에 임신하거나 성병에 감염될 확률이 크게 높아질 수 있어요. 특히 여학생의 경우 임신 시 HIV에 감염될 위험이 높아져 여학생들에게는 성교육이 더욱 중요하다고 할 수 있어요.

1학년 과학 선생님인 핸들러 선생님은 제가 이 분야에 관심이 있다는 걸 알고계셨어요. 제가 페미니스트이며, 자기 결정권에 대해 찬성하는 입장인 것을 아셨거든요. 핸들러 선생님께서는 포괄적인 성교육 도입을 위한 액션 프로젝트를 소개해 주셨어요. 저는 바로 지원서를 보냈고, 그 프로젝트에 합격하게 되어 2002년 1월부터 모임을 시작하게 되었어요.

이 프로젝트는 샌 마테오 카운티의 '청소년 임신 연합'과 함께 진행했어요. 우리 그룹은 '성교육을 지지하는 사람들'의 약자로 ASsET^{Advocating Sex Education Together}라 불렀어요. 약 이십 명 정도였는데, 우리 지역의 모든 고등학교에서 몇 명씩 참여했어요. 우리는 격주 수요일마다 TPC 센터에서 만났어요. 프로젝트가 끝날 무렵에는 매주 만났어요. 우리는 센터의 보건 교육자인 크리스 포플웰과 함께 일했어요. 센터 교육 외에도 우리는 가족생활 교육 네트워크에서 발행한 "로드맵 : 학교 성교육 변화를 위한 청소년 가이드"를 참고했어요. 이 로드맵에는 각종 아이디어와 전단 등 필요한 모든 것이 담겨있었어요.

우리는 봄 내내 포괄적인 성교육에 관해 공부했어요. 포괄적인 성교육은 금욕만을 강조하는 '금욕주의' 교육과 달리 자신을 보호할 수 있는 다양한 방법을 알려줘요. 포괄적인 성교육은 금욕뿐만 아니라 동성애, 가족 및 생활 방식, 성과 성폭력 등 모든 주제를 다루고 있어요. 그해 말 우리는 대중 강연도 했고, 포괄적인 성교육을 중학교 3학년 때 실시할 수 있게 교육청에 로비할 계획도 세웠어요.

2002년과 2003년에는 지역사회에 초점을 맞추었어요. 가을에는 선생님, 학생, 학부모를 대상으로 한 학교 성교육에 관한 설문조사도 실시했어요. 설문 항목은 약 여덟 개의 질문으로 구성되었고, 설문 내용은 대상마다 서로 다르게 구성되었어요. 예를 들면, "학생이 다니는 학교에서 성교육을 의무적으로 받아들여야 한다고 생각하나요?"와 같은 질문들이었어요.

새 학기 학급 소개 시간에는 설문지를 나눠주었어요. 각 학교 교장 선생님으로부터 허락을 받아야 했지만, 다행히도 흔쾌히 허락받아 축구 경기장에서도 나눠줄 수 있었어요. 설문지를 수집하고, 세 차례의 긴 회의를 통해 다양한 응답을 하나의 통계로 정리할 수 있었어요.

우리 프로젝트에 대한 궁금증을 가진 이들을 위해 커뮤니티 포럼을 열었어요. 포럼 소개 전단을 학교 곳곳에 붙이고 선생님들에게도 나눠주었어요. 포럼 당일에는 많은 학우, 부모님, 그리고 선생님들이 참석해 주셨어요.

프로젝트 팀원들은 각자 역할을 맡아 진행했어요. 네 명은 패널로 참가자들의 질문에 답하는 역할을 맡았고, 다른 멤버들은 프로젝트의 목표와 의도를 설명했어요. 또 다른 멤버들은 참가자들의 질문을 메모해 패널에게 전달하는 역할을 했어요. 저 역시 그중 일부를 맡아 진행했어요.

가장 많이 받은 질문은 자녀가 무엇을 배우게 되는지, 그것이 어떤 변화를 불러올지, 자녀에게 어떤 영향을 미칠지에 관한 것이었어요. 이에 대해 우리는 포괄적인 성교육의 목표와 내용에 대해 상세히 설명을 해드렸어요. 학부모들은 설명을 듣고 포괄적인 성교육의 목표와 방향에 대해서 이해하게 되었고, 또한, 이 교육이 자녀에게 큰 도움이 될 것이라는 기대와 지지를 보내주셨어요.

포럼이 끝난 후에는 마무리 회의를 통해 그동안 있었던 일에 대해 논의했어요. 학부모들이 제기한 모든 문제와 가장 알고 싶어했던 내용, 일반적인 의견에 관해 이야기를 나누었고, 이 포럼을 통해 이 프로젝트가 우리 지역 사회에 꼭 필요하다는 확신을 더욱 가질 수 있었어요.

다음 단계는 편지 캠페인이었어요. 우리의 아이디어를 널리 알리고 사람들로 하여금 이야기하게 하고 그 중요성을 깨닫게 하는 데 도움이 될 것으로 생각했어요. 우리는 신문과 회사 등 각지에 편지를 보냈어요. 편지에는 이 문제가 왜 그렇게 중요한지, 청소년들이 어떻게 혜택을 받을 수 있는지 정확히 설명해 놓았어요. 그리고 우리를 지지해달라고 요청했어요. 대부분 반응이 매우 좋았어요. 우리가 하는 일에 전적으로 지지를 표해주었고 여러 부문에서 도움을 주었어요. 우리는 사람들에게 자신들도 우리와 같은 요구사항을 원한다는 편지를 교육청에 써 보내달라고 요청했어요.

2003년 가을 우리는 교육위원회에 보내기 위한 제안서를 만들었어요. 현행 정책을 수정하여 최소 일 년, 가급적이면 중학교 3학년 때 포괄적인 성교육을 하는 것을 의무화하자는 내용이었어요. 우리의 제안이 너무 까다로워지는 것을 원하지 않았기 때문에 학생들이 교육 과정을 선택할 수 있도록 열어 두었어요. 몇 페이지 분량의 배경 설명과 함께 지역사회의 의견에 대한 구체적인 내용도

첨부하였어요. 또한, 가을에 배포하여 서명받았던 학생들의 청원서도 같이 제출하였어요.

12월이 되자 준비가 끝났어요. 우리는 학교의 교육관에게 전화해 우리의 제안서를 검토해 줄 것을 요청했어요. 교육감이 승인하고 안건으로 상정해야만 표결에 부칠 수 있어 회의 내내 긴장을 놓칠 수가 없었어요. 우리의 제안에 찬성한다면 큰 도움이 될 것 같았어요. 어떤 단점도 볼 수 없었어요.

교육위원회에서는 당시의 정책으로도 충분하다고 생각하여 우리의 제안에 약간 혼란스러워하는 것처럼 보였어요. 하지만 우리는 당시의 정책이 시대에 뒤떨어진 데다 필요한 내용을 정확히 담지 못하고 있음을 지적했어요. 해석의 여지가 커서 선생님들이 잘못된 방향으로 해석할 수 있었죠. 그렇기 때문에 정작 가르쳐야 할 내용을 가르치지 않을 수도 있었고요. 피임약에 대한 언급도 많지 않았고 오늘날에는 사용되지도 않는 '비너스의 병'과 같은 용어를 사용하고 있었어요.

크리스가 발표하고 우리 중 몇 명이 요점을 정리하여 프레젠테이션을 진행했어요. 그 요점에 대해서는 또 자세히 설명해 주었어요. 이 과정에서 위원들은 우리의 제안서를 손에 들고 검토하면서, 우리의 주장을 뒷받침해 주는 증거들을 살펴보았어요. 놀랍게도 반대 의견이 별로 없었어요, 처음에는 불필요하다 생각했지만 나중에 찬성표를 던진 위원도 있었어요.

다음 교육위원회 회의에서 투표가 이루어졌어요. 우리는 그 자리에 없었지만 우리가 이겼다는 이메일을 받을 수 있었어요. 교육위원회에서는 그해 가을부터 바로 변경 사항을 시행하기로 했어요. 우리는 회의를 열어 투표 결과와 투표 방법에 관해 이야기 나눴고 기쁨의 작은 축하 파티도 열었어요. 우리는 지역의 정치인으로부터 우리의 업적을 축하해주는 감사패도 받았어요.

부모님은 제가 이 일을 하는 것에 대해 무척이나 대단하다고 생각해 주셨어요. 제가 하는 일을 전폭적으로 지지해 주셨고 제가 정책을 바꾸는 일에 참여했다는 것을 자랑스러워하셨어요. 제가 미래의 학생들을 위해 더 나은 환경을 만드는 데 일조하고 있다는 것을 알고 계셨어요. 지역사회에 더 많이 참여하는 데 도움이 된 좋은 경험이었어요. 저는 앞으로도 이런 일을 계속하고 싶어요.

브레인 스토밍

◐ 자신을 지키기 위해 알아야 하는 기본적인 권리는 무엇인가요?

◐ 물리적 폭력으로부터 자신을 지키기 위해 알아야 하는 기본적인 권리에 대해 배워본 적이 있나요?

◐ 성폭력이나 데이트 폭력에 처한 경우 어떻게 도움을 청할 수 있을까요?

◐ 데이트 폭력 예방을 위한 안전한 데이트 습관은 무엇인가요?

◐ 남성과 여성 간의 의사소통에서 주의해야 할 점이나 지켜야 할 에티켓으로는 무엇이 있을까요?

◐ 성평등을 높이기 위해 미디어가 어떤 역할을 해야 할까요? 어떤 종류의 콘텐츠가 도움이 될까요?

◐ 남성과 여성 간의 갈등을 해소하고 서로를 이해하는 데 어떤 방법이 효과적일까요?

◖ 우리 지역이 성폭력으로부터 안전한 동네가 되게 하기 위해 여러분의 동네 친구들과 지금 바로 해볼 수 있는 캠페인이 있다면 어떤 것이 있을까요?

◖ 데이트 폭력의 조짐을 어떻게 인식할 수 있을까요? 이를 사전에 확인하고 예방할 수 있는 방법에 대해 부모님이나 어른들에게 배운 적이 있나요?

◖ 남성과 여성 간의 갈등을 해결하면서 다양성과 포용성을 유지하는 방법은 무엇일까요?

직접 행동

◐ 우리 지역의 여성 활동 단체를 파악해 보고 참여 방법을 문의해 보세요.

◐ 우리 지역의 여성과 관련한 정책을 알아보고 그 정책을 시행하고 있는 기관이나 단체를 방문해 보세요.

◐ 여성 활동 단체나 기관을 찾아 응원의 메시지를 보내주세요

◐ 여러분 지역에서 일어난 성폭력 발생 수와 성폭력 피해자를 위한 지원센터 수를 각각 찾아보세요. 성폭력 발생 수에 비해 지원센터 수가 현격히 부족하다면 여러분 지역 국회의원과 시장 등에게 편지를 보내, 피해자들을 위한 제도적 지원을 요청하세요.

◐ 부모님과 함께 여성의 권리와 여성 운동에 관해 이야기 나눠보세요.

◑ 우리 지역 정치인들에게 여성의 권리를 증진하는 데 동참해달라는 편지를 써서 보내보세요.우리나라의 여성 운동에 대해 알아보고 현황을 파악해 보세요.

◑ 성폭력 예방을 위해 친구들 간에 어떻게 서로 도울 수 있을까요? 이 문제에 대해서 친구들과 이야기 나눠보는 자리를 마련해 보세요.

◑ 이성 친구와 사귀는 여러분의 친구들 중에 위 책 본문에 나와 있는 것처럼 폭력을 당하고 있는 징후가 있거나 갑자기 달라진 친구가 있다면 함께 이야기를 나눠 보세요.

◑ 데이트 폭력 예방을 위한 안전한 데이트 습관에 대해 배울 수 있는 교육 프로그램이 있나요? 없다면 해당 내용을 배울 수 있는 특강 혹은 교육프로그램을 만들어달라고 친구들과 함께 학교에 요청해 보세요.

◑ 데이트 폭력을 당했거나 당한 친구들이 있다면 그 내용을 정리해 학교나 관계 기관에 알려주세요.

◑ 남학생과 여학생이 함께 머리를 맞대어 데이트 폭력 및 성폭력 문제를 예방할 수 있는 방안을 찾아보세요. 이를 위해 남학생과 여학생이 함께 학내 데이트 폭력 및 성폭력 예방을 위한 대화모임을 열어서 학생들의 요구사항을 청취하고 이를 모아서 학교에 학생들의 건의 사항을 전달해 보세요.

◑ 우리 학교에 성평등교육 프로그램이 있는지 알아보세요. 또한, 학내 성평등 정책이 있는지도 확인해보세요.

로 대 웨이드 판결 Roe v. Wade

1973년 미국 연방 대법원이 선언한 판결로 미국 여성의 임신중지 권을 헌법상의 권리로 인정한 판결입니다. 로 대 웨이드 판결 이전에는 미국 대부분 지역에서 임신중지가 법적으로 금지되거나 제한 되었습니다. 이에 따라 많은 여성들이 불법적으로 임신중지를 시도하다 사망하거나 부상을 입는 경우가 많았습니다. 로 대 웨이드 판결은 이러한 불법 임신중지를 종식시켰고 여성의 건강과 안전을 보호하는데 기여했습니다. 그러나 로 대 웨이드 판결은 미국 사회에서 오랫동안 논란이 되어 왔으며 2022년 6월 24일, 미국 연방 대법원은 로 대 웨이드 판결을 뒤집는 판결을 내렸습니다. 이 판결로 인해 미국 여성의 임신중지권은 각 주 정부의 재량에 따라 결정되게 되었습니다.

미국 수정 헌법 제19조

1920년 제정된 미국 헌법 수정안으로, 성별에 상관없이 모든 시민이 투표권을 가지고 있다는 것을 명시하였습니다. 이 조항의 제정으로 인해 여성들도 정식으로 투표할 권리를 가지게 되었습니다. 미국 여성 참정권 운동의 역사적 성과를 상징하는 조항으로 미국 역사상 가장 중요한 수정헌법 조항 중 하나로 평가받고 있습니다.

블랙 팬서스 Black Panthers

1960년대 후반과 1970년대 초반에 미국에서 활동한 민권 및 혁명 운동 단체로, 주로 아프리카계 미국인의 권리와 사회 정의를 위해 노력했습니다. 블랙 팬서스는 사회적, 정치적, 경제적으로 억압받는 미국 흑인들의 권리를 옹호하고 보호하기 위해 무장 투쟁을 포함한 다양한 방법으로 활동을 전개했습니다. 그들의 활동은 때로는 폭력적이어서 논란을 불러일으키기도 했으며, 이로 인해 법적인 문제와 갈등이 발생하기도 했습니다. 이러한 논란에도 불구하고 블랙 팬서스는 미국의 민권 운동과 혁명 운동에 대한 중요한 단체로 남아 있으며 현재에도 여러 분야에서 영향력을 미치고 있습니다.

민주사회를 위한 학생회

Students for a Democratic Society, SDS

1960년대 미국에서 활동한 학생 운동 단체입니다. 'SDS'는 비폭력적인 사회 운동으로 베트남 전쟁에 반대하는 반전 시위를 주도하였으며, 전통적인 권위에 반대하여 학생들의 권리 증진과 인권을 위한 활동을 전개했습니다. 주로 대학생들로 구성되었던 'SDS'는 1960년대 후반 해체될 때까지 민주주의와 사회 정의에 대한 학생들의 관심을 고취하는 데 중요한 역할을 수행하였습니다.

여성 할례

Female Genital Mutilation, FGM

여성 생식기의 일부나 전부를 제거하는 일련의 관습을 말합니다. 여성 할례는 보통 종교적, 문화적, 사회적인 이유로 행해지는데 주로 아프리카, 중동, 아시아, 일부 국가에서 행해지고 있습니다. 여성 할례는 출혈, 감염, 성기능 장애 등 건강상의 위험을 초래할 수 있으며 심각한 정서적 및 정신적 후유증을 초래할 수 있습니다. 여성 할례는 여성의 자기 결정권, 성적 권리, 신체적, 정신적 건강권을 침해하는 심각한 행위로써 유엔 인권이사회에서 인권 침해로 규정하고 있습니다.

자기 결정권

인간이 자기 삶에 대한 결정을 스스로 내릴 수 있는 권리를 말합니다. 특히 여성의 권리와 관련하여 자기 몸과 삶에 관한 결정을 자유롭게 할 수 있는 권리를 의미합니다. 이 권리는 여성이 임신과 출산, 가족계획, 건강 관리, 교육, 경제 활동 등 다양한 측면에서 자신의 선택을 자유롭게 할 수 있도록 보장합니다. 여성의 자기 결정권은 임신중지, 피임, 성교육, 임신 중 건강 관리 등 여성의 건강과 안녕에 관련된 다양한 주제를 포함합니다.

타이틀 나인

Title IX

1972년 제정된 교육 개정법으로, 연방 정부의 지원을 받는 모든 교육기관에서 성차별을 금지하고, 남녀에게 동등한 교육 기회를 제공하도록 규정하고 있습니다. 타이틀 나인은 미국 교육계에서 성평등을 이루는 데 중요한 역할을 한 것으로 인정받고 있으며, 타이틀 나인의 시행으로 인해 미국의 대학과 학교에서 남녀의 입학률, 교육과정, 기숙사 시설, 운동 기회 등이 크게 개선된 것으로 평가받고 있습니다.

여성의 재생산 권리

자기 신체와 삶에 대한 결정을 스스로 내릴 수 있는 권리입니다. 여기에는 피임, 임신, 임신중지, 출산, 모성 건강 관리 등에 관해 자유롭게 선택할 수 있는 권리가 포함됩니다. 1994년 카이로 국제인구개발회의에서 179개국이 합의하여 재생산 권리를 인권으로 인정하였습니다.

미국 부모 동의법

청소년들이 특정한 의료 서비스를 받기 위해 부모나 법정 보호자의 동의를 받아야 하는 법적인 규정을 의미합니다. 주마다 다르지만, 일반적으로 미성년자가 성병 검사, 피임, 정신 건강 치료, 약물 치료, 성형 수술 등을 받기 위해서는 부모의 동의가 필요합니다. 부모 동의법은 미성년자의 건강과 안전을 도모하기 위한 중요한 법률이지만, 미성년자의 자기 결정권을 침해한다는 비판도 받고 있습니다.

임신중지권

여성이 자신의 임신 여부를 결정하고, 임신중지를 선택할 수 있는 권리를 말합니다. 임신중지권은 여성의 자기 결정권의 한 부분으로, 여성의 건강과 삶의 질을 보호하는 중요한 요소로 간주하지만 전 세계적으로 논쟁이 되는 주제이기도 합니다.

부모 통보, 부모 동의

미국 부모 동의법에서의 부모 통보는 부모에게 의료 서비스에 대한 정보를 제공하는 것을 의미합니다. 부모 통보는 미성년자가 받는 의료 서비스의 내용, 위험성, 이점 등을 부모에게 알려주기 위한 것입니다.

미국 부모 동의법에서의 부모 동의는 미성년자가 받는 의료 서비스에 대해 승인하는 것을 의미합니다. 부모 동의는 미성년자가 의료 서비스에 접근하기 위한 필수 요건이기도 합니다.

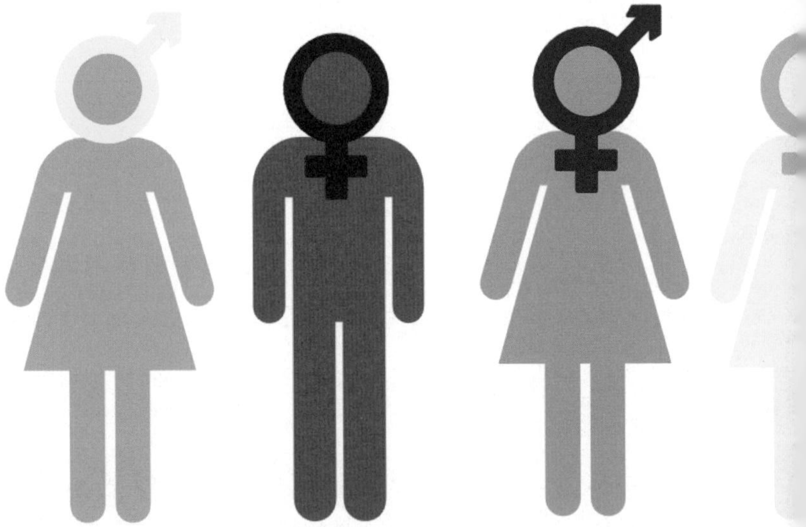

Sex Education

HIV(인간 면역결핍 바이러스)는 에이즈(후천성면역결핍증후군)는 모든 사람에게 영향을 끼칩니다. 동성애자, 이성애자, 백인, 흑인, 히스패닉, 젊은이, 노인을 불문하고 누구나 감염될 수 있는 질병입니다. 청소년들은 가장 감염 위험이 큰 집단 중 하나입니다. 전체 신규 감염의 약 절반인 연간 이백만 건이 열다섯 살에서 스물네 살 사이에서 발생하고 있으며 1분마다 다섯 살에서 스물다섯 살 사이의 여섯 명이 AIDS를 일으키는 바이러스에 감염되고 있습니다. 그중에서도 젊은 여성, 특히 젊은 유색인종 여성에게서 감염자가 빠르게 증가하고 있습니다.

HIV는 에이즈를 일으키는 바이러스입니다. HIV는 우리 몸의 면역 체계에서 중요한 세포인 T세포를 공격합니다. 처음에는 공격받아 없어지는 세포 수만큼 재생산할 수 있지만 결국에는 면역 체계가 중단되고 맙니다. 이 단계에서 HIV 감염이 에이즈가 되는 것입니다. 몸은 매우 약해지고 폐렴, 결핵, 암과 같은 다른 질병에 걸리기 쉬운 상태로 변하게 됩니다.

'HIV 양성반응'이 나오면 양질의 의료 지원 서비스를 이용하는 것이 중요합니다. 감염이 얼마나 진행되었는지에 따라 바이러스의 성장과 진행을 늦추기 위한 항바이러스 약물 요법(칵테일이라고도 함)을 받게 됩니다. 불행이도 아직은 몸에서 바이러스를 제거할 수 있는 방법은 없습니다. 하지만 잘 관리하면 에이즈로 발전하지 않고 오랫동안 살 수 있다. 쉽게 말해 만성 질환과 유사해지게 됩니다. 에이즈의 경우에도 과거와 비교 할 수 없을 만큼 생존률이 증가했지만 여전히 치명적인 질병임이 분명합니다. HIV·에이즈를 완치할 수 있는 치료법이나 백신은 없습니다.

질병 확산을 막기 위해, 일반적으로 알려진 감염 경로를 숙지하는 것은 대단히 중요합니다. 감염인과 무방비 상태로 성행위를 하거나 정맥 주사 바늘을 공유했을 때, 그들의 혈액, 정액, 질액 등이 신체로 침투하여 HIV에 감염됩니다. HIV 바이러스에 감염된 산모가 출산한 신생아들 또한 'HIV 양성 반응'을 보였습니다. 다행히, 최근 의학의 발달로 그 위험이 현저하게 감소했지만 여전히 안심할 수 있는 수치는 아닙니다. 출산 후에도 신생아의 감염 수치를 최소화 하기 위해. 산모에게 모유 대신 젖병 수유를 권유하고 있습니다. 또 다른 경로에는 수혈이 있습니다. 1985년 이전까지는 혈우병

환자들이 최대 피해자였습니다. 혈액에서 추출한 혈소판과 같은 혈액 제제를 수혈할 때 감염될 위험이 높았기 때문입니다. 이후에 개선된 절차와 검사 기술의 발달로 이제는 적어도 수혈을 통한 감염은 거의 사라지게 되었습니다.

감염의 주된 원인은 HIV 양성자와 가진 성행위입니다. 감염보다 더 심각한 문제는 대다수가 문제의 심각성을 인식하지 못하고 있다는 점입니다. 죽음에 대해 아직 진지하게 생각해 본 적이 없는 젊은층은 감염의 가능성에 대해 본인과는 상관없는 일이라고 생각합니다. 대부분의 사람들은 HIV 검사를 받지 않습니다. 자신이 감염 사실을 모른 채, 무의식적으로 타인을 감염시킬 수 있습니다. 어떤 사람들은 검사 여부를 알 수 없는 상대방의 주장을 맹목적으로 믿습니다. 특히 파트너가 연상일 경우, 상대방에게 무언가 요구하는 것을 어려워합니다. 이 모든 것이 바로 '무지'에서 기인합니다. HIV·AIDS에 대해서 잘 모르는 많은 사람들은 자신을 보호해야 된다는 생각 조차 못합니다.

대부분의 HIV·AIDS 활동은 교육을 중심으로 이루어집니다. 청소년들도 교육 대상에 포함됩니다. 하지만 학교는 이에 대해 적절한 역할을 하지 못하고 있습니다. 연방정부에서 진행하는 '법정 의무 성교육'이 사실상 청소년들이 받는 유일한 성교육임에도 불구하고 교육 과정에서 HIV·AIDS와 안전한 성행위에 관해 이야기하는 것을 금지하고 있습니다. 활동가들은 공익 광고(PSA)를 제작하여 방영하고, 학교로 찾아가 봉사활동을 하고,

또래 교육프로그램을 만들어 HIV·AIDS 예방법과 안전한 성행위에 대해 학습하고 토론할 수 있게 지원하고 있습니다. 또한, 감염 경로와 연계된 직업군에 있는 모든 사람에게 검사를 받도록 독려합니다. 누군가는 HIV에 감염되었지만 이를 모를 수 있습니다. 가능한 한 빨리 적절한 의료 서비스를 받아야 함에도 불구하고 심각한 증상이 나타날 때까지 인식 조차 못합니다. 그사이에 자신도 모르게 바이러스를 전염시킬 수 있습니다.

상담 프로그램을 제공하고, 더 나은 의료 서비스를 위해 국회에 로비 활동을 벌여야 합니다. HIV·AIDS 연구를 위한 기금을 마련에도 힘써야 합니다. HIV·AIDS 감염인에 대한 증오 범죄와 차별에 대해 한 목소리를 내야 합니다. HIV·AIDS 활동가들은 감염인들을 비롯하여 에이즈로 인해 고아가 된 일만 사천 명에 달하는 어린이들을 돕기 위해 노력하고 있습니다. 일부 활동가들은 '주사 바늘 교환 프로그램'을 운영하고 있습니다. 정맥을 통해 약물을 주입하는 과정에서 HIV가 전염될 가능성이 있기 때문에 사용한 주사 바늘은 새것으로 교환해 주는 서비스를 제공하고 있습니다.

에이즈는 전 세계적으로 확산된 전염병입니다. 현재 삼천 육백만 명 이상의 사람들이 HIV나 에이즈에 걸린 채 살아가고 있습니다. 이들의 70%가 사하라 사막 이남의 아프리카에 살고 있습니다. 사하라 사막 이남의 아프리카는 지중해 연안 국가를 제외한 아프리카 대륙 전체와 그 주변에 있는 섬을 의미합니다. 수단, 니제르, 케냐, 에티오피아, 잠비아, 모잠비크 등 48개국이 여기에 포함됩니다. 이들 국가에서 약값은 감당할 수 없을 정도로 부담스러운 경우가 많습니다. 치료에 제한된 접근성으로 사하라 사막 이남의 아프리카에서는 10명 중 1명이 감염되어 있으며, 남아프리카 일부 지역에서는 5명 중 1명이 HIV 양성인 것으로 나타났습니다. 유엔, 세계보건기구 및 기타 많은 단체가 이 분야에서 매우 활발하게 활동하고 있지만, 자금 부족과 국제 사회의 지원 부족으로 인해 여전히 어려움을 겪고 있습니다.

HIV·AIDS 활동가의 삶을 선택하는 것은 무지에 맞서 싸우기로 약속하는 것을 의미합니다. 감염 경로가 명확하지만 확산을 막을 수 없는 이유는 사람들이 원인이 되는 행위의 위험성을 모르기 때문입니다. 이 사회적 무지는 이 문제 해결을 위한 연구, 의료 서비스, 국제 원조 등을 위해 필요한 자금을 확보하는데 걸림돌이 되고 있습니다. 개인 생활, 학교, 지역사회에서 HIV·AIDS에 대한 진실을 이야기함으로써 무지에서 비롯된 편견에 대응할 수 있게 노력해야 합니다.

검사의 중요성 알리기

HIV 검사를 받는 것은 에이즈와 싸우는 훌륭한 방법입니다. 다음과 같은 상황에 놓여 있는 사람들은 반드시 HIV 검사를 받아야 합니다.

◑ 무방비 상태로 성행위를 한 경우.

◑ 주사로 불법 약물을 투약한 사람이나 HIV 감염자와 성행위를 한 경우.

◑ STI(성병) 또는 STD(성 매개 감염병)에 걸린 적이 있는 경우.

◑ 성폭행당했거나 본인의 의사에 반하는 성행위를 강요당한 적이 있는 경우.

◑ 음주 또는 약물로 인해 정신을 잃었을 경우.

◑ 바늘이나 피부를 뚫는 기타 물건(피어싱 총 등)을 다른 이와 공유한 적이 있는 경우.

◑ 본인을 임신했을 때 어머니가 HIV에 감염되었던 경우.

◑ 수혈을 받은 적이 있는 경우.

STI는 성행위를 통해 전염될 수 있는 모든 감염을 지칭합니다. STD는 '성 매개 감염병'으로 STI의 증상이 발현된 경우를 말합니다. 사람들이 자신도 모르게 감염이 되었지만 무증상일 경우를 강조하기 위해 두 가지 명칭으로 구분하기 쓰기 시작했습니다. 현재 '질병관리본부'와 '미국가족계획협회' 등 많은 보건 기관에서는 STI를 고수하고 있습니다. 그 외에 다른 기관에서는 STD 또는 두 용어를 거의 같은 의미로 사용하고 있습니다. 이 책에서는 두 용어를 구분하여 사용합니다.

HIV 검사는 보건소나 동네 의원에서 받을 수 있습니다. 가까운 검사소를 찾으려면 국립 HIV 검사 리소스 웹사이트www.hivtest.org, 몬테피오레 어린이 병원 웹사이트를 방문하세요. 많은 곳에서 무료로 검사를 제공하지만, 만일의 경우를 대비하여 검사료를 확인하세요.

검사를 받을 때 사람들은 '개인 정보 보호'에 대해 걱정합니다. 미성년자들은 미국에 있는 모든 주에서 부모님의 동의 없이 성병 검사와 치료를 받을 수 있습니다. 다만 HIV에 관해서는 이십구 개 주에서만 동의법이 적용됩니다. 아이오와주는 HIV 검사 결과가 양성인 경우 부모에게 알려야 하지만 나머지 주에서는 의사가 검사 결과를 부모에게 알릴 의무가 없습니다. 일부 주에서는 검사와 치료에 동의할 권리가 열두 살부터 시작되는 반면, 다른 주에서는 열네 살, 사우스캐롤라이나에는 열여섯 살에 시작됩니다. 해당 주의 법률을 명확히 확인하려면, 앨런 구트마허 연구소의 웹사이트 www.guttmacher.org에서 '미성년자와 건강 관리 및 기타 중요한 결정에 동의할 권리'가 기제된 표를 확인하고 그에 따른 주 정책을 알아보세요. 대부분의 주에서는 당사자가 검사에 관한 결정을 내릴 수 있는지를 판단하는 재량권을 의료 서비스 종사자에게 부여하고 있습니다.

HIV 검사에는 익명 테스트와 기밀 테스트 두 가지 유형이 있습니다. '익명 검사'는 검사자의 이름이 기록되지 않고 검사자 본인 외에는 검사 결과를 알 수 없습니다. '기밀 검사'는 이름과 결과가 의료 차트에 기록되며 공중 보건 담당자에게 보고되거나 자신의 의료 기록에 저장될 수 있습니다. 어떤 주에서는 양성 판정을 받으면 본인의 허락 없이도 성행위와 관련된 과거와 현재 파트너에게 결과가 통보됩니다. 다양한 경우의 수가 있으니 '기밀 검사'를 선택하기 전에 세세한 절차를 확인해야 합니다.

약국에서나 우편 주문을 통해 가정용 HIV 검사 키트를 살 수 있습니다. 여기서 주의할 점은 즉시 검사 결과를 확인 할 수 있다고 광고 문구에 현혹되지 말아야 합니다. 시중에서 판매하는 것은 가정용 '채취 키트'입니다. 키트를 사용하여 집에서 샘플을 채취하여 우편으로 보내고 나서 전화로 결과를 확인할 수 있습니다. 현재 FDA에서 승인한 유일한 키트는 홈 액세스 헬스 코퍼레이션에서 제조한 '홈 액세스 익스프레스 HIV-1 테스트 시스템'이며 비용은 40~60달러입니다. 일반적으로 직접 대면하여 결과를 듣는 것이 가장 좋으므로 물리적인 여건인 가능하다면 방문 검사를 권장합니다. 만약 극도로 우울하거나 스트레스를 많이 받는 등 감정 상태가 매우 좋지 않다면 검사를 받기에 적절한 시기가 아닐 수 있습니다. 양성 판정 결과를 감당할 수 없다고 생각되면 기다리는 것이 좋습니다.

검사받기 전에 상담사와 면담을 합니다. 그 자리에서 상담사는 검사에 대해 설명을 마치고 몇 가지 질문을 할 것입니다. 최대한 솔직하게 대답해야 합니다. 검사 전에 진행되는 면담은 질병에 대한 우려와 검사 결과 이후에 실생활에서 벌어지는 사소한 변화까지 상담사와 이야기를 나눌 수 있는 좋은 기회입니다. 대부분의 검사는 입 안쪽에 구강용 면봉을 넣어 문지르면 끝납니다. 검사 결과를 통지받기까지 최소 일주일이 걸립니다. 이 검사는 혈액에 특정 항체의 유무를 확인하는 작업으로 항체가 있으면 바이러스에 감염되었거나 HIV 양성임을 의미합니다. 항체가 없으면 검사 결과는 음성으로 나옵니다.

대부분의 검사센터에서는 피검사자가 직접 방문하여 전문 상담사를 통해 결과를 전달 받습니다. 양성 판정받았을 때, 두려움과 당혹스러움이 몰려올 수 있습니다. 전문 상담사와의 대화는 그 상황을 이겨내는 데 도움이 됩니다. 양성 판정을 받았다고 해서 즉시 사망하는 것은 아닙니다. 에이즈에 걸렸다는 의미도 아닙니다. 많은 사람들이 HIV 양성 판정을 받고도 건강하게 오래 잘 살아갑니다. 양성 판정을 받았다는 것은 건강을 유지하기 위해 건강 관리를 받아야 한다는 것을 의미합니다. HIV 감염자들을 위한 지원

네트워크에 당신이 사랑하는 사람들을 참여시켜야 하며 타인을 감염시키지 않도록 세심한 주의를 기울여야 합니다.

검사 결과가 음성인 경우에도 여전히 바이러스로부터 자신을 보호해야 한다는 사실을 인식해야 합니다. 노출 후 양성 판정을 받기까지 3~6개월이 걸릴 수 있으므로 6개월 후에 재검사를 받아봐야 합니다.

이 책에서 읽은 내용을 바탕으로 HIV 검사의 중요성에 대해 친구들과 이야기해보세요. 검사에 대해 불안감을 가진 사람들에게 검사를 받는 것은 어렵지 않으며 필요하다면 함께 동행하겠다고 말해주세요. 사람들이 공신력 있는 기관의 안내에 따라 검사를 받을 수 있도록 도와주세요.

성교육 개혁

HIV·AIDS에 대해 올바른 지식을 전달하는 교육 프로그램을 학교에서 운영하고 있나요? 여러분과 여러분의 친구들이 바이러스에 대해 잘 알고 있나요? 자신을 보호하는 방법에 대해 필요한 모든 것을 알고 있다고 생각하나요? 안타깝게도 많은 청소년들이 "아니요"라고 대답합니다. 1996년 이래로 의회는 소위 '금욕'을 강조하는 성교육 프로그램에만 지원금을 배당했습니다.

이러한 성교육의 맹점은 성행위를 피하는 것이 건강한 삶을 위한 유일한 방법이라고 가르칩니다. 수업에서 혼전 순결을 강조하고 HIV·AIDS, 안전한 성행위, 피임, 임신중지, 동성애 등에 대한 언급을 금지합니다. 금욕에만 초점이 맞춰진 성교육은 여러모로 청소년들에게 도움이 되지 않습니다. 대부분의 주요 보건 기관에서도 금욕이 임신이나 성병을 완전히 피할 수 있는 유일한 방법이라는 데 동의하지만, 모든 교육 프로그램이 한 곳에 치우쳐서 이루어지면 안된다고 말합니다. 청소년들에게 금욕 외에 다른 것을 가르치지 않는다면 임신이나 감염이 발생했을 때 도움을 구할 가능성이 낮아집니다.

'패밀리 라이프 교육'이라고도 불리는 양질의 성교육는 다음과 같은 내용을 포괄적으로 다루어야 합니다.

- ◑ 성적 욕구를 절제하고 성숙한 판단을 내릴 수 있을 때까지 기다리는 방법.
- ◑ 질병의 위험을 줄이고 원치 않은 임신을 피하는 방법.
- ◑ 주체적으로 결정하는 기준과 원치 않을 경우에 거절하는 방법.

프로그램에는 잘 훈련된 강사가 있어야 하며 공개 토론이 허용되어야 합니다. 성교육은 1학년 때 실시하는 것이 가장 이상적이며 적어도 2학년 때까지는 마무리 되어야 합니다.

학교에서 운영하는 성교육 프로그램이 단지 금욕을 강조하거나 위의 기준을 충족하지 못할 경우, 또래 친구들이 필요한 정보를 얻을 수 있게 직접 행동해 보세요. 이 프로젝트는 혼자서 진행하지 마세요. 팀을 만들어서 함께 하세요. 교내에 학생회나 다양한 동아리와 연합하여 힘을 모으면 더 큰 시너지 효과가 나올 수 있습니다. 친구들에게 전단을 배포하거나 프로그램 변경을 논의하기 위한 회의를 제안하면 새로운 많은 친구들이 함께 하기 위해 마음을 모을 것입니다.

첫 모임 때, 간단히 환영 인사를 마친 후, 서로 소개하는 시간을 가지세요. 그리고 이야기하세요. 학교에 더 나은 성교육 프로그램이 왜 필요하다고 생각하는지, 여러분의 절실한 마음을 있는 그대로 나누세요. 칠판이나 큰 종이와 같은 시각적 보조 자료를 사용하는 것이 좋습니다. 한 면에는 위에서 설명한 성교육의 필요한 구성요소를 적고, 다른 면에는 학교가 이 기준을 충족하고 있는지 체크해 보세요. 이 과정을 통해 참여한 사람들 모두가 '아! 진짜 우리 학교 성교육 프로그램이 너무 부족하구나. 정말 바꿔야겠다'라고 생각할 수 있게 될 것입니다. 모임을 마무리 하기 전, 서로 연락할 수 있도록 핸드폰과 이메일을 남기도록 부탁하고 다음 모임 일정에 대해 상의하세요.

구성원들이 위 문제를 해결하기 위해 무엇인가 해보자고 하는데 동의했다면, 다음의 선택지들을 놓고 함께 논의해 보세요. 먼저 '또래 교육프로그램'을 도입하는 것입니다. 또래 교육은 이 문제에 대한 훈련과 교육을 먼저 받은 학생들이 다른 학생들과 그 내용을 공유하고 토론하는 것입니다. HIV·AIDS 또래 교육프로그램을 만드는데 도움이 될 만한 자료가 '청소년을 위한 옹호자' 웹사이트 www.advocatesforyouth.org에 있습니다. 이 프로그램은 '에이즈 및 성병 예방을 위한 청소년'이라고 불리며, 꼭 학교가 아니더라도 종교 기관, 커뮤니티 센터, 기타 환경에 맞게 조정할 수 있습니다. 또한, 지역 보건소나 NARAL과 같은 전국적인 단체의 지부 등 지역사회에서 이미 또래 교육프로그램을 운영하고 있는 단체에 연락하여 문의할 수도 있습니다.

이보다 더 어렵지만 실행할 수만 있다면 가장 좋은 선택지는 학교 성교육 프로그램을 변경하는 것입니다. 이 프로젝트에 가장 적합한 자료로 럿거스 대학교의 가족생활 교육 네트워크에서 발행한 『로드맵 : 학교 성교육 변화를 위한 청소년 가이드』를 추천합니다. 교내 성교육 프로그램을 바꾸기 위한 한 청소년의 성공적인 캠페인에 관한 이야기는 '여전히 진행중인 불평등' 장의 '에리카의 이야기'를 참조하세요.

계획을 정한 후에는 혼자 일을 도맡지 말고 모두가 참여할 수 있도록 역할을 나눠주세요. 여러분을 포함해 그 누구도 너무 많은 일을 맡아서 체력이 고갈되지 않도록 주의하세요.

단체 이름을 정하세요. '교육 개선을 위한 학생 위원회' 같은 이름도 좋을 것 같습니다. 전단, 발표 자료 등에 동아리 로고가 들어갈 수 있도록 미술에 재능이 있는 친구에게 로고 디자인을 부탁해 보세요. 그리고 다음 모임의 날짜, 시간, 장소를 정하세요. 참석자들에게는 신청서에 작성해 준 이메일과 전화번호로 주요 행사 소식에 대해 계속 알리겠다고 이야기하세요. 이 프로젝트는 시간이 오래 걸릴 수 있어 멤버들이 흥미와 열정을 잃지 않도록 하는 것이 중요합니다. 이를 위해 정기적으로 모임을 가지세요. 모임에서 나눠 먹을 간식을 서로 돌아가며 준비해 보세요. 멤버들에게 함께 들을 음악을 골라와달라고 부탁해 보세요. 연사를 초대해 이야기를 들어볼 수도 있습니다. 팀별로 작업을 해왔다면, 팀 발표회를 통해 서로의 진행 상황에 대해 공유하는 것도 좋습니다.

성교육은, 그것이 비록 질병과 원치 않는 임신을 예방하기 위한 것일지라도 사람들 사이에 논쟁을 불러일으킬 수 있습니다. 이 주제를 꺼내는 것만으로도 일부 사람들은 불편해하거나 심지어 화를 낼 수도, 여러분의 활동을 반대할 수도 있습니다. 여기에 대비하세요. 이런 반대의 대부분이 성교육의 중요성이나 내용에 대해 잘 몰라서인 경우가 많습니다. 청소년을 위한 포괄적인 성교육이 왜 필요한지에 대한 여러분의 생각을 듣고 나면 뜻을 바꾸는 사람들도 있을 것입니다. 물론 항상 그런 것은 아니지만 분명히 있을 것입니다.

마음이 꺾일 때, 여러분은 공공을 위해 중요한 일을 하고 있음을 꼭 기억하세요. 여러분은 사람을 살리는 일을 하고 있습니다. 그 일환으로 동료 학생들에게 HIV·AIDS의 위험에 대해 알리고, 질병으로부터 자신과 타인을 보호하는 법을 교육하는 것은 그들을 살리는 일임을 잊지 마세요.

지역 경제 조직들로부터 차별금지 서약서에 서명받기

HIV·AIDS에 걸린 사람들은 차별과 인권 침해로 고통받습니다. 집주인이 세를 내주지 않으려 하거나 자녀 양육권을 얻는 데 어려움을 겪기도 합니다. 취업이 힘들어질 수 있습니다. HIV 감염자임이 알려지면 승진에서 탈락하거나 해고당할 수도 있습니다. 심지어 병원과 의료 시설에서조차 감염자라는 이유만으로 차별 대우를 당하기도 합니다.

많은 주에서 'HIV·AIDS 차별금지' 법안을 통과시켰습니다. 이제, 인권 활동가들은 HIV·AIDS 감염자들이 미국 장애인법ADA의 적용을 받을 수 있게 힘쓰고 있습니다. 그러나 법이 재정되었다고 해서 바로 모든 사업체에 적용되는 것은 아닙니다. 미국장애인법은 열다섯 명 미만의 직원을 둔 사업체에 적용되지 않거나 간혹 선별적으로 시행되고 있습니다. 대다수의 사람들은 이러한 법이 존재하는지조차 모릅니다. 이 법에 대해 알고 있지만, HIV·AIDS에 대한 기초지식과 감염 원인에 대한 무지와 편견으로 인해 이들을 차별하는 사람들이 여전히 존재합니다.

지역에 있는 사업체들을 대상으로 'HIV·AIDS 차별금지 서약서'에 서명받는 것도 이 문제에 대한 사회적 인식을 높일 수 있는 좋은 방법입니다. 서명을 받으면서 여론에 영향을 미칠 수 있는 사업장 대표들, 다른 단체 회원들과 일대일 대화를 나눌 수 있는 기회를 가질 수 있습니다. 청원서가 공개되면 많은 사람들에게 HIV·AIDS에 관한 올바른 정보와 불합리한 차별에 대해 교육할 수도 있습니다.

먼저 차별 반대 서약서를 작성해야 합니다. 에이즈 감염자에 대한 사회적 차별을 강하게 비판하며 변화와 반성을 요구하는 격한 내용이 들어가지 않아도 괜찮습니다. 그냥 HIV·AIDS 감염자들을 비감염자들과 동등하게 대우하겠다는 내용만 들어가도 괜찮습니다.

서약서 내용 아래에 사업체 이름, 주소, 전화번호, 사인을 기재할 칸을 만드세요. 청원서나 신청서 양식을 참고하세요. 서약서에 서명할 가능성이 가장 크다고 생각되는 사업체부터 시작하세요. 다른 많은 사업장이 서명에 동참했음을 알게 되면 주저하던 사업장도 서약서에 사인할 가능성이 커질 것입니다. 나머지는 이제 모두 발로 뛰어야 합니다. 친구들과 함께 주말마다 동네를 돌거나, 어디를 가든 쇼핑몰부터 먼저 방문해 볼 수도 있습니다. 각 사업장에 들러 자기소개하고 매니저를 찾아보세요. 가게가 너무 바쁘면 다음에 다시 방문하세요.

　매니저를 만나면 악수를 나누고 몇 분만 시간을 내 달라고 요청하세요. "저는 이 동네에 있는 스트롱 밸리 고등학교에 재학 중인 학생입니다. 저는 지금 우리 동네 사업장 등을 방문하여 '차별금지 서약서'에 서명해 달라고 요청하고 있습니다. 여러분은 잘 모르시겠지만, HIV 바이러스에 감염되었다는 이유만으로 다른 사람을 차별하는 사람들이 있습니다. 일상적인 접촉을 통해서는 HIV 바이러스가 전파되지 않기 때문에 이는 차별받는 이의 마음을 다치게 할 뿐 실질적인 효과는 전혀 없는 행동입니다. 무엇보다 HIV 감염자를 차별하는 것은 법을 어기는 일입니다. HIV 양성인 사람이 원하는 곳에서 쇼핑하고, 생활하고, 식사하지 못할 이유는 없습니다. 저는 우리 지역 공동체가 열린 공동체라는 것을 알고 있습니다. 우리 지역 커뮤니티가 HIV 감염자들을 차별하지 않는다는 것을 모두에게 분명하게 보여주고 싶습니다. 여기 우리 사업장은 HIV 감염자의 인권을 침해하지 않겠다는 기본적인 내용을 담은 서약서를 준비해 왔습니다. 여러분의 사업장도 이 서약서의 내용에 공감하며 서명에 동참하시겠습니까?"라고 물어보세요. "네. 동참할게요"라는 대답과 함께 서명을 받게 된다면 감사 인사를 전하고 다음 장소로 이동하세요. 서약서에 서명한 사람들에게 줄 멋진 포스터나

인증서를 만들어 창문이나 벽에 걸어두게 하는 것도 좋은 아이디어입니다. "이 사업장은 HIV 감염인을 차별하지 않는 NO 차별 사업장입니다."와 같은 문구를 넣을 수 있습니다. 더 많은 사람에게 이 문제를 알리는 일에 도움이 될 것입니다.

사업체를 운영하는 사람은 생각해 봐야 한다고 말할 수 있습니다. 상사와 이야기해야 한다고 말할 수도 있습니다. 이런 경우 검토를 위해 청원서 사본과 서약 운동에 대한 설명자료를 함께 남겨두세요. 후속 조치를 취할 때 필요한 상사의 이름과 전화번호를 요청하세요. 설명자료에는 여러분이 누구이며 어떻게 연락할 수 있는지에 대한 기본 정보가 포함되어 있어야 합니다. 왜 이 일을 하는지, 이 문제를 어떻게 알게 되었는지, 이 문제가 왜 중요한지에 관한 이야기도 들어가 있어야 합니다. 그런 다음 커뮤니티와 비즈니스 리더가 이 프로젝트를 지원하는 것이 왜 중요하다고 생각하는지에 대한 여러분의 생각을 전달하세요.

사업주가 서약서에 서명하는 것을 단호하게 거부하는 경우, 그 이유에 관해 물어보세요. 정중한 태도로 그 사람의 이야기를 귀 기울여 들어보세요. 서약서에는 '우리 사업장이 그 사람이 누구든 모든 사람을 존엄성과 존중으로 대하겠다'라는 내용 외에는 다른 아무 내용도 들어가 있지 않음을 알려주세요. 상대방이 에이즈나 HIV에 대해 잘 모르고 있는 것 같으면 과학적 정보를 알려주세요. 대립각을 세우지 마세요. 상대방이 서명하길 주저한다면 다른 많은 사업체들이 서약서에 동참할 것 같다고 전해주세요.

<서약서>

현재 미국에는 에이즈를 유발하는 바이러스인 HIV에 감염된 사람이 팔만 오천 명을 넘어서고 있습니다. 감염된 사람들은 편협함, 괴롭힘, 차별로 인해 질병에 대한 공포보다 더 큰 고통을 겪고 있습니다.

HIV 감염은 일상적인 접촉을 통해 전파될 수 없으며, 지역사회 구성원들은 HIV 감염자와의 교류에 대해 두려움을 가져서는 안 됩니다. 본인은 이 성명서에 서명함으로써 HIV에 감염된 사람들을 고객, 직원, 이웃이나 지역사회의 소중한 구성원으로 환영하겠다는 것에 동의합니다.

저는 그들을 존중과 예의로 대하고, 그들의 사생활을 보호하며, 제 사업장의 모든 직원도 그렇게 할 것임을 약속합니다. 우리 지역 경제의 다른 모든 사람들도 이 서약에 동참하기를 바랍니다. 우리가 살고 있는 도시는 편견이 아닌 관용의 도시입니다.

_____

서명   날짜

그리고 한 달 후에 다시 방문하여 서약서에 동참할지 여부를 여쭤봐도 되는지, 그럴 수 있다면 너무 기쁘고 감사하겠다는 말을 전하세요. 그리고 이야기에 귀 기울여준 사업주에게 감사의 인사를 전하고 자리를 떠나세요.

이 프로젝트는 언론이 반길 프로젝트이므로 지역 기자들에게 보도자료나 편지를 보내는 것이 좋습니다. 여러분이 서명받으러 갈 때, 취재 기자를 보낼 수도 있고, 서명에 동참한 회사 목록을 기사에 실을 수도 있습니다.

주사바늘 교환 프로그램

주사 바늘 교환 프로그램에 참여하세요. 이 프로그램은 사용한 주사 바늘을 깨끗한 새 주사 바늘로 교환함으로써 HIV 확산을 줄이는 데 큰 역할을 합니다. 일부 지역에서는 HIV 감염률이 30%까지 감소한 사례도 있습니다. 이 프로그램은 주로 지역 보건 기관과 자원봉사자가 정해진 시간과 요일에 운영합니다. 주사 바늘 교환 프로그램에 대한 자세한 내용과 프로그램 목록은 유해성 줄이기 웹사이트www.harmreduction.org에서 확인할 수 있습니다.

학생 글로벌 에이즈 캠페인

The Student Global AIDS Campaign

이름에서 알 수 있듯이 이 단체는 국제적인 시각으로 에이즈와 싸우는 학생 기반 단체입니다. 대학과 고등학교에 지부가 있고 개인 회원들이 있습니다. 주로 편지 쓰기, 회의, 집회 등을 통해 국회의원들에게 압력을 가하는 활동을 펼치고 있습니다. 이들은 코카콜라 측으로부터 아프리카 현지에서 근무하는 감염인들을 위한 치료 비용을 지원받는 등 여러 성공적인 캠페인에 참여했습니다. 웹사이트를 방문하면 제삼 세계가 겪고 있는 부채, 여성, 에이즈 등 다양한 문제에 초점을 맞추어 활동하고 있는 단체들이 소개되어 있으며 가입을 통해 함께 동참 할 수 있습니다. 또한, 메일링 리스트에 가입하면 활동 소식과 함께 여러분이 참여할 수 있는 다양한 직접행동에 대한 소식을 받아볼 수 있습니다. 여러분의 학교에서 지부를 만들 수도 있습니다. healthgap.org

하나님의 사랑을 배달합니다 God's Love We Deliver

1985년, 한 호스피스 직원이 지역 사회 목사님의 권유로 에이즈 환자에게 식사를 전달하는 일을 시작했습니다. 손에 들린 음식을 물끄러미 쳐다보는 그녀에게 목사님은 "당신은 단지 음식을 전달하는 것이 아닙니다... 당신은 하나님의 사랑을 배달하고 있습니다." 라는 말이 그녀의 인생을 송두리째 바꿨습니다. 이후에 그녀는 '하나님의 사랑을 배달합니다'를 설립하고 HIV·AIDS, 암, 기타 심각한 질병에 걸린 사람들에게 음식을 제공하며, 이들의 장보기나 강아지 산책도 도와줍니다. 모든 서비스는 소득에 관계없이 무료로 제공됩니다. 더 많은 정보는 웹사이트에 확인할 수 있습니다.www.godslovewedeliver.org

청소년을 위한 옹호자들 Advocates for Youth

이 단체에서는 청소년들의 안전한 성행위와 출산에 필요한 정보를 제공하고 이에 따른 여러 프로그램과 정책을 개발하고 지원하고 있습니다. 이 단체의 웹사이트에서는 또래 교육 프로그램을 시작하는 방법, 건강하고 안전한 성행위를 위한 청원서 서명 등 청소년들이 취할 수 있는 유용한 행동에 대한 정보를 제공합니다. 또한, 다른 청소년 활동가들과 교류하는 방법과 더불어, 국제적인 활동과 응급 피임 방법에 대한 안내 등 다양한 프로그램을 진행하고 있습니다. www.advocatesforyouth.org

몬테피오레 메디컬 센터
어린이 병원의 청소년 에이즈 프로그램
MMC at Adolescent AIDS Program at the Children's Hospital

몬테피오레 아동병원은 청소년을 대상으로 한 HIV·AIDS 교육과 연구 분야의 선두 주자로, 이 병원 웹사이트에서는 HIV·AIDS가 청소년에게 미치는 영향에 대해 알고 싶은 사람들에게 유용한 정보를 제공하고 있습니다. 이 웹사이트에는 청소년 친화적인 검사소 목록과 함께 검사받는 방법에 대한 자세한 정보가 포함되어 있습니다. 또한, 잡지, 청소년 건강 관련 링크 목록 및 다른 유용한 리소스도 제공합니다. www.montefiore.org

더 바디 The Body

이 웹사이트에서는 예방, 치료 옵션, 기회감염, HIV·AIDS 뉴스룸 등 HIV·AIDS에 대한 상세한 정보가 담겨 있습니다. 청소년에 관한 내용은 없지만 에이즈가 라틴계 커뮤니티에 미치는 영향에 대해 문화적으로 분석한 정보도 있습니다. 이 웹사이트에는 에이즈 운동에 참여하는 방법, 에이즈 운동의 역사, 변화를 만들어 낸 사람들의 프로필 등 에이즈 운동과 관련한 훌륭한 자료들이 있습니다. 이 웹사이트에서 HIV에 대한 자신의 위험도를 확인해 볼 수 있는 퀴즈도 풀어보세요. www.thebody.com

크리티컬 패스 에이즈 프로젝트 Critical Path AIDS Project

크리티컬 패스 에이즈 프로젝트는 HIV·AIDS 치료 옵션을 개선하는 데 중점을 둔 지원 단체입니다. 이 웹사이트에는 모든 활동에 대한 정보와 함께 이용할 수 있는 치료 및 혜택에 대한 주별 정보가 있습니다. 또한, 필라델피아 에이즈 도서관 홈페이지에 접속할 수 있는 링크가 있어, 이 도서관의 에이즈에 관한 방대한 연구 자료와 문헌을 찾아볼 수 있습니다. www.critpath.org

Sex, Etc - 청소년에 의한, 청소년을 위한 웹사이트

Sex, Etc - a Web site by teens, for teens

'Sex, Etc'는 종합적이고 포괄적인 성교육이 공교육에서 이루어지게 하기 위해 활동하는 가족생활 교육 네트워크Network for Family Life Education의 산하 단체입니다. 이 사이트는 청소년들이 직접 기여하고 편집하는 공간으로, 다른 청소년들에게 성 건강에 대한 균형 잡힌 종합 정보를 제공하여 올바른 결정을 내릴 수 있도록 돕는 것을 목표로 합니다. 이곳에서는 검사받는 방법, 성관계 준비, 거부하는 방법, 아기를 입양 보내는 경험 등 다양한 이야기가 일인칭 시점으로 제시되어 있어 매우 유용합니다. 그뿐만 아니라, 매우 직접적이고 솔직한 성 관련 용어집, 전문가 상담 섹션, HIV·AIDS 예방 및 교육을 비롯한 다양한 성 건강 정보가 제공됩니다. 여러분도 글을 기고하거나 자문위원회에 참가하여 이 웹사이트의 활동에 이바지할 수 있습니다. www.sxetc.org

액트업

AIDS Coalition to Unleash Power, ACT UP

"침묵은 곧 죽음이다"이라는 슬로건으로 잘 알려진 '액트업'은 에이즈 퇴치 운동에 헌신하는 직접행동 단체입니다. 뉴욕시 공립학교의 HIV 예방 교육을 개선하기 위한 캠페인과 직접행동을 하는 단체 '청소년 교육 생명선Youth Education Life Line, YELL'을 출범시키기도 했습니다. 뉴욕에 거주하지 않더라도 이 프로젝트를 살펴보고 콘돔 사용 지침이 담긴 전단과 포스터와 같은 자료를 다운로드하여 동참 할 수 있습니다. 이 웹사이트에서는 현재 중요한 이슈를 나만의 방식으로 시작하는 방법, 시민 불복종(도덕적·철학적 이유로 비폭력 방식으로 법에 불응하는 것) 교육을 받을 수 있는 곳, 향후 조치에 대한 알림 등 다른 유용한 정보도 확인할 수 있습니다. actupny.com

미국 질병 통제 예방 센터 HIV·AIDS 예방 부서

Centers for Disease Control and Prevention Divisions of HIV/AIDS Prevention

질병 통제 예방 센터는 미국 보건복지부 소속으로 미국 국민의 건강을 보호하고 증진하는 업무를 담당하고 있습니다. 질병 통제 예방 센터의 HIV·AIDS 웹 페이지에서 HIV·AIDS 대한 통계와 사실, 감염 대상, 감염률 추이 등을 확인할 수 있습니다. 이 웹사이트에는 예방, 전염, 증상, 검사, 자금 지원 등에 대한 종합적인 정보도 있습니다. www.cdc.gov/hiv

에이즈 치료 활동가 연합 AIDS Treatment Activist Coalition

에이즈 치료 활동가 연합은 에이즈 관련 연구와 치료를 개선하고자 노력하고 있습니다. 아울러 피해를 본 사람들을 위해 더 많은 활동가를 조직하고자 노력하는 전국적 규모의 연합 운동 단체입니다. 에이즈 치료 활동가 연합에는 수감자들에게 더 나은 에이즈 치료를 제공하기 위해 노력하는 활동가 그룹, HIV 및 에이즈 치료제의 가격 인상에 항의하는 그룹, 그리고 HIV 감염자를 위한 정부 지원을 개선하기 위해 의회에 로비하는 그룹 등이 함께하고 있습니다. 국회의원에게 에이즈 연구 예산 삭감에 항의하는 편지 보내기 캠페인 운동을 벌이는 실무 그룹에도 바로 참여할 수 있습니다. www.aidstreatmentactivists.org

헨리 J. 카이저 가족 재단

The Henry J. Kaiser Family Foundation, KFF

헨리 J. 카이저 가족 재단KFF은 아마 가장 잘 알려져 있고 가장 존경받는 건강 연구 기관일 것입니다. 홈페이지의 HIV·AIDS 코너에는 에이즈에 관한 많은 연구와 정보가 있으며, 에이즈가 다양한 커뮤니티, 성별, 연령대에 미치는 영향과 그 이유에 관해 설명하고 있는 자료가 있습니다. 또한, 에이즈 치료 및 연구 자금에 대한 통계, 현재 검사 프로토콜에 대한 설명, 그리고 전염병과 이를 막기 위한 사람들의 다양한 노력에 대한 폭넓은 시각을 찾아볼 수 있습니다. www.kff.org

에이즈 추모 퀼트

The AIDS Memorial Quilt

'네임즈 프로젝트'로도 알려진 에이즈 퀼트는 에이즈 감염병과 관련된 가장 잘 알려진 감동적인 프로젝트 중 하나입니다. 이 프로젝트는 1987년, 한 그룹의 활동가들이 에이즈로 사망한 친구들을 기리기 위해 추모비를 만들기로 결정하면서 시작되었습니다. 그들은 각 패널에 한 사람을 상징하는 이미지와 문구를 담아 퀼트를 만들어 그 사람의 삶을 기념하고 알리기 시작했습니다. 이 프로젝트는 시간이 흐를수록 커져 45,000개 이상의 패널이 모이게 되었습니다. 이 패널 수는 미국 내 에이즈로 인한 사망자 수의 약 7%에 해당합니다. 현재 웹사이트는 운영되지 않고 있지만 '위키피디아'에 남아 있는 기록으로 그때의 감동을 공유할 수 있습니다. en.wikipedia.org/wiki/NAMES_Project_AIDS_Memorial_Quilt

미국 에이즈 연구 재단

American Foundation for AIDS Research, amfAR

미국 에이즈 연구재단의 주요 목표는 HIV 확산을 막고 감염자들의 권리를 보호하는 것입니다. 이 재단은 연구, 임상실험, 대중 교육 캠페인, 그리고 아프리카와 아시아 지역의 의료 종사자 교육 등 큰 단위의 프로젝트를 진행하고 있으며 상당한 자금을 모금하고 있습니다. 이 재단의 웹사이트는 에이즈 관련 시민 활동이 어느 수준까지 이뤄질 수 있는지를 보여주는 좋은 예입니다. 기회가 된다면 뉴욕 사무실에 방문하여 대표적인 개념예술(관념예술) 작가인 조지프 코수스의 〈손님들과 외국인들 : 몸의 역사〉를 관람해 보세요. 자세한 정보나 투어 예약은 www.amfar.org 에서 문의할 수 있습니다.

헨리의 이야기

헨리 슈레이더는 매사추세츠주 피치버그에 있는 프란시스 W. 파커 차터 에센셜 스쿨에 재학 중인 열일곱 살 학생입니다.

　가족과 친분이 있는 분을 통해 라이드파Ride for AIDS Resources, Ride FAR 활동에 참여하게 되었어요. 라이드파는 1989년에 HIV·AIDS에 걸린 친구를 둔 수지 베커에 의해 시작되었어요. 5일 동안 500마일을 자전거를 타며 HIV·AIDS 감염에 대한 인식을 높이고 기금을 모으는 행사로, 지금까지 50만 달러가 넘는 기금이 모금되었어요.

　라이드파에 대한 이야기를 듣고 나서 저도 라이드파의 일원이 되고 싶다는 결심을 했어요. 2001년에 열네 살 때 처음 참여하게 되었고, 작년에 열여섯 살이 되면서 2년마다 참여하게 되었어요. 처음 참가할 때는 신청해 놓고 "어떻게 될지 도저히 모르겠다." 생각하며 정말 망설였어요. 라이드파가 되면 모든 것이 원활하게 진행될 수 있도록 조치를 취해 놓아야 해요. 경로를 표시하고 휴게소가 설치되었는지 확인하는 등 사람들이 자전거를 타는 것 외에 다른 일을 하지 않아도 되게끔 해야 해요. 또한, 특정 참가자를 전담하여 편안하게 자전거를 탈 수 있게 도와주는 활동가들을 '엔젤'이라고 불러요. 여러분이 '엔젤'이 된다면 전담하는 참가자에게 전화를 걸어 자기를 소개하고 무엇을 좋아하는지 물어봐야 해요. 그리고 참가자들이 좋아하는 것을 구해주어야 해요. 매일 아침 신문을 읽는 것을 좋아하는 참가자가 있다면 서점에서 신문을 사다 전해주는 식으로 하는 거죠.

라이더파의 활동은 고된 일이에요. 보통 아침 6시경에 일어나 아침 식사를 준비하고 음식, 물, 의료 키트를 차에 실어요. 자전거를 튜닝하거나 부품을 찾는 등 라이더들의 자전거 정비도 도와요. 그런 다음 아침을 먹고 길을 떠나요. 다음 마을에 도착할 때까지 하루 종일 밴에서 일하는데, 보통 오후 5시나 6시 정도에 도착해요.

열 명 정도의 활동가가 리드 밴, 트레일 밴, 그리고 중간에 있는 두 대의 밴, 총 네 대의 밴에 나눠 타서 일을 하게 돼요. 이 밴을 타고 참가자들을 따라다니는 거죠.

리드 밴은 자전거 경로를 확인하기 위해 먼저 앞서가요. 트레일 밴은 뒤처지는 사람이 없도록 뒤따라가고요. 나머지 두 대의 밴은 사람들이 물과 물건들을 가지고 있는지 확인하며 따라가요. 우리는 참가자들과 손가락 사인을 주고받는데, 엄지손가락을 치켜세우면 모든 게 괜찮다는 것이고, 엄지손가락을 내리면 안전한 곳을 찾아 차를 세우고 해당 참가자를 점검해야 한다는 뜻이에요.

그날 밤 묵을 숙소에 도착하면 밴의 짐을 풀어 가방들을 전달한 다음, 자전거를 어디에 두어야 하는지 알려주거나 직접 자전거들을 정리하기도 해요. 저녁을 먹고 나면 내일 자전거를 타야 할 경로에 대해 함께 회의해요. 대부분의 활동가들이 이전에 해당 루트를 다녀온 적이 있기 때문에 "이 구간은 미끄러우니 조심하세요."와 같은 말들을 해줘요. 회의가 끝나면 이제 잠자리에 들어요. 정말 긴 하루죠.

라이더파의 성금은 모두 HIV·AIDS에 걸린 사람들을 지원하는 데 사용되어요. 라이더파 활동을 위한 비용에는 전혀 사용되지 않아요. 참가자들과 자원봉사자들은 어떤 형태로든 비용을 직접 마련해 와야 해요. 참가자 중에는 창의적인 방법으로 모금 활동을 벌이는 사람들도 있어요. 경매를 열어 소지품을 팔아 기부한 참가자, 아트 갤러리에서의 수익을 기부한 참가자, 편지를 쓰고 모금한 참가자 등 다양한 방식으로 각자 기부금을 모았어요.

저는 같은 학교에 다니는 거의 모든 사람들에게 손 편지를 쓰고 보냈어요. 작은 학교였기 때문에 전교생이 백여 명 정도였어요. 가족과 친구들에게도 손 편지를 보내어 모금에 동참하도록 초대했어요. 2001년 라이더파 참여 경험에 대해서 나누고 이후로 자신이 삶이 어떻게 변했는지에 대해 이야기했어요. 중요한 일에 프로젝트의 일원으로 참여하는 것이 얼마나 행복한 일인지에 대해서도 나눴어요. 이 이야기들을 사람들과 나눌 수 있어 참 기뻤어요. 많은 사람이 저 편지에 공감해 주어 천오백 달러가 넘는 기부금을 모을 수 있었어요. 정말로 기뻐하며 감사했어요.

　모금된 금액은 세 가지 영역으로 나뉘어져 기부되어요. 1/3은 해외 어린이 에이즈 단체에, 1/3은 HIV·AIDS환자들이 모든 치료 옵션을 이해할 수 있도록 돕는 프로젝트에, 마지막 1/3은 라이더가 선택한 지역 사회 기반 봉사 단체에 기부돼요.

　2005년 목표는 활동가가 아닌 참가자로서 행사에 동참하고 싶어요. 제 또래 다른 아이들에게도 이 일을 꼭 해보길 권하고 싶어요. 처음에는 잘 모르는 사람들과 함께 이 모든 일을 해야 하고, 어린 나이에다 소수자일 수도 있어 무서울 수 있어요. 하지만 정말 정말 재미있어요. 첫날 정도 지나고 나니 재미를 느끼기 시작했었어요. 참가자들을 격려하고 재미있는 일도 하면서 즐거운 시간을 보냈었죠. 새로운 유형의 사람들과 새로운 경험을 할 수 있는 정말 재미있는 기회였어요.

　라이드파 외에도 전국적으로 HIV·AIDS에 도움 되는 자전거 라이딩이 많이 있어요. 구글에서 검색하여 가장 가까운 곳에 있는 라이딩 클럽을 확인해 보세요.

로라의 이야기

로라 체스카스는 열여덟 살의 캘리포니아 노바토에 있는 샌 마린 고등학교 3학년 학생입니다.

    마린 에이즈 프로젝트는 '유스리치YouthReach'라는 프로젝트를 운영하고 있어요. 학교에서는 금욕을 강조하는 성교육 정책을 시행하고 있어서 성병이나 임신 예방과 같은 중요한 내용을 가르쳐주지 않았어요. 혼자서 이 부분에 관해 공부해야 했죠. 학교에서 이러한 중요한 정보를 가르쳐주지 않는다면, 저라도 친구들에게 알려주고 싶었어요. 유스리치 프로젝트에 참여하게 된 이유이기도 해요. 유스리치의 주요 활동은 교실에 들어가 고등학생, 때로는 중학생들에게 HIV·AIDS와 성병, 약물 남용, 그리고 성적 학대와 같은 문제에 관해 이야기하는 것이었어요. 유스리치 활동을 통해 금욕을 강조하는 성교육이라 하지만 학생들의 삶에 실질적인 도움을 주지 못하는 학교의 성교육 정책을 바꾸고 싶었어요. 이를 통해 학교가 세워둔 견고한 장벽을 허물고 싶었어요.

    우리는 유스리치 프로그램에서 약 한 달간의 교육을 받았어요. 이 기간에 정말 많은 것들을 배웠죠. 매주 평일 저녁 3시간씩, 그리고 두 번의 주말을 통째로 할애하여 이틀 동안 진행되었어요. 유스리치 프로그램은 교육 프로그램이자 동시에 유대감 형성 프로그램이었어요. '서로 알아가기' 활동을 거친 후에는 유스리치 활동과 관련한 다양한 주제에 관해 배울 수 있었어요. 그중에는 HIV에 대한 기본 지식과 다양한 성병에 대한 내용도 있었어요. 또한, 유스리치 교육이 없었다면 만날 수 없었을 마린 카운티 전역에서 온 다양한 참가자들과 소통하며 서로 다른 지역과 사회 집단의 경험을 나눌 수 있었어요.

저의 첫 번째 프레젠테이션은 바로 옆 지역의 한 고등학교에서 진행한 HIV 101에 관한 주제 발표였어요. 유스리치로부터 학교로 연락이 와 발표자를 요청하면 그룹의 멤버들이 프레젠테이션을 할 수 있도록 등록하는 방식이었는데, 그중에서도 저와 다니엘이라는 여성 학우가 맡게 되었어요.

프레젠테이션 발표 내용 가이드라인을 기반으로 다니엘과 저는 누가 어떤 이야기를 할 것인지 정하고, 그것에 맞게 미리 공부하며 준비했어요. 무대에 올라가면 가이드라인에 따라 자유롭게 진행하면 되기 때문에, 우리는 HIV에 대한 기본 사항을 설명하는 부분으로 시작했죠. T세포 수, 검사 방법, HIV와 에이즈의 차이, 전염 방법, 감염되면 어떻게 해야 하는지, 검사를 받고 싶을 때나 받고 싶지 않을 때 어떻게 해야 하는지, 질병의 진행 과정, 그리고 이후 치료에 사용할 수 있는 약물과 치료법 등 다양한 주제에 대해 설명했어요.

HIV는 기본적으로 누구에게나 발생할 수 있는 질병이기 때문에, 고정관념을 가질 필요가 없어요. '이것은 성소수자의 질병이다.' 또는 '이것은 흑인의 질병이다.'라고 말할 수 없어요. HIV는 매우 심각한 질병이지만 HIV에 감염되더라도 여전히 삶을 살 수 있다는 점을 전달하고자 노력하고 있어요. HIV에 감염되면 삶의 질은 떨어질 수 있겠지만 세상의 종말은 오지 않을 것이며 여전히 희망이 있거든요. HIV에 감염된 남성이 연사로 나와 자기 경험을 약 30분간 이야기했어요.

첫 프레젠테이션은 정말 많이 긴장했지만, 실제로는 꽤 잘 진행되었어요. 그 이후로 여러 번의 프레젠테이션을 해왔기 때문에 이제는 전혀 긴장하지 않았습니다.

학교에서 더 많은 활동을 하고 싶지만 금지령이 내려져서 힘들어요. 유스리치 프레젠테이션을 할 방법이 없어서 아쉬웠고, 전국 콘돔 주간에 콘돔 테이블을 만들고 싶었는데 교감 선생님이 할 수 없다고 하셨어요. 그러나 다시 말씀드리니 교실이 아니면 괜찮다고 하셔서 점심시간에 테이블을 마련했어요. "콘돔 사용을 권장하는 20가지 방법"이라는 팜플렛을 나눠주고 싶었지만 학교 당국이 허락하지 않았어요. 학생들이 팜플렛을 보려면 팜플렛을 배치해둔 테이블에서만 볼 수 있었어요. 또한, 캠퍼스 밖에서 콘돔을 구할 수 있는 '콘돔 패스'가 있다는 걸 알리고 있었는데 학교 당국이 정말 크게 화를 냈어요. 사람들에게 콘돔을 구할 수 있는 곳을 알려주는 게 불법이라면서요. 그러나 그건 사실이 아니라고 생각해요. 이런 이유들로 고등학교에서 활동하기가 어려워요.

12월에 있었던 세계 에이즈의 날 행사도 잘 진행되었어요. 세계 에이즈의 날에 반대하는 사람은 아무도 없었어요. 테이블을 마련하고 빨간 리본 핀을 나눠주었는데, 많은 아이들이 리본을 가져갔어요. 정말 마음이 따뜻해지는 순간이었어요. 행사는 성공적으로 마무리되었고, 많은 감동을 남겼어요.

제가 이런 활동을 하는 걸 학교 구성원 대부분이 알고 있어서 이제는 목소리를 좀 더 높일 수 있어요. 사람들이 콘돔을 달라고 요청하면 기꺼이 나눠주곤 하죠. 가끔 제게 정보를 물어볼 때도 있어요. 이런 부분에 있어 뭔가 신뢰를 받고 있다는 것에 기분이 좋아요.

게다가 제가 올바른 정보를 제공하고 있다는 것도 알고 있고요. 그런데 대부분의 고등학생들, 특히 HIV 감염자가 가장 빠르게 증가하고 있는 여성 청소년들은 자신이 그렇게 큰 위험에 처한 집단이라는 걸 잘 모르는 것 같아요. 이곳은 주에서 1인당 HIV 감염률이 두 세 번째로 높은 곳이지만 너무 조용해서 다들 모르고 있는 것 같아요. 임신율도 아마 비슷할 거에요. 많은 여성 청소년들이 자신이 위험군에 속해 있다는 걸 모르고 있어요. "나는 올바른 삶을 살고 있다."고 생각하는 긍정적인 사람들에 대한 이야기를 많이 듣게 되요. 건전한 삶을 사는 사람들에게는 이런 일이 일어나지 않아."라고 말하는 것도 많이 들었어요. 하지만 실제로 그런 일들이 일어나죠. 이렇게 각자 생각하는 것과 현실이 너무도 다르다는 점이 가장 위험한 것 같아요.

제가 자라고 있는 이곳에서 바꿀 수 있는 한 가지가 생긴다면, 저는 모든 사람들이 교육을 받을 수 있게 하고 싶어요. 사람들이 올바른 정보에 기반하여 올바른 선택을 할 수 있는 힘을 가졌으면 좋겠어요. 자신을 보호하는 방법을 아는 사람들은 그렇게 하겠지만, 보호하고 싶어도 보호할 방법을 모르는 사람들이 있다는 사실이 너무 슬픈 일인 것 같아요. 그래서 저는 건강을 지키는 방법에 대해 제가 아는 모든 정보를 전달하기 위해 이 자리에 서게 된 거예요. 저는 마린의 모든 고등학생들이 유스리치에서 교육을 받을 수 있는 기회를 가졌으면 좋겠어요.

브레인 스토밍

◑ HIV·AIDS에 대한 오해나 편견을 해소하고 이를 극복하기 위한 교육 방안은 어떤 것이 있을까요?

◑ 성교육 및 HIV·AIDS 예방 교육에 청소년들이 보다 더 흥미를 가질 수 있도록 하려면 어떤 방법을 적용해야 할까요?

◑ 청소년들이 HIV·AIDS 예방에 적극 참여할 수 있게 하려면 어떻게 해야할까요?

◑ HIV·AIDS 예방을 위해 청소년들이 할 수 있는 봉사활동이나 활동은 어떤 것이 있을까요?

◑ HIV·AIDS 환자들을 위한 정서적 지원이 중요한 이유는 무엇인가요?

◑ HIV·AIDS 예방을 위한 안전한 성생활에 대한 정보가 부족한 경우, 어떻게 관련 정보를 전달할 수 있을까요?

◑ 친구들과 함께 사람들의 마음을 움직이는 HIV·AIDS 예방 교육 캠페인을 기획해보세요. 이 캠페인에서 가장 중요하게 고려해야 할 부분은 무엇인가요?

직접 행동

◑ 우리 지역의 HIV·AIDS 및 성병 감염 현황을 조사해 보세요. 찾기 어렵다면 자치단체에 문의해 보세요.

◑ 우리나라의 HIV·AIDS 관련 활동 단체나 기관을 찾아보고 응원의 메시지를 보내보세요.

◑ 우리 학교의 성교육 프로그램을 보며 개선 방안을 정리해 학교에 건의해 보세요.

◑ HIV·AIDS 검사와 성병 검사에 대해 알아보고 우리 지역에서 받을 수 있는 방법에 대해 미리 파악해 보세요.

◑ 우리나라의 HIV·AIDS 환자 현황을 검색해 보고 예방법에 대해 알아보세요.

◑ 우리 학교의 성교육은 어떻게 진행되고 있는지 파악해 보세요.

◑ 우리 지역의 진행되고 있는 HIV·AIDS 예방 활동에는 어떠한 것들이 있는지 알아보고 참여 방법을 생각해 보세요.

<옮긴이 Tip>
놓치고 싶지 않은
배경 지식

미국 장애인법

Americans with Disabilities Act, ADA

1990년에 제정된 미국의 법률로, 장애를 가진 개인들의 권리를 보호하고 그들의 참여를 촉진하는 데 목적을 두고 있습니다. 'ADA'는 공공시설, 고용, 교육, 운송 및 통신 등 다양한 분야에서 장애를 가진 개인들이 차별 없이 접근할 수 있고 기회를 제공받을 수 있도록 법적 기반을 제공합니다. 'ADA'는 장애를 가진 개인들에 대한 차별을 금지하고 그들의 참여와 포용을 촉진함으로써 미국 사회의 다양성과 포용성을 강화하는 데 기여하고 있습니다.

퀼트 Quilt

여러 개의 패브릭 조각을 뜨개질, 손바느질 또는 기계바느질하여 하나의 두꺼운 덮개나 담요를 만드는 기술 및 작품을 가리킵니다. 주로 침대에 덮거나 벽에 걸어 장식용으로 사용됩니다. 또한, 퀼트는 종종 예술 작품으로도 간주되며, 독창적인 디자인과 색상을 통해 예술가의 창의력을 표현하는 매체로 사용됩니다. 커뮤니티나 소셜 그룹에서 협업으로 이루어지기도 하며, 특별한 기념일이나 행사를 기념하는 데 사용되기도 합니다.

NARAL
National Abortion Rights Action League

여성의 임신중지 권리를 옹호하고 생식 권리를 지지하는 미국의 비영리 단체입니다. 1969년 버나드 네이선슨, 베티 프리던, 에르네스타 드링커 밸러드 등이 창립했으며, 현재 워싱턴 D.C.에 본부를 두고 있습니다. 'NARAL'은 여성의 선택과 의료적 권리를 보호하기 위해 노력하고 있습니다. 정치 활동을 통해 정부 정책에 영향력을 행사하고 있으며, 교육 활동과 홍보 활동을 통해 임신중지와 관련된 대중의 의식을 높이는 데 주력하고 있습니다.

A Special Thanks to

* '과연, 한국에선?'과 '놓치고 싶지 않은 배경 지식'을 통해 문화적·시간적 간극을 줄여 주신 역자들의 노고와 첫 번째 독자가 되어 '추천의 글'을 보내 주신 모든 분들께 깊은 감사의 마음을 전합니다.
* '픽사베이^{www.pixabay.com}'를 통해 저작권 없이 이미지를 공유해 주신 모든 분들께 지면을 빌여 고마운 마음을 전합니다.

바꿔, 우리들이 살 세상이야
뉴 제너레이션을 위한 액션 툴킷

2024년 01월 24일 초판 1쇄 발행

지은이 | 미키 할핀
옮긴이 | 김경미, 김희원
편집·기획 | 허소영
표지 일러스트 | 양예진
내지 일러스트 | pixabay.com
젠더 파트 감수 | 채혜원『혼자가 아니라는 감각』저자
청소년 오피니언 동아리 '끄레아떼' 참여자 |
강예빈, 김경명, 김보민, 김승진, 김건우, 정현수, 정민지, 이유진, 유정현
펴낸이 | HEO, SO YOUNG
펴낸곳 | 상상파워 출판사
등록 | 2019. 1. 19(제2019-000009)
주소 | 서울시 은평구 진관4로 37 801동 상가 109호(진관동, 은평뉴타운 상림마을)
전화 | 010 4419 0402
팩스 | 02 6499 9402
이메일 | imaginepower@daum.net
SNS | 인스타@imaginepower2019
ISBN | 979-11-971084-3-3 43300